INTRODUÇÃO AO DESENVOLVIMENTO DE GAMES

Dados Internacionais de Catalogação na Publicação (CIP)
(Câmara Brasileira do Livro, SP, Brasil)

Introdução ao desenvolvimento de games : vol. 4:
a indústria de jogos: produção, marketing,
comercialização e direitos autorais/editado por
Steve Rabin; tradução Opportunity Translations;
revisão técnica Luís Carlos Petry, Arlete dos
Santos Petry. -- São Paulo : Cengage Learning, 2012.

Título original: Introduction to game development.
2º ed. norte-americana
Bibliografia.
ISBN 978-85-221-1146-6

1. Jogos por computador - Design 2. Jogos por
computador - Programação 3. Video games - Design
I. Rabin, Steve.

12-09681   CDD-794.81536

Índices para catálogo sistemático:

1. Games por computador: Desenvolvimento   794.81536

INTRODUÇÃO AO DESENVOLVIMENTO DE GAMES

Tradução da 2ª edição norte-americana

Volume 4
A indústria de jogos: produção, marketing, comercialização e direitos autorais

Tradução
Opportunity Translations

Revisão Técnica
Luís Carlos Petry

Doutor em Comunicação e Semiótica pela PUC-SP. Professor no Programa de Pós-Graduação em Tecnologias da Inteligência e Design Digital e no Curso de Tecnologia Superior em Jogos Digitais da PUC-SP. Coordenador do Núcleo de Pesquisas em Hipermídia e Games da PUC-SP.

Arlete dos Santos Petry

Doutora em Comunicação e Semiótica pela PUC-SP. Pós-Doutoranda na Escola de Comunicações e Artes da USP com apoio da FAPESP. Pesquisadora do Centro de Comunicação Digital e Pesquisa Partilhada da ECA-USP.

Editado por
Steve Rabin

Austrália • Brasil • Japão • Coreia • México • Cingapura • Espanha • Reino Unido • Estados Unidos

Introdução ao desenvolvimento de games
Volume 4 – A indústria de jogos: produção, marketing, comercialização e direitos autorais
Tradução da 2ª edição norte-americana
Editado por Steve Rabin

Gerente Editorial: Patricia La Rosa

Supervisora Editorial: Noelma Brocanelli

Editora de Desenvolvimento: Marileide Gomes

Supervisora de Produção Editorial: Fabiana Alencar Albuquerque

Título original: Introduction to game development, second edition
ISBN 13: 978-0-84003-103-7
ISBN 10: 0-84003-103-3

Tradução: Opportunity Translations

Revisão Técnica: Prof. Dr. Luís Carlos Petry e Arlete dos Santos Petry

Copidesque: Bel Ribeiro

Revisão: Mônica de Aguiar Rocha e Mariana Aparecida de Souza Belli

Diagramação: Alfredo Carracedo Castillo

Capa: Sergio Bergocce

Indexação: Casa Editorial Maluhy & Co.

© 2010 Course Technology, uma divisão da Cengage Learning

© 2013 Cengage Learning Edições Ltda.

Todos os direitos reservados. Nenhuma parte deste livro poderá ser reproduzida, sejam quais forem os meios empregados, sem a permissão, por escrito, da Editora.
Aos infratores aplicam-se as sanções previstas nos artigos 102, 104, 106 e 107 da Lei nº 9.610, de 19 de fevereiro de 1998.

Para informações sobre nossos produtos, entre em contato pelo telefone
0800 11 19 39
Para permissão de uso de material desta obra, envie seu pedido para
direitosautorais@cengage.com

© 2013 Cengage Learning.
Todos os direitos reservados.

ISBN: 13: 978-85-221-1146-6
ISBN: 10: 85-221-1146-4

Cengage Learning
Condomínio E-Business Park
Rua Werner Siemens, 111 – Prédio 20
Espaço 04 – Lapa de Baixo
CEP 05069-900 – São Paulo – SP
Tel.: (11) 3665-9900 – Fax: (11) 3665-9901
SAC: 0800 11 19 39

Para suas soluções de curso e aprendizado, visite **www.cengage.com.br**

Impresso no Brasil.
Printed in Brazil.
1 2 3 4   15 14 13 12

❯ Agradecimentos

Muitas pessoas dedicadas contribuíram para a criação deste livro. Primeiro, gostaria de agradecer aos autores. Esta obra é um tributo ao trabalho intenso e dedicação em compartilhar seu conhecimento com outros. Como líderes em seus campos, é necessário sacrifício e boa vontade para doar seu tempo livre na transmissão de conhecimento a outras pessoas. Por esse esforço, muito obrigado.

Este livro começou como um sonho de trazer veteranos importantes da área de jogos para criar um volume de conhecimento e sabedoria sem igual. Charles River Media acreditava imensamente no projeto desde o começo e me confiou a fazê-lo. Quero agradecer-lhes por sua orientação, suporte e fé. Toda a equipe da Charles River Media foi muito prestativa e utilizou suas habilidades para produzir esta obra rapidamente, e merece muitos agradecimentos por isso.

Quero manifestar minha gratidão a Jason Della Rocca, ex-diretor executivo da IGDA, não apenas pelo encorajamento para este projeto, mas também por seu suporte e contribuição à International Game Developers Association (IGDA) e à IGDA Curriculum Framework, que inspiraram e orientaram este livro. Obrigado também aos outros membros do Curriculum Development Committee: Tracy Fullerton, Magy Seif-El Nasr, Darius Kazemi, Darren Torpey, Yusuf Pisan, Rob Catto, Doug Church, Robin Hunicke, Katherine Isbister, Katie Salen, Warren Spector e Eric Zimmerman.

Agradeço ainda a Rob Bakie, Isaac Barry, Hal Barwood, Jim Charne, Henry Cheng, Miguel Gomez, Jeff Lander, Eric Lengyel, Tito Pagan e Graham Rhodes pela ajuda no recrutamento de autores e pela revisão de muitos dos capítulos.

Por fim, obrigado à minha amada esposa e a meus filhos, Aaron e Allison, por me apoiarem durante essa jornada, bem como meus pais, Diane e Barry, e meus sogros, Jim e Shirley.

Sumário

Prefácio	xv
Prefácio à edição brasileira	xxi
Biografia dos colaboradores	xxiii

▶▶ PARTE 7 - PRODUÇÃO E O NEGÓCIO DOS JOGOS

7.1 - PRODUÇÃO DE JOGOS E GERENCIAMENTO DO PROJETO	**803**
Visão geral	803
Fase de conceito	804
De onde vêm os conceitos	804
Produzindo o design conceitual	804
Comitê de luz verde	805
Fase de pré-produção	806
GDD	806
Seleção da equipe	806
Plano de equipe interna	807
Selecionando um desenvolvedor externo	807
Confidencialidade e acordos de não divulgação	808
Pacote de licitação de desenvolvimento	808
O acordo de desenvolvimento	809
Marcos do desenvolvimento	810
Aprovações de marcos	811
Documento de design técnico (TDD)	812
Cronograma	812
A cavilha dourada e o cronograma de jogos	813
Reduzindo o tempo de desenvolvimento	814
Priorizando o conjunto de características	814
Procurando gargalos	814
Orçamentos	815
Análise de lucros e perdas	816
Luz verde de início	816
Resumo	816
Fase de produção	817
Mostre-me	817

Listas de arte	817
Convenções de nomenclatura de arquivos dos recursos	818
Monitoramento de recursos	819
Ciclos de aprovação do recurso	819
Formatos de entrega de recurso	819
Bandeiras vermelhas	820
Dinâmica de equipe	820
Problemas pessoais	822
Problemas de design	822
Problemas financeiros	823
Falhas técnicas	823
Pedidos de mudança	824
Atrasos de cronograma	824
Iniciando as tarefas	825
Início do áudio	825
Lista de som	825
Especificação da música	825
Script de história e de dublagem	825
Criação de efeitos de som	826
Criação ou licenciamento de música	826
Gravação de dublagens	827
Primeiro jogável – prova de conceito	827
Mantendo todos a bordo	828
Executivos	828
Licenciante(s)	828
Titular(es) da plataforma	829
A equipe	829
Um método alternativo	829
Mantendo o momento em movimento	829
Fases dentro de fases	830
O produtor multitarefa	830
Gerenciando o meio da produção	830
Esperando o inesperado	831
Bandeiras vermelhas no meio da produção	831
Design por comitê – Outro nome para consenso?	831
Produção tardia	832
O título de trabalho está morto – Vida longa ao título final	832
Imagens e mais	832
Demonstração na E3	833
Demos para revistas	833
Demonstração promocional para o titular da plataforma	833

Bandeiras vermelhas na produção tardia ou pós-produção – Grandes bandeiras vermelhas 834

Pós-produção 834

Transferências de pessoal 834
Localizações 835
Classificação ESRB 836
Caixa e documentos 837
Guia de estratégia 838
Controle de qualidade 838
Plano de teste 839
O banco de dados do Controle de Qualidade 839
Qualidade – A visão de dentro 841
O relacionamento entre Controle de Qualidade e Produtor 842
Operações 843
OEM e versões incluídas **844**
Post-mortem 844

Resumo 845

Exercícios 845

Referências 846

7.2 – PAPÉIS E ECONOMIA DA INDÚSTRIA DE JOGOS 847

Visão geral 847

Desenvolvedores de jogos 848

Desenvolvedores de jogos de serviço completo 849
Fornecedores de serviço de captura de movimento 851
Fornecedores de serviço de arte e animação 852

Editores 853

Editores de console e PC 853
Fornecedor de serviço de controle de qualidade 855
Empresas de relações públicas, agências de publicidade e equipes de merchandising 855

Titulares da plataforma 856

PC como plataforma 857
Consoles como plataforma 858
Fabricante de mídia 859
Varejo 860

Distribuidores	860
Representantes dos fabricantes	861
Varejistas regionais	861
Varejistas de aluguel	862
Varejistas nacionais	862

Resumo — 864

Exercícios — 864

Referências — 865

7.3 – O RELACIONAMENTO EDITORA-DESENVOLVEDOR — 867

Visão geral — 867

Plantando as sementes — 868

A divisão entre desenvolvedor/editora — 869

O processo de apresentação da proposta do jogo — 869

Protótipo de jogo	870
Apresentação da proposto do jogo	870
Esboço do design do jogo	871
Design técnico	871
Cronograma do projeto e orçamento	872

O negócio — 872

Dinâmicas do negócio — 873

Pesquisa	873
Direitos de PI	874
Produtos futuros	875
Produtos futuros: *portagens*	875
Produtos futuros: novas franquias	875
Produtos futuros: tecnologia	876

Negociação de pagamento — 876

Estrutura do negócio	877
Evitando quebra de contrato	877
Pagamento antecipado contra *royalties*	*878*
Garantias	878
Marcos	878
Pagamentos de marcos	879
Bônus de conclusão	879

Negociação de royalty	880
Pagamento de royalty	880

Marcos de desenvolvimento — 881

Cronograma de desenvolvimento	881
Estágio alfa	882
Controle de qualidade	883
Estágio beta	884
Estágio Gold Master	884
Resumo da produção	885

Resumo — 885

Exercícios — 886

7.4 – MARKETING — 887

Visão geral — 887

A promessa de marketing da editora — 888

Anúncios tradicionais — 888

Anúncios de varejo — 889

Sendo ouvido na mídia — 889

Telefone e e-mail *versus* visitas pessoais	890
Trabalhando com sites de fãs	891

Oportunidades de publicidade para um jogo de console ou PC — 891

Contatando a mídia — 892

Crie uma base de dados da editora	892
Releases sobre novidades	893
Cartas de promoção	893
Tours de mídia	894
Críticas	894
Além das críticas: histórias de promoções	895
Capas, *teasers* e manchetes	895

Marketing em feiras comerciais — 895

Cobertura da mídia do consumidor para jogos de console e PC — 896

Eventos: gerando um mix de cobertura da mídia e comentários	898
Promovendo suas próprias relações públicas quando a editora falha em concretizá-las	898

Gerando publicidade para jogos casuais	899
Anúncios *on-line*	*899*
Relações públicas corporativas: como construir uma marca para a empresa	899
Discussão de posicionamento	900
Oportunidades para palestras	901
Gerando divulgação de negócios	901
Resumo	902
Exercícios	902
7.5 – CONTEÚDO DE PROPRIEDADE INTELECTUAL, LEI E PRÁTICA	**903**
Visão geral	903
Categorias de proteção de PI	904
Conteúdo da PI dos jogos	907
Patentes	908
Trabalhos protegidos	909
Padronizações	911
Procedimento	912
Propriedade	912
Direitos exclusivos	913
Duração	913
Aviso	914
Lei internacional de patente	914
Direitos autorais	914
Trabalhos protegidos	914
Padronizações	915
Procedimento	916
Propriedade	916
Direitos exclusivos	917
Duração	918
Aviso	918
Lei internacional de direito autoral	918
Marcas registradas	919
Trabalhos protegidos	919
Padronizações	919

Procedimento	920
Propriedade	921
Direitos exclusivos	921
Duração	923
Aviso	923
Lei internacional de marca registrada	923
Segredos comerciais	**924**
Trabalhos protegidos	924
Padronizações	924
Procedimento	925
Propriedade	925
Direitos exclusivos	925
Duração	926
Aviso	926
Lei internacional de segredo comercial	926
Transferência de direitos de PI	**926**
Evitando infração de PI	**928**
Resumo	**930**
Exercícios	**930**
Referências	**931**
7.6 – REGULAÇÃO DE CONTEÚDO	**933**
Visão geral	933
Uma breve história da censura na América	934
O Congresso dá uma primeira olhada nos jogos de videogame	935
O advento da autorregulação da indústria	936
Críticas ao programa de classificação da ESRB	939
Regulação do conteúdo dos jogos nos tribunais	940
Regulação de conteúdo em outros países	944
Resumo	945
Exercícios	945
Referências	946
Índice	947

〉 Prefácio

Bem-vindo à *Introdução ao desenvolvimento de games, Volume 4 – A indústria de jogos: produção, marketing, comercialização e direitos autorais.* Este é um livro único que combina a sabedoria e a experiência de mais de 20 profissionais do setor de jogos para lhe dar uma visão sem precedentes do desenvolvimento de jogos – desde o design, programação, produção até questões de negócios.

O maior desafio na criação deste livro foi abordar praticamente todo o desenvolvimento de um jogo, tentando manter a profundidade necessária para realmente entender e apreciar o estado da arte dos processos tecnológicos. A solução foi reunir alguns dos especialistas mais brilhantes e respeitados na indústria e permitir que cada autor fosse fundo nos detalhes para cobrir sua especialidade. Esse processo resultou em um livro bastante longo, dividido em quatro volumes. Apesar de ser uma obra longa comparada à maioria, tal aspecto foi peça-chave para manter conceitos e ideias importantes, dando-lhe discernimento profundo para os problemas do desenvolvimento real de jogos.

O histórico dos autores é impressionante. Grande parte tem mais de uma década de experiência na indústria de jogos e são líderes em seus respectivos campos, palestrando regularmente na Game Developers Conference,[1] ministrando aulas de desenvolvimento de jogos em nível superior, ou até mesmo escrevendo seus próprios livros. O que destaca esta obra é a incrível percepção e experiência que cada autor traz para seu capítulo, com todas as áreas do desenvolvimento de jogos sendo exploradas. Ninguém poderia criar um livro como este, já que requer vidas de especialização e experiência para entender e refinar os problemas. Contudo, não leve minhas palavras em consideração; observe a biografia dos autores nas páginas a seguir.

Estrutura do livro e inspiração
A estrutura da obra é totalmente apoiada na Estrutura de Currículo da International Game Developers Association (IGDA) proposta pelo IGDA Curriculum Development Committee. Por meio da cooperação entre os profissionais respeitados da indústria e da academia, esse comitê foi capaz de definir uma estrutura que daria orientação para escolas e universidades para criar seus próprios programas acadêmicos no desenvolvimento de jogos. Por ser a Estrutura de Currículo da IGDA um continuado processo, ela forneceu a orientação e a inspiração para este livro.

Não é a intenção que todo tópico e capítulo deste livro sejam ensinados completamente em uma aula de desenvolvimento de jogos. Em vez disso, a obra contém uma classificação de assuntos, divididos em partes, que podem ser misturados e combinados para criar um currículo customizado, porém direcionado a um programa acadêmico particular.

Embora o livro possa ser customizado para criar um foco em particular, há um valor imenso na compreensão de todos os elementos do desenvolvimento de jogos e como eles interagem. O desenvolvimento de jogos não é apenas o design, programação ou criação de modelos 3D. Ele abarca o processo completo e como cada elemento interage e influencia os demais. Especialistas em programação não serão muito úteis se não entenderem as motivações do designer de jogos, artistas ou produtor. Os artistas irão criar uma arte inútil se não levarem em conta as limitações da programação do hardware e não criarem uma arte que combine com o design do jogo. Por fim,

---
[1] N.R.T.: A *Game Developers Conference* é um evento da indústria de games que se organiza em vários módulos. Consulte o site da GDC em http://www.gdconf.com/.

seria prejudicial a um projeto se a área comercial não entendesse os desafios técnicos envolvendo programação e criação de arte. O desenvolvimento de jogos é um processo cooperativo que depende de que cada departamento compreenda as motivações, os requisitos e as limitações colocadas pelos demais. Este livro deseja estabelecer um respeito mútuo e atitude de equipe de trabalho para o desenvolvimento de jogos.

Atualizações da segunda edição

A primeira edição deste livro foi desenvolvida em 2004-2005, antes do lançamento do Xbox 360, PS3 e Wii. Durante essa última transição dos consoles, vimos os processadores passarem do *single core* para o *multicore*,[2] os preços dos jogos subirem de US$ 50 para US$ 60, a distribuição digital se tornar cada vez mais aceita mundialmente e um retorno à ênfase na jogabilidade sobre materiais visuais impressionantes. E por mais que o desenvolvimento de jogos tenha mudado nos últimos quatro anos, os fundamentos principais continuam os mesmos. O único modo de ter sucesso é produzir grandes jogos que se concentrem na experiência do jogador.

Nesta segunda edição, tornamos mais eficiente a seção *Design de Jogos* (no Volume 1), expandindo métodos e técnicas para fazer o design dos jogos. Um novo capítulo sobre *Escrita de jogos e contando histórias interativas* (*Interactive storytelling*) foi adicionado. Este capítulo, que também faz parte do Volume 1, complementa e completa a seção *Design de Jogos*, dando orientação na disciplina de como construir e contar uma história dentro de uma experiência interativa. Além disso, atualizamos todos os capítulos para refletir o avanço tecnológico no desenvolvimento comercial de jogos.

Desenvolvimento de jogos no século XXI

Passados são os dias que um desenvolvedor solitário fabricava sozinho o design, o código e a arte do jogo. Desenvolvimento de jogos no século XXI trata da luta de grandes equipes para atingirem uma meta comum, em um período de vários anos. A indústria de jogos é um negócio "movido por grandes êxitos", e é necessário incrível talento, experiência, criatividade, marketing e sorte para produzir o próximo jogo de sucesso. Contudo, nessa indústria inovadora e evolutiva, há uma enorme oportunidade para alcançar novas barreiras e empurrar a tecnologia ainda mais além.

Enquanto a primeira edição do livro estava em produção, a indústria de jogos testemunhou o aparecimento do Nintendo DS. Esse sistema de jogos portáteis se mostrou como um exemplo perfeito de como a inovação continua a surgir ao nosso redor, ano após ano. O sistema suporta múltiplas telas, um microfone, um painel de toque, conectividade sem fio, e o jogar por transferência sem fios. Cada um desses elementos já existia há algum tempo, de uma forma ou de outra, mas ao colocarem tudo em um único pacote que milhões de pessoas compraram, os desenvolvedores podem contar com a presença dessas características na exploração de novos modos de jogabilidade. Centenas de empresas dedicaram seus desenvolvedores mais talentosos na criação de jogos que exploram essa nova interatividade.

Com quase 40 anos de idade, a indústria de videogames ainda é jovem e se encontra em um ritmo de expansão impressionante. A receita global de 2007 foi de US$ 41,9 bilhões e foi estimada em torno de US$ 57 bilhões em 2008. Apesar da crise econômica global ao final de 2008 e 2009,

---

[2] N.R.T.: Os computadores contam atualmente com uma arquitetura de multiprocessamento, designada como *multicore*, baseada em estudos da indústria e, em pesquisadas do MIT. Maiores detalhes em: http://www.ic.unicamp.br/~rodolfo/Cursos/mc722/2s2007/trabalhos/g20_texto.pdf.

os videogames parecem ser mais à prova de recessão do que as outras indústrias e irá resistir ao ambiente econômico muito bem, talvez alcançando US$ 68 bilhões em receita global em 2012 de acordo com a PricewaterhouseCoopers LLP.

Esse crescimento incrível significa oportunidade para novas ideias, novas formas de jogar e a necessidade de novos talentos para a indústria. Este livro espera inspirar, motivar e guiar gerações futuras de desenvolvedores a criar jogos inovadores que continuem a elevar as fronteiras do que foi criado no passado.

www.IntroGameDev.com

Juntamente com a publicação do livro, temos um site que serve de suporte aos aspirantes a desenvolvedores de jogos. Nele você encontrará informações sobre tudo o que deve saber e conhecer para o desenvolvimento de jogos. O site funciona como um guia para encontrar artigos e informações sobre desenvolvimento de jogos; dicas que não estão disponíveis em qualquer outro local. São mais de 1.300 artigos, categorizados por disciplinas como física, IA ou design de jogos. Utilize-o como ferramenta e recurso quando for explorar as técnicas e conhecimentos de desenvolvimento de jogos. As informações estão disponíveis em inglês.

Material complementar disponível para download

Este livro disponibiliza para download códigos-fonte, demonstrações, arquivos de arte, e outros materiais que podem ser muito úteis para estudos e exercícios apresentados ao longo do texto. Esses materiais estão disponíveis na página do livro, no site da editora em www.cengage.com.br. O conteúdo está disponível em inglês, consulte o link.

Requisitos do sistema

Séries Intel® Pentium®, AMD Athlon ou processadores mais recentes recomendados. Windows XP (64MB RAM) ou Windows 2000 (128MB RAM) ou superior recomendado. Placas gráficas de vídeo 3D necessária para algumas aplicações de amostra. DirectX 9 ou o mais recente. Software necessário para utilizar todos os arquivos fornecidos: Microsoft Visual Studio .NET 2003, 3ds max 6, Microsoft Word, Microsoft Excel, Microsoft PowerPoint, Adobe Reader e QuickTime Player.

Como utilizar este livro

À primeira vista, a natureza desta obra pode ser desencorajadora para qualquer estudante, instrutor ou aspirante a desenvolvedor de jogos. Claramente, não é a intenção de que todo o capítulo seja ensinado de modo minucioso em uma aula acadêmica, mas encorajamos que várias partes sejam usadas para criar uma experiência educacional customizada. Personalizando o conteúdo deste livro, muitos programas acadêmicos com propósitos um pouco diferente podem ser satisfatoriamente atendidos. As partes e os capítulos são independentes, o que facilita a sua customização. É possível ignorar certas partes ou mover capítulos quando necessário. As informações a seguir fornecem uma orientação e exemplos de como usar o livro em um contexto educacional.

Entender as várias partes deste livro é a chave para criar um currículo customizado. Como mostra a Figura 1, os volumes que compõem o livro estão divididos em quatro categorias principais: entendendo os jogos, programação de jogos, criação de arte/recursos e negócios/gerenciamento. Para qualquer currículo, o objetivo é encontrar um equilíbrio entre as quatro categorias.

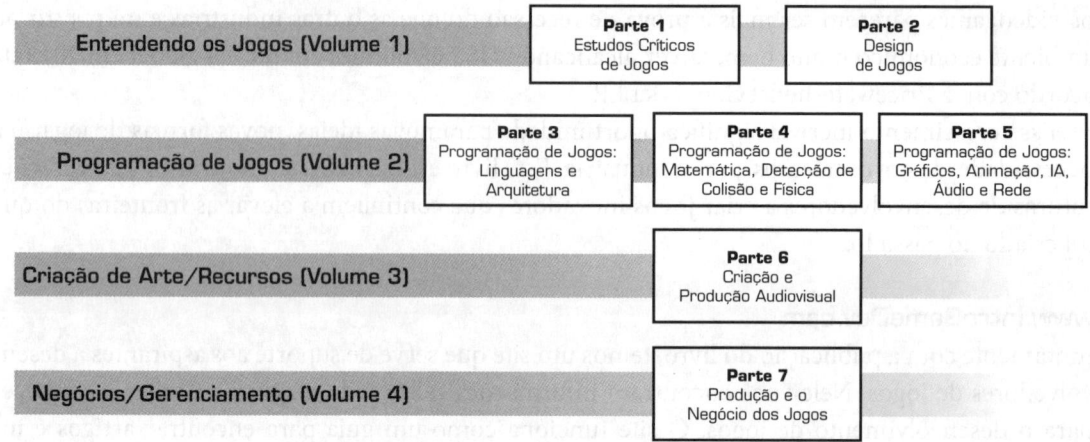

Figura 1 Quatro categorias principais para equilibrar um currículo.

Em um curso de desenvolvimento de jogos, promovido por um departamento de ciência da computação, é, sem dúvida nenhuma, importante se concentrar nos aspectos de programação (Partes 3, 4 e 5 – Vol. 2). Contudo, é essencial para motivar o que está sendo construído (Partes 1 e 2 – Vol. 1), evidenciar que existem limitações relacionadas a recursos que vão ser integrados (Parte 6 – Vol. 3), e como um projeto de jogo é gerenciado (Parte 7 – Vol. 4). Em um curso de dez semanas, seria apropriado dedicar sete a oito semanas em programação, enquanto se intercala o tópico principal, com aproximadamente duas ou três semanas, de *entendendo os jogos*, *criação de arte/recurso*, e questões de *negócios/gerenciamento*.

Cada vez mais em universidades, cursos interdisciplinares especiais estão sendo oferecidos na área do desenvolvimento de jogos, abrangendo estudantes de disciplinas diferentes como ciência da computação, arte, música e negócios. Em um ambiente dinâmico e rico, este livro pode ajudar de diversas maneiras, desde design de jogos, programação, criação de arte até no gerenciamento de projetos de equipes. Nesse tipo de curso, estudantes adotam um papel e interagem uns com os outros como se fossem parte de uma equipe real de desenvolvimento de jogos. As aulas podem ser divididas dentro das quatro categorias principais, observando-se uma maior ênfase na parte da programação. O livro fornece profundidade suficiente para que os estudantes em cada disciplina se aprofundem mais e explorem tópicos individuais.

Outros currículos, como os de design de jogos, podem se beneficiar da exploração das inter-relações de todos os aspectos do desenvolvimento que este livro oferece. Enquanto a maioria dos tópicos de programação poderia ser abordada superficialmente ou de maneira esparsa, há uma grande quantidade de material a explorar nas Partes 1 e 2 (Vol. 1), 6 (Vol. 3) e 7 (Vol. 4). Um curso sobre design de jogos dedicaria mais ou menos três semanas à história dos jogos e à análise de jogos, outras duas a três ao design principal, então as quatro semanas restantes na relação da programação seriam dedicadas à criação de recurso e questões de negócios (como regulamento de conteúdo) com o design do jogo. Por exemplo, temas como inteligência artificial ou áudio podem ter um grande impacto no design de um jogo proporcionando muitas oportunidades interessantes de jogabilidade.

Em resumo, três currículos de exemplo são dados na Tabela 1 para cada um dos três tipos de cursos apresentados. Cada um aborda a maioria dos capítulos de todo o livro, mas a diferença está no foco e na profundidade. Ao dedicarem tempo apropriado a cada tópico, os estudantes garantem aprofundar-se em um assunto, porém podendo apreciar as questões tecnológicas, artísticas e de negócios que são parte integrante do desenvolvimento do jogo. Observe também que as partes e os capítulos são geralmente independentes e podem ser omitidos, misturados ou distribuídos em pares conforme for necessário.

Tabela 1 Três exemplos de currículos baseados em um curso de nível superior, de 10 semanas.

Semana	Curso orientado à programação	Curso interdisciplinar	Curso de design de jogos
1	Visão geral e design de videogames (Caps. 1.1, 1.2, 2.1, 2.2) – Vol.1	Visão geral de videogames (Caps. 1.1, 1.2) – Vol.1	História dos videogames (Cap. 1.1) – Vol. 1
2	Equipes e a produção de jogos (Caps. 3.1, 7.1) – Vols. 2 e 4	Equipes e a produção de jogos (Caps. 3.1, 7.1) – Vols. 2 e 4	Questões sociais e culturais dos jogos (Cap.1.2) – Vol.1
3	Linguagem e arquitetura (Caps. 3.2 – 3.6) – Vol. 2	O papel da indústria de jogos e a economia (Caps.7.2, 7.3, 7.4) – Vol.4	Estudando os jogos a partir de uma perspectiva acadêmica (Cap. 1.3) – Vol.1
4	Matemática, detecção de colisão e física (Caps. 4.1, 4.2, 4.3) – Vol. 2	Design de jogos (Caps. 2.1, 2.2) – Vol.1	Design de jogos (Caps. 2.1, 2.2) – Vol.1
5	Gráficos, modelos 3D, texturas (Caps. 5.1, 6.2, 6.4, 6.7) – Vols. 2 e 3	Criação de recursos e arte (Caps. 6.1 – 6.7) – Vol. 3	Design de jogos (Caps. 2.1, 2.2) – Vol. 1
6	Programação de animação e criação (Caps. 5.2, 6.7) – Vols. 2 e 3	Linguagens de programação e arquitetura (Caps. 3.2 – 3.6) – Vol. 2	Influência da inteligência artificial e do áudio no design de jogos (Caps. 5.3, 5.5, 6.8) Vols. 2 e 3
7	Gráficos e animação (Caps. 5.1, 5.2) – Vol. 2	Conceitos de matemática e física 3D (Caps. 4.1, 4.3) – Vol. 2	Equipes e produção de jogos (Caps. 3.1, 7.1) – Vols. 2 e 4
8	Inteligência artificial (Caps. 5.3, 5.4) – Vol.2	Visão geral dos gráficos e animação (Caps. 5.1, 5.2) – Vol. 2	Visão geral da criação de arte e recursos (Caps. 6.1 – 6.7) – Vol. 3
9	Áudio e rede (Caps. 5.5, 5.6) – Vol.2	Visão geral de inteligência artificial, áudio e rede (Caps. 5.3, 5.5, 5.6) – Vol. 2	Papel da indústria de jogos e da economia (Caps. 7.2, 7.3, 7.4) – Vol. 4
10	Questões legais e de negócios (Caps. 7.2 – 7.6) – Vol. 4	Propriedade intelectual e regulamento de conteúdo (Caps. 7.5, 7.6) – Vol. 4	Propriedade intelectual e regulação de conteúdo (Caps. 7.5, 7.6) – Vol. 4

⟩ Prefácio à edição brasileira

A primeira edição brasileira de *Introdução ao desenvolvimento de games, Volume 4: A indústria de jogos: produção, marketing, comercialização e direitos autorais,* editado por Steve Rabin, liderando uma equipe de profissionais e desenvolvedores com larga e comprovada experiência na área dos jogos, coloca mais um recurso fundamental à disposição da comunidade de produtores e pesquisadores em jogos no Brasil. Aliado aos três volumes anteriores, que tratam das amplas áreas referentes ao u*niverso dos jogos, à programação, à criação e produção audiovisual,* este quarto e último volume traz para o primeiro plano o complexo mundo da produção, entre editora e estúdios de desenvolvimento relacionando esse mundo com as áreas de marketing e comercialização, oferecendo ainda um panorama da situação dos direitos autorais no campo da produção de jogos.

Tal como nos volumes anteriores, os capítulos são organizados segundo uma concepção didática que parte da experiência de Rabin na *International Game Developers Association* (IGDA), pautando-se por uma apresentação clara dos conceitos-chave em cada capítulo do livro, com exemplos esclarecedores, casos modelares e com exercícios sugeridos que cobrem amplamente o conteúdo de cada capítulo, além de uma bibliografia de referência fundamental. Para a edição brasileira, em todos os quatro volumes, as informações foram atualizadas, levando-se em conta tanto o panorama internacional como o contexto particular da indústria de games no Brasil e seu movimento *indie*. Esse foi o espírito que guiou a revisão técnica deste importante trabalho de Steve Rabin e sua equipe de especialistas. Foi nesse sentido que também se buscou trazer as informações referentes ao contexto brasileiro da indústria dos games, da legislação em vigor, da questão dos direitos autorais e do panorama geral do qual os games se desenvolvem e se firmam, ao mesmo tempo como uma indústria criativa, uma importante área da cultura, do entretenimento e, certamente, da pesquisa científica.

Como já observado no terceiro volume da edição, o Brasil busca colocar-se no cenário internacional da indústria de games também como um polo produtor. Cada vez mais isso se tornará um fato consumado na medida em que a formação profissional na área de games se encontra amparada em materiais didáticos consistentes e exemplos divulgados e reconhecidos no cenário internacional, como são os casos dos trabalhos de empresas como a Aquiris e a Hoplon, somente para citar duas aqui. É no contexto da busca constante pela excelência em um mundo em intensa transformação que este volume de *Introdução ao desenvolvimento de games*, editado por Steve Rabin, chega até nós, abordando uma área ainda pouco trabalhada em nossa bibliografia nacional.

De uma forma absolutamente transparente e cristalina este volume apresenta ao leitor uma visão da complexa tarefa da administração e produção envolvidas no desenvolvimento de um game, dos sutis ajustes entre estúdios de desenvolvimento e editoras, entre criadores e gestores comerciais do produto, do intrincado caminho dos marcos do desenvolvimento, da relação entre economia, produção e comercialização. Apresenta ainda uma visão detalhada do papel das editoras e da situação atual da publicação digital, a qual revolucionou o mercado de games e abriu a porta para os pequenos estúdios e desenvolvedores *indie*. Mostra também quais as regras necessárias para o marketing para que uma boa ideia possa realmente ser conhecida, apreciada e se tornar um bem de consumo de sucesso. Se não bastasse isso, os autores exibem um panorama da questão dos direitos autorais, da propriedade intelectual e do conteúdo, discutindo sua pertinência e mostrando os cuidados que devem ser tomados quando se trabalha com games, realizando isso por meio de reais e ricos exemplos históricos. No caso da edição brasileira, o leitor também poderá encontrar valiosas informações sobre esse tema em nosso país, como proceder e onde buscar recursos e informações para garantir o valor intelectual e comercial de sua invenção e produção. Finalmente, e não sem grande importância, encontramos neste volume todo um apanhado da questão da regulação de conteúdo nos jogos e como os desenvolvedores devem proceder para que seu jogo tenha um adequado enquadramento. Novamente a comparação entre o contexto americano e europeu aqui são úteis juntos aos apanhados de como esta questão é regulada no Brasil.

A revisão técnica do livro contou com o apoio de uma comunidade de pesquisadores em jogos, aos quais agradeço, pelas contribuições e discussões, a Eliseu Lopes Filho, diretor de cinema de animação, pelo suporte e apoio exemplar para a discussão dos temas que envolviam animação, efeitos especiais e cinemática, contribuindo para a diferenciação e, ao mesmo tempo, referência história em relação ao cinema e sua linguagem. O leitor poderá observar no presente volume que os elementos sintáticos e semânticos do cinema, incorporados pela produção de jogos em alguns momentos, produzem variações e mutações significativas.

Como dizem os autores deste volume, o "conhecimento conquistado apesar das dificuldades deve ser compartilhado, para que outros possam obter os benefícios sem ter de compartilhar toda a dor". Esse é o sentido da indicação do *post-mortem*, o famoso relatório que se segue ao final de um jogo, o qual é destinado a mostrar, não somente o percurso do desenvolvimento, mas também que se aprende muito com o todo do processo, principalmente com os erros. Com eles poderemos aprender o sentido das perguntas: O que deu errado em nosso desenvolvimento? O que deu certo nele? Por fim, o que pudemos aprender com a experiência do desenvolvimento? Desejosos de conhecimento e técnicas, os acadêmicos de games em formação poderão encontrar nestes volumes da edição de Rabin, senão todas as respostas, um encaminhamento seguro e equilibrado para as suas dúvidas.

Vários colegas e pesquisadores da área nos serviram de apoio e estímulo durante todo o trabalho destes quatro volumes. Gostaríamos de agradecer principalmente aos membros da lista de discussão *games&ontologia*. O cenário que proporcionaram para este trabalho foi fundamental. Gostaríamos ainda de ressaltar o papel ocupado pelo colega e pesquisador David de Oliveira Lemes, o qual sempre esteve aberto ao debate das questões que colocávamos durante a revisão técnica, além de agradecer a todo o apoio e suporte que nos forneceu durante este trabalho. Para nós, professores e pesquisadores da área de games, o grande trunfo desta edição consistiu em um aprofundamento dos conceitos da indústria e a sua organização na forma de um *thesaurus* para o incremento da formação acadêmica brasileira. Desejamos ao leitor uma boa e frutífera leitura.

Luís Carlos Petry e
Arlete dos Santos Petry

⟩ Biografias dos colaboradores

Robert T. Bakie

slinkie@serv.net
Rob Bakie é um profissional da indústria de jogos desde 1998 e um ávido jogador desde pouco tempo após seu nascimento. Atualmente, trabalha na Nintendo of America como webmaster no grupo de suporte ao desenvolvedor. Antes, trabalhou na divisão on-line multijogador WON.net da Sierra Entertaiment. Já escreveu críticas e revisões de jogos para revistas e sites norte-americanos. Rob é bacharel em Communications-Broadcast Journalism pela University of Washington com formação secundária em Música Computacional.

Isaac Barry

isaac.barry@gmail.com
Isaac Barry é diretor de Criação para a GameHouse, o primeiro estúdio de desenvolvimento de games casuais em Seattle, Washington. Próximo do final do século XX, começou a procurar trabalho e logo encontrou o de designer de jogos. O trabalho com design em todos os tipos de sistemas e conteúdos o levou a uma paixão pelo desenvolvimento de ferramentas visando à melhoria de seu trabalho e da indústria em geral. Ele teve a sorte de ter encontrado sua segunda casa em um campo no qual os profissionais se dedicam na criação de experiências afetivas, e grato à sua primeira casa por continuar a apoiar e sustentar seu processo.

Ed Bartlett

ebartlett@igaww.com
Ed Bartlett, vice-presidente e cofundador do IGA Worldwide Europa, é um profissional da nova geração de visionários da indústria multidisciplinar, combinando um histórico de 15 anos no setor de videogames com uma perspicácia de negócios e especialidade em mídia e publicidade comprovada. Tendo participado de cargos de produção e criatividade sênior em lançamentos importantes de jogos para produtoras, incluindo a Sega, Virgin Interactive, BMG Interactive, Acclaim e Hasbro Interactive, Bartlett passou para o desenvolvimento de negócios em 1999, como diretor de um renomado estúdio de desenvolvimento de jogos, The Bitmap Brothers.
Bartlett é um dos pioneiros da publicidade de jogos, dedicadamente fundando a agência Hive Partners, à frente da concorrência em 2003. Como diretor executivo, levou a empresa a lucrar em seu primeiro ano, conseguindo contas globais de anunciantes como Red Bull, e alcançando acordos revolucionários com produtoras de videogame, incluindo Sega e Vivendi Universal Games. Em 2005, negociou a aquisição da Hive Partners pela IGA Worldwide, unindo as companhias como membro fundador e ajudando a aumentar os US$ 17 milhões de capital de risco da empresa. Desde então é responsável pela construção das fundações da Radial Network, líder no setor, garantindo negócios mundiais com empresas como Electronic Arts, Valve, Sega, Atari e Codemasters. A IGA Worldwide foi selecionada pela Sony Computer Entertainment America e pela Sony Computer Entertainment Europe como a principal parceira para a inserção de publicidade a ser realizada no interior de jogos do Playstation3 (os *in-game advertising plataform*).

James Boer

author@boarslair.com

James Boer está na indústria de jogos desde 1997, trabalhando em títulos como *Deer Hunter, Deer Hunter II, Trophy Hunter, Pro Bass Fishing, Microsoft Baseball 2000, Tex Atomic's Big Bot Battles* e *Digimon Rumble Arena 2*. Também contribuiu de maneira frutífera com a mídia impressa da indústria de jogos, tendo escrito vários artigos para a revista *Game Developer*, com coautoria no *DirectX Complete*, autoria em *Game Audio Programming* e contribuído com quatro volumes de *Game Programming Gems*. Atualmente, trabalha na ArenaNet, onde é responsável pela criação de sistemas de áudio e cinemática, bem como de ferramentas para títulos que ainda estão em produção.

Sue Bohle

sue@bohle.com

Sue Bohle é uma profissional de relações públicas altamente conceituada. Iniciou sua carreira na Burson-Marsteller, a maior agência de relações públicas do mundo. Ela então foi contratada pela J. Walter Thompson Co. para ajudar a empresa a desenvolver uma presença de relações públicas em Los Angeles. No prazo de três anos, tornou-se a primeira vice-presidente da JWT na Costa Oeste e, um ano depois, a primeira mulher em Los Angeles a ser nomeada gerente geral de um escritório de uma empresa internacional de Relações Públicas. Em 1979, Sue decidiu abrir sua própria empresa de relações públicas. Hoje, The Bohle Company é uma das 50 maiores agências independentes de Relações Públicas nos Estados Unidos e a maior empresa focada em tecnologia no Sul da Califórnia. Profissionalmente ativa, é membro e ex-presidente do College of Fellows, PRSA, uma honra concedida a profissionais avaliados como modelo na indústria de Relações Públicas. Ela também é ex-presidente da Counselors Academy, uma organização nacional de chefes de agências, bem como ex-presidente da Los Angeles Chapter of Public Relations Society of America. Sue possui tanto o bacharelado como o mestrado da Northwestern University's Medill School of Journalism. Antes de entrar em relações públicas, ela era instrutora de jornalismo dos ensinos médio e superior.

Todd M. Fay

todd@audiogang.org

Todd M. Fay era o diretor de desenvolvimento para a Game Audio Network Guild (www.audiogang.org). Já trabalhou com Creative Labs ATC, Blizzard Entertainment, THQ, Vivendi Universal, Black Ops Entertainment, G4 Media, e Tommy Tallarico Studios. Seu talento chamou a atenção na *Game Developer Magazine*, Gamasutra.com, Music4Games.net e, no G4: Television for Gamers, a rede 24 horas dedicada a jogos e ao estilo de vida dos jogadores. No G4 Media, Todd supervisionou o desenvolvimento dos programas *Filter and Cheat!: Pringle's Gamer's Guide*, bem como o *Special: Splinter Cell* da Icon. Enquanto trabalhava com a Creative Labs, contribuiu com o desenvolvimento do EAX 3.0, e foi também autor do guia do designer para essa tecnologia. Todd produziu seu primeiro livro, *DirectX 9 Audio Exposed: Interactive Audio Development*, para a Wordware Publishing em 2003, que lhe proporcionou o Prêmio G.A.N.G.[3] em 2004. Possui bacharelado em música pela University of Massachusetts Lowell (UML), cujo Departamento de Tecnologia em Gravação de Som foi ganhador do Prêmio Lowell (UML).

---

[3] N.R.T. : Consulte o site da G.A.N.G em http://www.audiogang.org/.

Tom Forsyth

Tom.Forsyth@eelpi.gotdns.org
Tom é um arquiteto de software e hardware na Intel trabalhando no projeto Larrabee. Anteriormente, escreveu software de animação para a RAD Game Tools, motores gráficos de jogos para a Muckyfoot Productions e drivers para placas de vídeo Direct3D para a 3Dlabs. Em seu tempo livre, fez uma variedade de pesquisas relacionadas aos gráficos, com foco em sombras, e já escreveu e editou muitos livros e artigos, notavelmente como parte da série *ShaderX*.

David Johnson

undertone_dj@yahoo.com
David iniciou sua carreira como colorista na CST Technology, em 1994, colorizando desenhos animados e filmes. Após estudar animação e efeitos especiais no Santa Monica College's Academy of Entertainment Technology, tornou-se um modelador 3D. Trabalhou como modelador profissional na 3Name3D e Viewpoint Digital. David tem créditos em um filme, créditos em vários jogos e já criou modelos para diversos sites e comerciais de TV. Está trabalhando em jogos desde 1999 e é um dedicado artista de efeitos desde 1995. Trabalhou em títulos como *Shadowrun*, *Halo 3* e também no *Modern Warfare 2*, da Infinity Ward.

Eric Lengyel

lengyel@terathon.com
Eric Lengyel é arquiteto chefe no Terathon Software, onde comanda o desenvolvimento do C4 Engine. Ele se dedica à pesquisa de gráficos 3D há mais de 15 anos e é autor do best-seller *Mathematics for 3D Game Programming and Computer Graphics*. Também é autor do *OpenGL Extensions Guide* e já escreveu muitos artigos para publicações da indústria desde o Gamasutra.com até a série *Game Programming Gems*.

Peter Lewis

peterlewis@primitive-eye.com
Peter Lewis trabalha com gráficos de computador desde metade dos anos 1980, quando começou a programar câmeras de controle de movimento para a indústria de filmes. Começou a atuar na indústria de videogames em 1991 com a Dynamix, Sierra Online, onde criou o Cinematics e gráficos 3D para jogos. Foi *senior art lead*[4] na WildTangent, Mad Doc Software, estúdio ACES dentro da Microsoft Game Studio, e é atualmente diretor de arte na Reality Gap. Peter é instrutor no DigiPen Institute of Technology, onde ensina animação de computador para estudantes de arte e programação; tem sido instrutor do programa de animação de computador certificado pela University of Washington Extension.

Noel Llopis

llopis@gmail.com
Noel Llopis é fundador da Snappy Touch, desenvolvendo independentemente jogos para iPhone. Anteriormente cofundou a Power of Two Games. Também foi arquiteto técnico chefe na High Moon Studios onde coordenou a pesquisa e o desenvolvimento de tecnologia de ponta. No Day 1 Studios, arquitetou e

---

[4] N.R.T.: *Senior art lead* é um cargo da indústria de games. Ele é o responsável pela produção, processamento e a localização das artes e recursos dentro do jogo. O cargo é ocupado por um artista com ampla experiência e conhecimento; uma versão possível seria: *artista principal sênior*.

desenvolveu a tecnologia que está na base de jogos como *MechAssault 1* e *2*. É um entusiasta dos métodos de desenvolvimento ágil, testes automatizados e desenvolvimento direcionado por testes. É autor do livro *C++ for Game Programmers*, contribuiu com diversos artigos para a série *Game Programming Gems*, e atualmente escreve a coluna Inner Product na *Game Developer Magazine*. Obteve bacharelado pela University of Massachusetts Amherst e mestrado pela University of North Carolina em Chapel Hill.

Syrus Mesdaghi

syrusm@hotmail.com
Syrus Mesdaghi é o engenheiro chefe de IA na Dynamic Animation Systems, onde é o chefe de tecnologia em um projeto FPS (*First Person Shooter*) para treinamento tático de tomada de decisões baseadas em equipe, assumindo muitos aspectos do projeto, o que inclui a IA. Anteriormente foi diretor do Curso de IA no programa de Desenvolvimento e Design de Jogos da Full Sail University. Além de sua paixão por IA, dedicou-se à melhoria, demonstração e promoção da tecnologia Java. Desenvolveu e exibiu tecnologia de jogos de ponta para DAS, Full Sail University e Sun Microsystems em diversas conferências como GDC, SIGGARH, QuakeCon e I/ITSEC em projetos, desde jogos de FPS, RTS, luta e corrida. Realizou apresentações na GDC e é um dos autores de *Practical Java Programming*. Contribuiu ainda com outras publicações como *AI Game Programming Wisdom*.

Tito Pagan

tpagan@w-link.net
O diretor de arte Tito Pagan é um veterano desenvolvedor de jogos e escritor com 17 anos de experiência na indústria, além de possuir créditos em dezenas de títulos de jogos. Sua experiência vai desde artista de texturas, designer de nível, chefe de animação, modelador de personagem, artista de conceito, diretor de captura de movimentos e diretor técnico. Há pouco tempo fundou o BoldFist, um estúdio de animação e captura de movimentos em Washington. Anteriormente para a WildTangent, Tito chefiou a direção de arte de títulos de jogos Internet, bem como a edição de jogos para a Internet publicados de forma customizada para os clientes. Os ciclos de desenvolvimento agressivos na WildTangent ensinaram muito a Tito sobre produção e terceirização otimizada de arte nos jogos, com uma média de três jogos por ano durante seus cinco anos de empresa. Com o lançamento da Gas Powered Games, chefiou o trabalho de animação, com a tarefa de coordenar os elementos de movimentação do personagem no jogo *Dungeon Siege*.

Mark Peasley

mp@pixelman.com
Mark Peasley é um veterano na indústria de jogos, com 20 anos de experiência produzindo ilustrações, cronogramas, gerenciando equipes e fazendo trabalhos impossíveis. Durante esse tempo, foi artista, diretor de arte, produtor e diretor de projeto. Trabalhou em mais de 25 títulos de PC, 3DO, Xbox e Xbox 360. Recentemente na Microsoft Games Studio, trabalhou com *Forza Motorsport*, *Forza Motorsport 2*, *Midtown Madness* e *Rallisport*.

Steve Rabin

steve.rabin@gmail.com
Steve Rabin é engenheiro de software principal da Nintendo of America, onde pesquisa novas técnicas para as plataformas atuais e futuras da Nintendo, ferramentas de desenvolvimento para arquitetos como o WiiProfiler e dá suporte aos desenvolvedores da empresa. Antes da Nintendo, trabalhou principalmente como engenheiro IA em diversas empresas iniciantes em Seattle incluindo Gas Powered Games,

WizBang Software Productions e Surreal Software. Organizou e editou a série de livros da *AI Game Programming Wisdom*, o livro *Introduction to Game Development* e tem dúzias de artigos publicados na série *Game Programming Gems*. Palestrou na conferência AIIDE em Stanford, na Game Developers Conference e em muitas conferências de desenvolvimento da Nintendo na América do Norte e Europa. Organizou a AI Summit com duração de dois dias na GDC 2009 e moderou as mesas-redondas de IA na GDC. Steve também fundou e gerencia um grupo profissional conhecido como AI Game Programmers Guild. Ensina inteligência artificial para jogos na University of Washington Extension e no DigiPen Institute of Technology. Possui bacharelado em Engenharia da Computação e mestrado em Ciência da Computação, ambos pela University of Washington. Por fim, mantém um site que cataloga mais de mil artigos de desenvolvimento de jogos no www.introgamedev.com.

Graham Rhodes

grhodes@nc.rr.com
Graham Rhodes começou a fazer jogos nos computadores Commodore e Atari de 8 bits quando ainda estava no ensino médio. Desde então vem criando software para gráficos 3D em tempo real, jogos e simulações. Foi programador chefe para uma série de jogos educacionais para o *World Book Multimedia Encyclopedia*, bem como em diversos *"serious games"* em primeira/terceira pessoa, além de contribuir em inúmeros projetos de modelagens procedurais de simulações baseadas em física. Graham contribuiu com capítulos para diversos livros na série *Game Programming Gems*. É moderador do fórum de matemática e física no site *gamedev.net*, apresentou-se na Game Developers Conference (GDC) anual e outros eventos e regularmente participa da GDC e da conferência anual ACM/SIGGRAPH. Graham é membro da ACM/SIGGRAPH, da International Game Developer's Association (IGDA), da North Carolina Advanced Learning Technologies Association (NC Alta) e da Long Now Foundation.

Dr. Stephen Rubin , Esquire

sr@stephenrubin.com
Steve Rubin representa desenvolvedores e distribuidores engajados em todos os aspectos da indústria de jogos em assuntos tais como contratos, licenças, proteção e aplicação da propriedade intelectual e litígio, formação de negócios, aquisições e financiamento. Antes de criar sua própria empresa, Steve era um advogado na Divisão Antitruste do Departamento de Justiça dos Estados Unidos, professor de direito na University of Florida e sócio em um escritório onde chefiava as práticas de propriedade intelectual e antitruste. Também atuou como *special master*[5] e como mediador na Corte Federal norte-americana para casos de patentes e outros litígios. É autor de diversos livros e artigos sobre antitruste e propriedade intelectual. Além disso, é palestrante sobre tópicos de direito e negócios na Game Developers Conference.

Kathy Schoback

kathy@igda.org
Como vice-presidente executiva e diretora global de marca para a Game Group of Think Services, Kathy supervisiona a série de eventos da Game Developers Conference, localizada em São Francisco, CA; Austin, TX; Vancouver, Canadá; Xangai, China; e Colônia, Alemanha. Também gerencia produtos impressos e sites para o Game Group, que inclui Gamasutra.com e *Game Developer*. Uma veterana da indústria de jogos, Kathy começou sua carreira na SEGA of America e em seus nove anos lá ocupou uma variedade de cargos de desenvolvimento de gerenciamento e negócios. Outra experiência profissional inclui trabalhar

---

[5] N.R.T.: O *special master* é um cargo judiciário nos EUA, designado pelo juiz. Sua função é a de cuidar que as ordens judiciais sejam seguidas criteriosamente.

como diretora de Operações de Produtos na Eidos e vice-presidente de Aquisição de Conteúdo para AGEIA Technologies, bem como fazer parte do comitê consultivo da Game Developers Conference, como diretora da International Game Developers Association, e participar no comitê de direção do Women in Games International. Kathy se graduou com *summa cum laude* no bacharelado em Inglês da University of California, Berkeley.

Jeff Selbig

jselbig@hotmail.com
Jeff trabalha na indústria de jogos desde 2000 como artista 3D, diretor de arte e gerente de terceirização. Anteriormente, atuou como geologista de exploração para ARCO e engenheiro geotécnico no Alasca. Gasta seu tempo livre convencendo sua família de que jogar *World of Warcraft* e *Guild Wars* é pesquisa relacionada a trabalho.

Tom Sloper

tomster@sloperama.com
Tom Sloper é produtor e designer de jogos há mais de 25 anos, projetou e produziu jogos para grandes plataformas desde o Vectrex e Atari 2600 até Playstation, Dreamcast, Nintendo DS, Xbox 360 e IPTV. Trabalhou para Sega, Atari, Activision e Yahoo. Como palestrante, proferiu palestras na KGC, GDC e no Smithsonian. Como autor contribuiu com diversos livros sobre jogos e a indústria (*Secrets of the Game Business, Game Design Perspectives, Introduction to Game Development*). Sloper está na faculdade da University of Southern California, onde ensina design de videogames, produção e garantia de qualidade. É um autor e um expert internacionalmente reconhecido do clássico jogo chinês de mah-jongg.

Leslie Stirling

lesliestirling@hotmail.com
Leslie é escritora de jogos e contadora de histórias profissional de jogos. Possui mestrado em Biblioteconomia e Ciência da Informação, com ênfase em narrativas e tecnologia pela University of Washington. É uma jogadora de longa data e gerencia ativamente uma guilda MMO on-line com mais de 2.500 jogadores.

Tommy Tallarico

www.tallarico.com
Tommy Tallarico é compositor musical para videogames há mais de 18 anos. Em 1994, fundou o Tommy Tallarico Studios, o maior estúdio de produção de áudio da indústria de multimídia. Foi o primeiro a utilizar um áudio 3D em um jogo (*Q-sound*), responsável por trazer o verdadeiro som *surround* interativo digital 5.1 (seis canais) para a indústria dos jogos. Tommy trabalhou na indústria de jogos como analista de jogos, gerente de produto, produtor, escritor, designer e chefe dos departamentos de Vídeo e Música. É o fundador e presidente da Game Audio Network Guild (G.A.N.G.), uma organização sem fins lucrativos para educar e elevar a percepção do áudio para o mundo interativo (www.audiogang.org). Tommy está no comitê consultivo da Game Developers Conference, é um orgulhoso membro da International Game Developers Association, e membro da comissão de indicação da Academy of Interactive Arts & Sciences. Já ganhou mais de 20 prêmios da indústria pelo melhor áudio de videogames e trabalhou em mais de 20 títulos, até hoje, com total de vendas de mais de 75 milhões de unidades e 2 bilhões de dólares.

Bretton Wade

brettonwade@gmail.com
Bretton Wade é um veterano da indústria de gráficos e jogos. Atualmente é diretor na SC Technologies and Clockwork 3. Foi diretor de tecnologia da Firaxis Games, gerente da equipe de software do sistema Xbox, líder de um estúdio independente contratado pela Blizzard Entertainment e líder de desenvolvimento no projeto do Microsoft *Flight Simulator*.

Chuck Walters

chuck@gamegineer.com
Chuck Walters atualmente contrata desenvolvimento de jogos por meio da Gamegineer Corp. Também instrui cursos sobre Arquitetura de Jogos Multijogador (*Multiplayer Game Architecture*) e ASP.NET na University of Washington Extension. Seus empreendimentos anteriores incluem *Magic The Gathering Online* na Wizards of the Coast, jogos para celulares baseados na plataforma Brew para a Tooned In, o jogo de corrida *Need for Speed* para a Electronic Arts, demonstrações para Microsoft Research Group, transferência de jogos de uma plataforma para outra para Manley & Associates, ferramentas de software para a Tektronix, engenharia de hardware para Attachmate, e um artigo sobre dispositivos de feedback de força para *Game Developer Magazine*.

PARTE 7

Produção e o negócio dos jogos

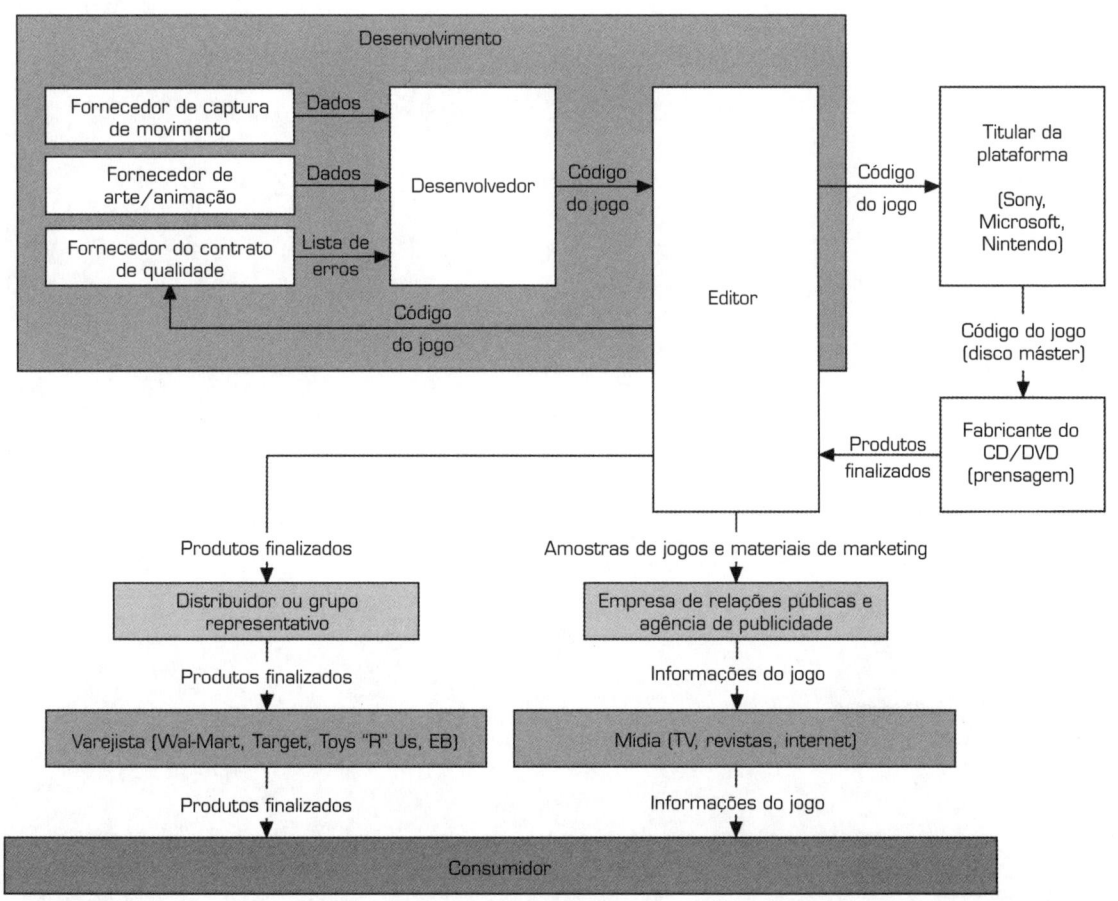

7.1 Produção de jogos e gerenciamento do projeto

Neste capítulo

- Visão geral
- Fase de conceito
- Fase de pré-produção
- Fase de produção
- Pós-produção
- Resumo
- Exercícios
- Referências

› Visão geral

De acordo com a tendência atual, os videogames e jogos de computador são feitos por equipes compostas por muitas pessoas; são projetos grandes, caros, que consomem tempo. Não é um processo simples nem óbvio. Este capítulo revela o processo do ponto de vista da pessoa que os gerencia: o produtor.

Algumas empresas podem se referir ao produtor por uma titulação de cargo diferente (diretor, ou gerente de projeto, em vez de produtor), e atribuir uma descrição de trabalho diferente ao que seja usual ao produtor, mas, aqui, gerente de projeto é referido como *produtor*.

Há produtores que trabalham para editoras de jogos, gerenciando seus produtos a ser lançados. Existem produtores que trabalham para os desenvolvedores de jogos, gerenciando suas equipes no cumprimento de um contrato para o produtor-editor. Este capítulo, e os outros deste volume, abrange tanto a produção interna quanto a externa gerida pelo produtor de uma editora de jogos[1].

Existem cinco fases no processo de desenvolvimento de um jogo: conceito, pré-produção, produção, pós-produção e pós-venda. Aqui, as quatro primeiras são amplamente discutidas. O leitor pode aprender sobre a última em [Sloper02].

---

[1] N. R. T.: O termo inglês *Publisher* é traduzido aqui por *editora* ou *editora de jogos*.

> Fase de conceito

A primeira fase para o desenvolvimento de um jogo (antes da de pré-produção) é a de conceito. Em qualquer uma das várias formas, é a editora (contratante) que decide dar início ao novo conceito de jogo. O produtor é muitas vezes a primeira pessoa designada para trabalhar em um novo projeto.

De onde vêm os conceitos

Os conceitos de jogo normalmente não são fruto da imaginação de um designer. Em geral, são decisões empresariais lógicas ou óbvias baseadas em sucessos anteriores ou negócios. Por exemplo, com frequência acontece de uma editora de jogos já possuir uma franquia de jogos de sucesso e desejar fazer uma sequência; ou ela negociou com um estúdio de cinema para fazer um jogo baseado num filme; ou detém a tecnologia, o motor de jogo, e deseja desenvolver um novo jogo usando o potencial da tecnologia existente. Ocasionalmente, novos conceitos originais vêm junto, sejam projetados pelo pessoal de criação interno ou apresentados por um desenvolvedor externo.

Para efeitos do presente capítulo, as ordens são para que o produtor produza um jogo baseado na franquia de sucesso da empresa: *Ultimatt Combatt*. O trabalho do produtor será produzir o *Ultimatt Combatt III*. Algumas orientações, em geral, são entregues para o produtor junto com a solicitação. Por exemplo, o jogo deve ser um RTS[2], usar pelo menos alguns dos personagens do *Ultimatt Combatt II*, incluir uma componente *on-line*, e adicionar novos recursos inerentes a outros jogos que estão tendo grande aceitação do consumidor. Este é o momento em que o produtor deve criar um documento de design de conceito, o design conceitual.

Produzindo o design conceitual

Antes que o trabalho sério possa começar, o conceito central do jogo deve ser escrito. A forma segue a função, ou seja, o propósito do documento de conceito dita a forma que este terá. Este documento serve a vários propósitos, mas, nesta fase, seu principal objetivo é comunicar uma visão do jogo para que todas as partes envolvidas possam entrar num acordo sobre ele.

Ele pode ser escrito pelo produtor ou por um designer de jogos. O produtor pode usar um designer de jogos interno (que trabalhe em tempo integral na editora), ou contratar um game designer externo, após ambos assinarem um contrato que ateste o sigilo do profissional. Às vezes, o documento de conceito é apresentado por uma empresa de desenvolvimento externa.

A criação do documento de conceito do jogo requer provavelmente uma ou mais reuniões para se chegar a um consenso.

O design conceitual deve descrever brevemente a história e o desenvolvimento do personagem que irá ocorrer em *UCIII*; deve, ainda, descrever brevemente as melhorias específicas que serão feitas no jogo, a interface do usuário e o design de nível. Além disso, deve abordar as formas específicas em que *UCIII* recuperará os usuários que tenham sido roubados por produtos concorrentes, citando a investigação sobre a base de usuários, os resultados de suporte ao cliente e *reviews* de revistas (resenhas e artigos). Se o jogo estiver sendo publicado para um console (Xbox

---

[2] N. R. T.: RTS (*Real Time Strategy*) são jogos de estratégia jogados em tempo real, ou seja, todas as ações ocorrem ao mesmo tempo para todos os jogadores. Exemplos são *Dune 2* e *Command and Conquer*, da Westwood, e Warcraft da Blizzard. Para mais informações, veja o Volume 1 desta obra: *Entendendo o universo dos jogos*.

ou Playstation, por exemplo), comentários adicionais devem ser obtidos junto ao titular da plataforma (Microsoft ou Sony)[3] e incorporados ao documento de conceito.

No caso de um conceito licenciado, o produtor também discutirá o conceito com o licenciante. No entanto, já que *UCIII* é uma PI (propriedade intelectual) interna, neste caso uma reunião externa não é necessária. Se a equipe *UCII* era interna, o produtor pode querer conversar com as pessoas que trabalharam naquele jogo, porque elas têm sugestões e estimativas que desejariam que tivessem sido incluídas. Características vantajosas têm uma segunda chance para consideração no caso de *UCIII*. A equipe de vendas que colocou *UCII* nas cadeias de lojas, provavelmente, também tem algumas sugestões, e precisam ser consideradas.

O design conceitual também precisa de um "título de trabalho" para o jogo. Pode parecer uma questão simples; o designer escolhe um nome para o jogo e isso é tudo. No entanto, na realidade, o título do jogo é uma importante ferramenta de marketing, e aquele escolhido no início está sujeito a mudanças enquanto as atividades de marketing se aquecem antes do lançamento do jogo. No caso de *Ultimatt Combatt III*, o produtor e o designer concordaram em chamá-lo de *Ultimatt Combatt III: Extreme Warfare*. Pelo menos, durante a pré-produção e algo (ou muito) da fase de produção, este é o título pelo qual todos se referirão ao projeto. O título final será definido no final do processo.

Tendo ideias coletadas e listas de desejos de uma variedade de fontes, o produtor compila tudo em um pequeno documento; isso em razão de seu público-alvo: executivos ocupados. Você já ouviu falar de "resumos executivos"? Executivos esperam conhecer os destaques em primeiro lugar. Uma vez despertado seu interesse, eles podem ficar e ouvir alguns detalhes também. Além disso, certamente virão para a mesa com perguntas. O documento de conceito precisa ser breve, porém, fornecer respostas satisfatórias para as grandes questões.

Comitê de luz verde

Cada editora trabalha de forma diferente. No entanto, antes de permitir que o produtor comprometa recursos da empresa em um grande projeto, precisa estar de pleno acordo quanto aos detalhes e direção do projeto.

O produtor traz cópias do documento de design conceitual, bem como uma apresentação em PowerPoint. Os jogos *Ultimatt Combatt* e *Ultimatt Combatt II* estão instalados na máquina da sala de reunião, caso alguém queira dar uma rápida olhada.

Presentes na reunião de luz verde estarão os executivos da editora-estúdio, distribuição, licenciamento, vendas, marketing, financeiro e as divisões internacionais da editora. Seus executivos de operações internacionais podem não estar fisicamente presentes na sala, mas participando por meio de tele ou videoconferência. Cada executivo tem seu próprio ponto de vista e preocupações. Embora já saibam que querem fazer uma sequência para *Ultimatt Combatt II*, não necessariamente concordarão quanto à forma que ela deve ter. O diabo está nos detalhes[4]. Reuniões de luz verde podem ocorrer sem problemas, ou produzir reviravoltas surpreendentes.

---

[3] N. R. T.: Aqui o autor se refere ao controle de uma plataforma de jogos. Trata-se de um conceito organizacional. Por exemplo, a *Sony Corporation* possui uma unidade que é organizada como a *Sony Computer Entertainment*, a qual detém o controle e direitos da plataforma *Sony Playstation*. Esta, por sua vez, organiza as suas atividades nos *consoles* através da *Playstation Network*. O titular da plataforma *Playstation* é, então, a *Sony Computer Entertainment*.

[4] N. R. T.: A expressão inglesa *the devil is in the details* refere-se ao fato de que um elemento crucial se encontra misteriosamente escondido nos detalhes. Ela tem origem em outra anterior que diz que *Deus está nos detalhes*, o que nos passa a ideia de que qualquer coisa deve ser feita meticulosamente: os detalhes são fundamentais. Originalmente a expressão foi atribuída ao arquiteto alemão Ludwig Mies van der Rohe (1886-1969). E, ainda, Gustave Flaubert (1821-1880) também nos disse que *o bom Deus está nos detalhes*. Nesse sentido, o segredo de uma apresentação de conceito está nos detalhes.

Os executivos da editora podem dizer, indiretamente, que não concordam com a ideia de avançar numa determinada direção. No entanto, muitas vezes preferem não aprovar oficialmente o material por vir, por ser um projeto arriscado, cogitando-se a hipótese de ele ir mal.

Entretanto, se a editora percorrer solidamente o processo da luz verde, não necessariamente será o produtor quem terá de arcar com toda a culpa se o projeto não for bem. O processo de luz verde é para o benefício de ambos os lados (o produtor e o estúdio de um lado, e os executivos do outro).

Se tudo correr bem na reunião, é dada a aprovação ao produtor ("luz verde") para prosseguir e utilizar os recursos da editora: dinheiro, pessoal, equipamentos, espaço físico e sua rede interna, entre outros. Normalmente, são fornecidos ao produtor, nesse momento, ou até mesmo antes, plataforma, espaço, programação e diretrizes orçamentárias.

Uma vez que a fase de conceito acaba, o processo de produção pode ser dividido em três fases.

Pré-produção: Quando acontece o planejamento e a formação da equipe.
Produção: Durante esta fase o jogo é efetivamente criado.
Pós-produção: Erros são identificados e corrigidos; o jogo configurado; e a embalagem e o manual criados.

› Fase de pré-produção

Estando o conceito já desenvolvido e o produtor de posse do sinal verde para iniciar o desenvolvimento de um projeto, o trabalho propriamente dito começa. O produtor precisa ter em mãos um documento de design completo do jogo (GDD) por escrito e selecionar uma equipe de desenvolvimento. O trabalho pode progredir em ambas as frentes simultaneamente.

GDD

Se o jogo for desenvolvido pela editora e esta tem um ou mais designers de jogos na equipe, o GDD pode ser escrito internamente (por um funcionário da empresa). Se o jogo for desenvolvido externamente, e a empresa não tem um designer de jogos em tempo integral na equipe que possa escrevê-lo, ele poderá ser escrito por um designer *free-lancer*, ou por um que trabalhe para o estúdio de desenvolvimento que vai criar o jogo. No caso do *UCIII*, ficou decidido que a maior parte do trabalho da nova programação será feita por um estúdio externo de desenvolvimento, ainda a ser selecionado. Programadores próprios também serão necessários porque a funcionalidade *on-line* do jogo usará a tecnologia existente criada e detida pela editora de jogos. Como a empresa possui designers de jogos na equipe, os quais já estão familiarizados com o universo *Ultimatt Combatt*, o GDD será escrito internamente.

Seleção da equipe

Quando um jogo é desenvolvido internamente, o primeiro documento que o produtor deve criar é o plano de equipe. Mas, quando for externamente, deve-se criar uma normativa que instrumente a escolha dos membros da equipe[5], a fim de facilitar a seleção do desenvolvedor. Já que o *UCIII*

---

[5] N. R. T.: Trata-se de uma normativa de orientação para seleção de pessoal, a ser seguida pelo estúdio de desenvolvimento, baseado em habilidades, competências e necessidades relacionadas ao jogo a ser produzido.

usará recursos internos e externos, tanto um plano de equipe quanto uma normativa de seleção de equipe devem ser criados.

Plano de equipe interna

O produtor deve determinar qual o pessoal é necessário e criar descrições para cada tipo diferente de trabalho. As descrições de cargo detalham as funções e variação de remuneração para cada pessoa da equipe interna. Para montar uma equipe interna, o produtor tem três opções:

- Usar funcionários da casa em funções que já realizaram.
- Promover ou transferir funcionários de outros departamentos, como Controle de Qualidade.
- Contratar novos funcionários.

A primeira delas parece ser a mais simples, mas pode ser um grande desafio de gestão manter um pessoal criativo trabalhando durante todo o ano. Raramente é tranquilo, ou fácil, ter outro projeto pronto para um programador que justo neste momento tenha concluído o que estava fazendo. Cada programador em um projeto conclui, de acordo com sua responsabilidade, um projeto em momentos diferentes, o que agrava o problema. Por conseguinte, determinar um pessoal interno para um novo projeto é muito parecido com fazer malabarismo.

A transferência ou a promoção dentro da empresa não é realizada sem seus próprios desafios. O produtor pode querer trazer um líder de testes talentoso do Controle de Qualidade a fim de treiná-lo para se tornar um produtor assistente. O testador, por sua vez, pode querer também, mas seu gerente não. Por outro lado, o gerente pode estar encantado em dar ao testador uma oportunidade, mas este pode não querer trabalhar no jogo para o qual a equipe está sendo montada.

A contratação de novos funcionários pode ser uma tarefa cansativa e demorada para o produtor. Muitos currículos para ler, tantas entrevistas a realizar. Um bom departamento de RH pode ajudar a suavizar os solavancos, filtrando os candidatos e organizando sessões de entrevista. Quando um candidato promissor aparece, não só o produtor terá de estar envolvido, outros líderes do projeto também terão de reunir potenciais novos contratados. Os novos funcionários devem ser capazes de realizar os deveres exigidos e se encaixar na equipe existente.

Selecionando um desenvolvedor externo

O produtor provavelmente tem uma seleção de colaboradores externos com quem já trabalhou antes e gostaria de trabalhar novamente. Ele pode alargar o campo, pedindo para outros produtores recomendações e verificar desenvolvedores através de outras fontes, como o IGDA e Gamasutra.com.

Às vezes acontece de um desenvolvedor desejável não poder fazer uma proposta para um projeto. Talvez ele já esteja comprometido, trabalhando no máximo de seu tempo; ou talvez o projeto em particular esteja fora de sua especialidade (gênero, assunto ou plataforma). Nesse caso, o desenvolvedor pode sugerir outro com quem se possa entrar em contato.

Se um desenvolvedor está interessado em entrar em um projeto, o produtor precisa fornecer muitas e detalhadas informações para que este profissional possa fazer uma estimativa realista. Em um mundo ideal, o desenvolvedor gostaria de ter um GDD completo. No entanto, nem sempre isso é possível. Independentemente de haver um GDD completo, outro documento, um que contenha as necessidades, características, funcionalidades etc. que são pretendidas para o jogo é usado e, em geral, é necessário neste momento. No entanto, antes que o produtor possa enviá-lo para o desenvolvedor externo, um contrato chamado Acordo de Confidencialidade, ou NDA (Acordo de Não Divulgação), geralmente precisa ser assinado.

Confidencialidade e acordos de não divulgação

A indústria de jogos é famosa pela sua acirrada competitividade e sigilo. Leva-se muito tempo para fazer um jogo, e se muita informação vaza cedo, uma empresa concorrente poderia roubar a atenção, que seria dada à editora desenvolvedora, com um jogo semelhante.

Por isso, antes de compartilhar informações importantes e valiosas com uma empresa externa, a editora pede ao desenvolvedor para assinar um Acordo de Confidencialidade (NDA). O contrato diz que o desenvolvedor reconhece o valor e a importância da confidencialidade e não revelará os planos da editora para qualquer parte não envolvida.

É um procedimento operacional padrão os desenvolvedores assinarem Acordos de Confidencialidade e de Não Divulgação (NDAs) quando solicitados a trabalhar em um projeto, mesmo quando já trabalharam em outros projetos para a editora. Uma vez o NDA assinado, o produtor pode compartilhar as informações com o desenvolvedor; ele pode explanar o conceito verbalmente, mas o desenvolvedor precisa de informações detalhadas.

Pacote de licitação de desenvolvimento

O desenvolvedor precisa saber o gênero do jogo, plataforma, público-alvo e com quais produtos o jogo irá concorrer. Precisa, ainda, saber a data prevista do lançamento da editora. Será que este é um jogo triplo-A (AAA) ou um título de médio ou baixo orçamento?[6] Quantos níveis, personagens e missões o jogo envolverá? Quais as tecnologias ou recursos especiais que serão incluídos? O desenvolvedor deve criar todos os recursos do jogo (*assets*)[7] e tecnologia? Se não, exatamente quais aspectos do projeto serão tratados pelo desenvolvedor? Deve ser criada uma demo? Em caso afirmativo, quais são suas especificações e data de entrega?

O produtor entrará em contato com vários desenvolvedores para obter propostas de desenvolvimento. Cada um dos contatados terá perguntas diferentes; portanto, o produtor recolhe todas e depois escreve um único documento normativo mais completo para que os desenvolvedores possam basear-se nas mesmas normas referenciais para a produção e realizarem suas propostas de desenvolvimento para uma espécie de licitação.

O documento que contém as necessidades, características, funcionalidades etc. que são pretendidas para o jogo, chamado em inglês de *bid package*[8], inclui informações para o desenvolvedor e perguntas para ele responder. Precisa ficar claro quando a proposta do estúdio desenvolvedor

---

[6] N. R. T.: O termo triplo-A (AAA) designa, no campo dos games, os jogos de qualidade superior, excelentes e nos quais se tem um considerável investimento econômico, orçamento e de esforço de produção visando à qualidade, destacando--se: alta qualidade artística, grandes equipes, direções e esforços especializados (gráfica, animação, áudio), capacidade tecnológica de usar o potencial dos atuais processadores, exaustivamente testado e livre de erros, grande usabilidade e equilíbrio do começo ao fim do jogo, alto volume de vendas, estratégia de mercado bem definida etc.

[7] N. R. T: Objetos, prédios, texturas, shaders etc. Para mais informações, veja a definição de recursos de jogo (assets) no Volume 2 desta obra: *Programação: técnica, linguagem e arquitetura*, Capítulo 3.5, *Memórias e sistemas I/O*, no subtítulo *Recursos de jogos*.

[8] N. R. T.: O termo *bidding* é usado em muitos sentidos, um deles para licitação e concurso. Aqui se trata de um documento e de um processo, o qual toma por base as *licitações* e *tomadas de preços* de prestação de serviços. Como é encaminhado diretamente para desenvolvedores, ele está mais de acordo com o modelo da tomada de preços que envolve itens técnicos.

deverá ser entregue, o formato que ela deve ter e que informações são necessárias para o oferecimento da proposta de desenvolvimento.

Para o desenvolvedor, organizar propostas de desenvolvimento que serão avaliadas pelo produtor que sejam cativantes é uma arte, mais do que uma ciência. Se o preço da proposta for baixo, o desenvolvedor pode muito bem ganhar o projeto, mas depois ir à falência antes de o projeto estar concluído. Se for alto o suficiente para que ele obtenha um bom lucro, o projeto pode ir para outro com um lance menor.

Alguns desenvolvedores pedem *royalties* sobre as vendas do jogo. O produtor geralmente desejará ver um menor custo inicial (adiantamento), se os *royalties* serão parte do acordo. Atualmente, nem todos os desenvolvedores apostam seus negócios nos *royalties* [Rogers04].

Um bom desenvolvedor responderá a uma proposta na data, no formato e com todas as informações solicitadas. Um grande desenvolvedor também fornecerá uma proposta contendo informações detalhadas, para que o produtor possa fazer escolhas mais embasadas. No lado oposto da moeda, um desenvolvedor cuja oferta esteja atrasada, ou não forneça todas as informações solicitadas, não causa uma boa impressão ao produtor e, portanto, pode perder o projeto.

Tendo coletado as propostas, o produtor pode escolher o(s) desenvolvedor(es) que vai(ão) criar o jogo. Agora, um acordo é necessário.

O acordo de desenvolvimento

Produtor e desenvolvedor não podem simplesmente apertar as mãos e começar a trabalhar. Nenhum desenvolvedor esperto vai começar a gastar os recursos em um projeto sem um contrato assinado e um pagamento inicial.

Em geral é a entidade maior e mais poderosa em um empreendimento a responsável por escrever o contrato. Isso significa que essa é uma responsabilidade da editora, que normalmente tem um "modelo", um contrato de desenvolvimento padrão que contém os termos por ela predefinidos. O produtor trabalha com a assessoria jurídica da editora para preencher os espaços em branco no contrato, além de fazer nele constar o título de trabalho do jogo, o nome comercial e jurídico do desenvolvedor, seu endereço e demais dados contratuais.

No contrato, as funções e obrigações específicas do desenvolvedor são explicitadas. Por exemplo, a obrigação de criar um jogo e uma *Demo do jogo* para uma ou mais plataformas específicas; o cumprimento de certos critérios de projeto de acordo com o documento de design – que deve estar anexado ao contrato; o fornecimento do código-fonte com as entregas, que devem ocorrer dentro do cronograma detalhado[9].

Da mesma forma, as obrigações específicas da editora são explicitadas nele. Por exemplo, os pagamentos devem ocorrer dentro de "x" dias da aceitação de uma entrega; se ela for responsável pela criação de recursos (*assets*) para uso pelo desenvolvedor, estes devem ser entregues no formato especificado de acordo com o cronograma detalhado.

O acordo detalha a detenção de propriedade intelectual. No caso do *UCIII*, o desenvolvedor não possui nenhuma PI (propriedade intelectual) do projeto. No entanto, ele pode possuir a tecnologia ou o motor. A editora garante que tem o direito e a autoridade para fazer jogos baseados

---

[9] N. R. T.: Um elemento da maior importância: não existe desenvolvimento sem a entrega correta e ética do código-fonte. O desenvolvimento de jogos profissional não deixa espaço para vilanias nem pós-negociações obscuras. Essa é uma das importantes funções de um *contrato de acordo de desenvolvimento*.

no universo *Ultimatt Combatt*, incluindo os lugares, personagens e objetos nele existentes. O desenvolvedor afirma que não usará a tecnologia patenteada por outras partes sem ter garantido seus direitos e autoridade para fazê-lo. Ambas as partes tipicamente salvaguardam uma à outra de possíveis responsabilidades. Por exemplo, se uma terceira parte processa o desenvolvedor, por afirmar ter propriedade sobre alguma parte do *universo UC*, a editora será a responsável no processo. Por outro lado, se um terceiro processa a editora pelo uso de seu código-fonte patenteado em *UCIII*, o responsabilizado será o desenvolvedor[10].

O acordo descreve as circunstâncias em que o contrato pode ser rescindido, e as consequências em caso de rescisão.

Poderíamos escrever um livro inteiro sobre os acordos de desenvolvimento. Mas, para os fins deste capítulo, os aspectos mais importantes desses acordos são os marcos e os ciclos de aprovação dos marcos de desenvolvimento[11].

Marcos do desenvolvimento

O desenvolvedor realizará muitos trabalhos para a editora, e em troca receberá muito dinheiro. A editora não pode simplesmente entregar o dinheiro e esperar dois anos para ver o que ele entregará. Este seria um risco demasiado grande. Sempre existe a possibilidade de o desenvolvedor nunca terminar o jogo, ou entregar um não satisfatório. Do outro lado, o desenvolvedor não pode trabalhar por dois anos na esperança de receber o pagamento após a conclusão. A editora pode estar descontente com a forma como o jogo foi finalizado, ou decidir que não mais se adapta aos seus planos de negócios em constante evolução, e se recusar a pagar. A solução é dividir o projeto, organizando-o em partes ou etapas cronológicas, os chamados marcos do desenvolvimento.

Estes convocam o desenvolvedor a fazer coisas específicas em uma ordem específica. Os elementos que estão previstos em um marco são chamados de "entregáveis". Para evitar divergências quanto ao fato de um *entregável* ter sido satisfatoriamente cumprido, o produtor e o desenvolvedor têm de trabalhar juntos para definir marcos claros e concisos no acordo de desenvolvimento.

Por exemplo, jamais se poderia ter um marco que se referisse simplesmente a "Nível 1". Desenvolvedor e produtor podem ter interpretações diferentes do mesmo termo. O primeiro pode oferecer uma versão que contenha nada mais do que o primeiro nível do mundo do jogo, que permita ao usuário mover uma "câmera" por ele, sem que quaisquer personagens ou itens estejam presentes. Se o produtor deseja que o resultado final inclua uma personagem totalmente funcio-

---

[10] N. R. T.: Sobre esta relação e vinculação contratual no desenvolvimento de um jogo, sempre é importante estar atento aos detalhes jurídicos colocados pelo autor. No Brasil, por exemplo, temos a corresponsabilidade que é expressa, dentre outra formas, pelo conceito jurídico de *litisconsórcio*, o qual versa sobre a pluralidade de partes nos processos. Na Wikipedia (http://pt.wikipedia.org/wiki/Litiscons%C3%B3rcio) existe uma explicação básica dele, e sempre é importante a supervisão de um advogado conhecedor da área de contratos, direitos autorais e serviços.

[11] N. R. T.: O autor se baseia na teoria de gestão de projetos. A ideia se origina dos marcos referenciais que são situados ao longo de uma estrada, indicando suas milhas em ordem crescente ou decrescente em relação a um lugar de partida ou chegada. Marcos são sinalizadores do caminho e servem de orientação. Assim, no contexto da gestão de projetos em jogos, um marco, em inglês *milestone*, consiste no fim de uma etapa ou atividade de desenvolvimento. Daí a expressão ciclos de aprovação dos marcos de desenvolvimento, pois a produção é segmentada em marcos e composta em ciclos. Dessa forma, marcos são pontos importantes que demarcam, que servem de sinalizadores e referenciais em um projeto. Eles envolvem as etapas previstas no cronograma de desenvolvimento e seus respectivos pagamentos. Podem ser tanto a assinatura do contrato de desenvolvimento, a entrega de um lote organizado da produção, como o próprio lançamento final do jogo. Artigos que tratam o tema com mais profundidade podem ser encontrados em: http://www.pmhut.com/category/time-management/project-milestones.

nal, capaz de correr, saltar, pegar itens, interagir com NPCs e encontrar todos os NPCs e objetos solicitados no GDD para o Nível 1, ele deve se certificar de que esta expectativa esteja claramente descrita para o marco específico.

Termos como "alfa" e "beta"[12], se usados em marcos, devem ser apenas como referência, não como definitivos. Nenhum termo tem uma definição universalmente aceita. Pode ser útil ao nomear um marco como "beta desenvolvedor", por exemplo, explicitar seu significado dizendo, "o desenvolvedor implementou todos os recursos e tem, para seu melhor conhecimento, identificados e corrigidos todos os erros conhecidos". Se o departamento de QA[13] da editora tem sua própria definição de trabalho de beta, que difere do do estabelecido no marco contratual, seria injusto reter o pagamento referente a entrega do marco para o desenvolvedor, a menos que esta definição tenha sido usada na escrita do marco. O desenvolvedor deve querer que as aprovações do seu marco venham do próprio produtor, não de outra entidade, como a liderança de QA.

Marcos precisam ser escritos de forma muito clara, de modo que quem os leia não tenha qualquer dúvida quanto ao que é esperado neles. Marcos mal escritos podem prejudicar tanto o desenvolvedor quanto a editora. Desentendimentos quanto ao fato de um marco ter sido atingido e um pagamento ser devido podem resultar em atrasos na produção e mal-entendidos. O desenvolvedor pode sofrer danos ou mesmo sair do negócio se os pagamentos não são realizados. A editora pode sofrer pela perda de um projeto importante e pela má imagem pública quando a notícia sair. A importância de organizar marcos claros não pode ser negligenciada.

Aprovações de marcos

Embora a escrita dos marcos seja de tremenda importância para ambas as partes, sua aprovação o é principalmente para o desenvolvedor, cuja própria sobrevivência está em jogo. O plano de negócio do desenvolvedor exige pagamentos a serem realizados dentro de um prazo razoável após a aceitação das entregas dos marcos. O acordo de desenvolvimento, então, deve incluir uma cláusula relativa à aprovação dos marcos pelo produtor e editor. Tipicamente, marcos são pagos após a aprovação e aceitação, e não na entrega. Um contrato bem redigido deixa explícita essa condição.

Usualmente o produtor concorda em contrato revisar a entrega dos marcos, e o seu aceite ou a sua rejeição no prazo de sete dias. Por isso os contratos têm de ser muito claros; até mesmo a expressão "sete dias" precisa ser definida, ou seja, serão sete dias corridos, independentemente dos fins de semana e feriados? Ou serão sete dias úteis? A menos que o marco seja extremamente grande, ou o produtor esteja muito sobrecarregado, raramente existe um motivo para que este não possa ser revisto no prazo de cinco dias úteis, ou até menos.

Um marco bem escrito serve como *checklist* para o produtor examiná-lo. Por exemplo, se aquele pede que uma personagem seja totalmente implementada, corra, pule, desvie e atire, então isto

---

[12] N. R. T.: Termos como *alfa* e *beta* fazem parte do vocabulário de produção de software e possuem uma grande importância na produção e cultura dos jogos. Em computação o termo "beta" é usado geralmente para designar o último *pré-release* do software, em seu ciclo de desenvolvimento, antes do lançamento da versão oficial e estável. Ele geralmente é referido com letras e números: b.X ou bx, no qual "b" significa "beta" e "x" corresponde ao seu número de *release*. Betas de um jogo podem ser disponibilizados para a comunidade de jogadores em situações de pré-venda ou testes, propiciando-lhes a oportunidade de dar um *feedback* e, inclusive, auxiliar na detecção de erros ainda não identificados. Já o termo *alfa* designa, no ciclo de vida de desenvolvimento do software, a primeira fase na qual é possível começar os testes.

[13] N. R. T.: QA: *garantia de qualidade,* do inglês *quality assurance.* A expressão resulta de um setor que é chamado de Departamento de Controle de Qualidade, também referenciado como QA.

será muito rápido e fácil para se verificar; ou se outro marco solicita a inclusão de uma área de jogo muito grande, que poderia levar dias para o produtor explorar devido à considerável quantidade de interação e combate, o desenvolvedor pode optar por oferecer truques e atalhos (os chamados *cheats*) de diversos tipos a fim de facilitar a navegação para a verificação do produtor.

Os dois primeiros marcos, em geral, são: (1) assinatura do contrato e (2) o documento de design técnico (TDD). Após o primeiro passo, o desenvolvedor precisa de um pagamento para começar a trabalhar, e, portanto, a primeira tarefa é escrever o TDD.

Documento de design técnico (TDD)

Nesse momento, se o GDD ainda não estiver totalmente completo, ele deve ser suficiente para o desenvolvedor começar a trabalhar no TDD. Se entender-se que o GDD é uma declaração do problema, o TDD pode ser visto como um caminho para a sua solução [Blair93].

Os objetivos do TDD são estabelecer as bases para o trabalho de programação, identificar os desafios técnicos e colocar em prática um plano para solucioná-los, além de especificar qual tecnologia será usada, quais os equipamentos necessários e que pessoal será contratado na criação do código do jogo. E, mais importante, fazer uma lista de tarefas detalhadas.

Até certo ponto, existem interdependências que tornam mais difícil criar uma lista detalhada dos marcos sem ter primeiro o TDD. Portanto, pode ser que as descrições pormenorizadas dos marcos sejam escritas somente depois de o TDD ser aceito e o cronograma definido. A ordem exata dos eventos está sujeita às especificidades do projeto, ao conceito e ao estilo de trabalho das empresas e gestores envolvidos.

Cronograma

Uma das artes misteriosas do produtor de jogos é a elaboração de um cronograma, porque é parte ciência, parte desejo positivado. Com o GDD e o TDD em mãos, ele pode começar a trabalhar.

Ao realizar o cronograma do jogo, ele planeja os pormenores; e quão mais detalhado melhor.

- Marcos de programação
- Criação de todos os recursos[14] visuais
- Criação de todos os recursos de áudio
- Criação de versão (versões) de demonstração (as famosas *demos*)
- Entrega de recursos para material de marketing
- Criação de embalagem e manual
- Criação de guias de estratégia
- Aprovações do licenciante
- Aprovações do detentor da plataforma
- Reuniões de luz verde
- Classificação ESRB
- Férias
- Feriados

---

[14] N. R. T: Recursos, do inglês *assets*. Consulte a nota número 7 deste capítulo.

Alguns produtores usam uma ferramenta para escrever cronogramas de projeto como o *Microsoft Project*, enquanto outros utilizam planilhas, como a do *Microsoft Excel*. Ferramentas de cronogramas específicos, como o *Project*, facilitam o uso das interdependências no plano, permitindo que as tarefas que não podem ser realizadas até outras estarem finalizadas possam ser agendadas. Não importa a ferramenta de planejamento utilizada, o produtor experiente sempre começa a planejar retrocedendo a partir da data de lançamento[15].

A cavilha dourada e o cronograma de jogos

Em 10 de maio de 1869, os trilhos da ferrovia Union Pacific se juntaram aos da Central Pacific Railroad em Promontory, Utah, por meio de uma cavilha de ouro para simbolizar a importância de ter atravessado o continente norte-americano inteiro [SFMuseum]. Os construtores da ferrovia transcontinental não começaram em uma extremidade e trabalharam até a outra, mas iniciaram os trabalhos em ambas, simultaneamente, em direção ao meio. Construir um cronograma de jogos é muito parecido com isso.

O *back-end* (do beta até a data de lançamento do jogo) não pode ser reduzido. Da mesma forma, nem os produtos finalizados podem ser tirados do estoque do fabricante e levados para o das lojas mais rápido do que os caminhões podem realizar. O fabricante exige determinado tempo para entregar os produtos acabados, e não pode ser persuadido a fazê-lo mais rapidamente. O titular da plataforma do console (no caso de *UCIII*, um jogo de Xbox, seria a Microsoft) requer certa quantidade de tempo para testar e aprovar o jogo após a equipe de qualidade da editora tê-lo certificado. Nem pensar em pedir à Microsoft para acelerar o processo! Além disso, a equipe de Qualidade (QA) precisa de certo tempo para testar o jogo completamente. Portanto, o produtor começa o cronograma retrocedendo, da data prevista para o envio para o titular da plataforma até o beta.

Definidas a data de envio desejada e as tarefas objetivas e imutáveis que precisam ocorrer imediatamente antes da expedição do produto acabado, o produtor pode saber quando o jogo deve estar em beta. Vamos chamar esse processo de "data beta alvo".

Fazendo o cronograma a partir do presente, avançando, através da lista de tarefas de programação, o produtor precisa conhecer os recursos do jogo para que tudo esteja concluído e implementado antes daquela data. Todas as características do jogo devem ser implementadas, e (para melhor conhecimento do desenvolvedor) sem erros, até a data, assim como os níveis do jogo precisam ser concebidos, construídos e incorporados. Se tudo correr bem, a faixa avançada não se sobreporá à retroagida, e a *cavilha dourada* pode ser inserida. O mundo real, entretanto, nem sempre funciona com essa simplicidade.

Usando o TDD e trabalhando com o desenvolvedor, o produtor pode determinar quando o jogo estará realmente em beta. Quando se determina que a data real do beta será posterior à data beta alvo, há duas opções que o produtor pode explorar. A primeira, reduzir o tempo de desenvolvimento para que a data beta alvo (portanto, a de lançamento) seja cumprida. A segunda, atrasar a data de envio.

Para os leigos, pode parecer mais simples atrasar a data de envio. No entanto, o produtor encontrará forte resistência a essa opção por parte dos executivos da empresa de publicação. O modelo

---

[15] N. R. T.: O planejamento do cronograma é realizado tomando-se por princípio metodológico o *planning backward*, ou seja, considerando-se a data estimada para o lançamento do jogo, o cronograma é construído de trás para a frente em todas as suas etapas, o que permite uma melhor distribuição de tarefas no tempo estimado.

de negócios da editora requer o envio de novos produtos na data exata. Pedidos para gastar mais tempo e dinheiro, portanto, enfrentam feroz resistência.

Assim, a primeira coisa que o produtor tem de explorar é como reduzir o tempo de desenvolvimento para cumprir a data beta alvo.

Reduzindo o tempo de desenvolvimento

Em certa medida, é possível adicionar pessoas para reduzir a carga de trabalho. No entanto, conforme descrito em *The Mythical Man-Month*, acrescentar pessoas aumenta a complexidade do projeto e, em algum momento, se torna contraproducente. Se a estimativa for de contar com dois programadores e um mês para implementar boa parte do código específico, não é necessariamente verdade que quatro programadores poderiam fazê-lo na metade do tempo. O conceito "homem-mês" não significa que homens e meses sejam intercambiáveis [TMMM82].

Até aqui discutimos o cronograma do projeto em termos de programação, com pouca ou nenhuma menção ao tempo que leva para criar gráficos, animações, modelos 3D, sons, voz, texto, história ou música. A razão para essa aparente omissão é simples: programação é, historicamente, a tarefa mais demorada na criação de entretenimento eletrônico interativo. A criação dos recursos a serem utilizados pelos programadores pode ocorrer em paralelo, e suas entregas ser feitas para se encaixar com os requisitos dos programadores. Dito isso, acontece frequentemente que os programadores necessitem de recursos reserva para que as características funcionem. Se um programador estiver se dedicando na criação de recursos reserva, esta não é a melhor utilização de seu tempo. Ao procurar maneiras de reduzir o tempo de programação, o produtor é aconselhado a encontrar maneiras de ter recursos (*assets*) prontos bem antes que os programadores realmente deles necessitem.

Quando adicionar programadores e revisar o cronograma não resulta em uma cavilha dourada confortável e realista, a próxima coisa que o produtor deve fazer é reexaminar o design do jogo. O GDD inicial invariavelmente lista as características que são essenciais, características que contribuem para o valor percebido do jogo, e aquelas que são agradáveis, mas desnecessárias. O produtor deve, então, olhar para o GDD como uma lista de desejos, e reavaliar a importância das características do jogo.

Priorizando o conjunto de características

O produtor deve considerar, em primeiro lugar, a premissa central do jogo, a fim de priorizar suas características sob esta perspectiva. No caso de *UCIII*, já se determinou que o jogo deve ser RTS, usar pelo menos algumas das personagens do *Ultimatt Combatt II*, incluir uma componente *on-line*, e adicionar novos recursos inerentes a outros jogos que atualmente estão ganhando larga aceitação do consumidor. Se na composição do GDD o designer tem outras características que vão além das necessidades básicas, mas sem adicionar algo significativo para a comercialização do jogo, esses aspectos podem ir para o bloco de corte. Então, subtraindo o tempo que seria necessário para implementar esses aspectos, o produtor pode checar se a data beta alvo e a projetada podem ser unidas por uma cavilha dourada.

Procurando gargalos

Além de priorizar o conjunto de características, o produtor deve reexaminar o cronograma de programação, discriminado por tarefas. O objetivo é determinar, novamente, características que estão tomando a maior parte do tempo. Normalmente, as que tomam a maior parte do tempo são também as mais importantes. No entanto, talvez haja várias características de menor prioridade que, em conjunto, podem ser cortadas a fim de poupar tempo de desenvolvimento, apesar de serem rápidas e fáceis de implementar. Quando o tempo está apertado, é melhor programar aquelas para o final do projeto, a ser implementadas somente se o projeto estiver sendo executado dentro do cronograma.

Por vezes, acontece de o corte de características para alcançar o cronograma desejado resultar em significativa redução na comercialização do jogo. Nesse caso, o produtor não tem escolha a não ser pedir mais tempo. E, como todos sabemos, tempo é dinheiro.

Orçamentos

Orçamento é essencialmente um plano de gastos. É desejável prever todos os custos com antecedência, de modo que, quando o jogo estiver terminado, o montante previsto não seja ultrapassado.

A maioria dos produtores usa uma planilha, como o Excel, para fazer orçamentos. Na sua construção, o produtor começa com o cronograma. O orçamento normalmente é discriminado mês a mês. Portanto, a primeira coisa é construir uma grade com cada coluna representando um mês do projeto, cujas linhas serão utilizadas para discriminar os vários tipos de despesas a serem feitas durante o projeto. Novamente, quanto mais detalhe melhor. Para cada mês do projeto, o produtor inclui:

- Salário de cada funcionário interno.
- Pagamentos para cada desenvolvedor ou fornecedor externo.
- Custo da compra ou aluguel de equipamentos.
- Custo da compra de software.
- Custo da compra de suprimentos.
- Viagens e refeições.
- Custos de expedição.

Ao fazer um orçamento, o produtor perceberá rapidamente que certos valores são, muitas vezes, apenas uma estimativa com base em uma suposição ou no parecer de outra pessoa. Ele, então, deve anotar todas as hipóteses para justificar qualquer estimativa ou valor que possa ser objeto de interpretação ou discordância por um leitor do orçamento. Na página do livro, no site da Editora em www.cengage.com.br, há orçamentos de exemplo (conteúdo disponível em inglês, consulte o link); a coluna da esquerda é reservada para hipóteses, numeradas e listadas em detalhes na parte inferior da planilha.

Em razão de executivos ocupados que querem apenas saber o resultado final, sem passar por todos os detalhes, o orçamento deve incluir uma folha de visão geral que expõe o orçamento em seus dados essenciais.

Cada editora calcula seus orçamentos de forma diferente. Algumas podem chegar a exigir que o produtor inclua o uso do espaço de escritório e amortização de equipamentos e mobiliário, que já são propriedade da editora. Como alternativa, certos editores podem simplificar, exigindo do produtor a inclusão de um plano de custos indiretos no orçamento. Ou, se esses não são assim incluídos, talvez estejam na P&L[16].

---

[16] N. R. T: P&L significa tecnicamente a análise dos lucros e perdas: *profit and loss statement*.

Análise de lucros e perdas

Certos itens não cobertos pelo orçamento ainda precisam ser levados em consideração para determinar se o custo de fazer o jogo vai ser coberto. O produtor, ou talvez o gerente de marketing designado para o projeto, criará uma Análise de Lucros e Perdas, também chamada P&L, ou, ainda, ROI (Análise de Retorno do Investimento).

A P&L pesa todos os custos associados com o jogo *versus* todas as receitas antecipadas, para que se possa determinar com antecedência se um jogo deve ser feito.

No lado dos custos:
- Custos de produção (cobertos no orçamento do jogo).
- Custos de bens (de produção, incluindo licenciamento do detentor da plataforma).
- Custos de marketing.
- *Royalties* do licenciante.
- *Royalties* do desenvolvedor.

No lado das receitas:
- Vendas projetadas.
- Preço de atacado antecipado.
- Vendas auxiliares (OEM[17], guias de estratégia).

Parte necessária do processamento dos números que precisa ser feita, se o produtor trabalha para a editora ou o desenvolvedor, é uma análise de equilíbrio. Depois de coletadas as estimativas das várias partes envolvidas, não é difícil determinar quantas unidades precisam ser vendidas para que o negócio seja lucrativo. Muitos editores requerem uma percentagem do lucro. Abaixo de uma certa margem de lucro, o projeto não deve ser realizado.

Luz verde de início

Uma vez que o produtor tenha finalizado o cronograma, o orçamento, GDD e TDD, a fase de pré-produção está completa. Mais uma vez, ele comparece à comissão da luz verde. Se os executivos aprovarem o plano para o jogo, o produtor recebe luz verde para avançar, comprometendo os recursos da editora para a produção do jogo.

No caso de um jogo licenciado, é neste momento que deve ser dada a aprovação do licenciante do plano. No caso de um console de jogos, não seria prudente avançar sem a aprovação do titular da plataforma.

Resumo

A pré-produção apoia-se sobre o planejamento; ela é vital. Se o produtor planeja bem nesta fase, a produção deve acontecer sem problemas, ou pelo menos tão bem até que qualquer coisa aconteça,

---

[17] N. R. T: OEM é a sigla de *Original Equipment Manufacturer*, que quer dizer: "fabricante original do equipamento". Produtos com o "selo" OEM não são fabricados para a venda direta ao consumidor. Esses itens são produzidos especialmente para montadoras. A lista de empresas que usam softwares e peças OEM é bem grande. Entre tantas marcas, temos a HP, a Dell, a Sony e muitas outras. Computadores com aplicativos OEM, normalmente, vêm com os softwares devidamente instalados. Entretanto, eles não são idênticos aos comprados em uma loja. Os aplicativos OEM não vêm com caixa, manual, cabos e disco de instalação. Contudo, o seu conteúdo e funcionalidades são idênticos.

dadas as incertezas do mundo real. Além disso, o elemento mais imprevisível em qualquer projeto de jogo são as pessoas que nele trabalham.

› Fase de produção

Nesta fase, o trabalho real começa. Pense nisso como o equivalente à construção de um arranha-céu. Nenhum equipamento de terraplenagem ou de construção é acionado até que as plantas estejam finalizadas, o financiamento garantido e as autorizações obtidas.

A programação para um console de videogame ou de um computador geralmente não produz nenhum código que seja visível/jogável nos primeiros meses. Novamente, considere a construção de um arranha-céu. A empresa responsável não começa por colocar vigas na parte de cima. Pelo contrário, inicia-se cavando-se um buraco no chão. Da mesma forma, os programadores têm de criar bases do jogo antes que possam incluir jogabilidade visível na tela.

Para o produtor, isso significa um par de questões. Primeiro, ele não tem nada para mostrar para justificar o dinheiro a ser gasto. Segundo, agora o produtor tem mais tempo para voltar sua atenção para construir os recursos do jogo, os quais são a parte visual e que todos irão querer ver logo. Os produtores (e os chefes dos produtores) gostariam de ter algo que pudessem ver.

Mostre-me

Como mencionado anteriormente, marcos são tanto uma forma de medir o progresso, quanto (no caso do desenvolvimento externo) uma chave para desbloquear os pagamentos. Porque há pouco que o desenvolvedor possa mostrar para o produtor durante os primeiros meses, este último pode ter que aprovar pagamentos com base em nada mais do que relatórios de progresso e confiança. O produtor, tendo trabalhado em estreita colaboração com o gerente de desenvolvimento, pode sentir certo conforto e confiança nos relatórios de progresso. No entanto, ele também deve ter pedido um cheque assinado pelo seu superior hierárquico. Portanto, precisa sentir confiança no gerente de desenvolvimento e, igualmente, convencer os seus superiores a confiar nele e no gerente de desenvolvimento.

A boa notícia é que o produtor pode agora concentrar sua atenção em obter os recursos de áudio e vídeo criados. A arte é criada mais rapidamente que o código, e, portanto, ele terá algo para mostrar rapidamente.

Recursos de arte podem ser criados interna ou externamente; externamente eles podes ser criados por um desenvolvedor que forneça um pacote completo (uma empresa que produz ambos, código e arte) ou por um estúdio de arte. Independentemente de onde ou por quem a arte será criada, o primeiro passo tem de ser a criação de uma lista de arte.

Listas de arte

Estas são geradas a partir do documento de design do jogo. O designer (o escritor do GDD) pode criá-la, ou talvez o diretor de arte do jogo, a partir do GDD e, em seguida, este a devolve ao designer para uma verificação.

A lista de arte deve incluir todos os recursos de arte a serem criados, da cinemática introdutória para cada personagem e todos os itens que podem ser usados, todo o caminho até o botão start na tela de título.

Esta lista é muito mais do que uma simples "lista de supermercado", na qual se descrevem quais gráficos são necessários para um jogo. Ela deve incluir uma série de informações. Portanto, uma lista de arte geralmente é mais parecida com uma tabela ou uma planilha, do que com uma lista de supermercado.

No mínimo, ela precisa fornecer as seguintes informações sobre cada recurso de arte:

- Nome descritivo.
- Nome do arquivo do recurso.
- Tipo ou formato do recurso.
- Em que nível ou cena o recurso de arte é usado.
- Descrição breve.

Depois que o trabalho sobre a arte tenha sido iniciado, mais informações serão necessárias. Uma planilha é uma boa ferramenta para fazer listas de arte e levá-las um passo adiante, transformando-as em ferramentas de monitoramento. O Microsoft Excel é amplamente disponível para todos os membros da equipe (mesmo aqueles que usam computadores Macintosh), o que o torna uma ferramenta útil para este fim. Alguns projetos podem utilizar outras ferramentas para listar ou rastrear os recursos de arte.

Convenções de nomenclatura de arquivos dos recursos

O trabalho do programador se torna mais fácil se os recursos são nomeados de acordo com um sistema lógico, ou convenção. Se um artista nomeia um dos seus arquivos gráficos como "knight_left_arm.3dt" e outro como "Kyra`s-eyelid-for-blink.bmp", logo a listagem dos arquivos parecerá uma bagunça, porque são todos de tamanhos diferentes, e não existe uma metodologia de nomenclatura coerente. Pior, o programador precisa estar atento se está escrevendo um traço ou um sublinhado ao inserir os nomes no código.

É procedimento operacional padrão para cada projeto estabelecer uma convenção para nomenclatura de arquivos. O nome do arquivo é especificado na lista de arte (ou lista de som etc.), e o membro da equipe que cria o recurso deve dar ao arquivo do recurso o nome pré-designado após sua conclusão. Um nome de arquivo incorreto pode ser motivo de rejeição do recurso.

Os primeiros caracteres do nome de um arquivo de recurso podem ser baseados no tipo do recurso, localização no mundo, e o nome da personagem. Por exemplo, talvez o jogo tenha um local e uma personagem chamados "Old West Town" e "Lefty", respectivamente. Lefty tem um caminhar singular, o que significa que o som de seus passos deve ser diferente dos de outras personagens no local. Se Lefty é encontrada somente na Old West Town, o nome do arquivo para o som de seus passos pode ser SOWLF001.WAV. S para o som, OW para Old West Town, LF para Lefty, e este será o primeiro recurso da lista de sons para Lefty na Old West Town. O nome do arquivo para o formato bruto da textura para o rosto de Lefty pode ser TOWLF010.BMP, e aquele para a terceira linha falada por Lefty, VOWLF003.WAV.

Uma convenção de nomenclatura lógica e coerente suaviza o processo para a equipe de programação e organiza os diretórios que contêm recursos. No caso de um erro ocorrer, no qual o nome do arquivo problema é dado, quem lê a mensagem de erro vai saber o tipo de arquivo que causou o problema e onde, no jogo, o problema ocorre. Há ainda outros benefícios. A importância das convenções de nomenclatura é um tema frequente de discussão entre os desenvolvedores em conferências de jogos.

Monitoramento de recursos

O produtor deve ser capaz de acompanhar de perto o progresso de todos os aspectos do projeto, seguindo as seguintes informações sobre cada recurso de arte:

- Quem é responsável pela sua criação.
- Data de trabalho atribuída.
- Data do primeiro esboço do recurso concluído.
- Data da entrega do recurso ao produtor para aprovação.
- Data da revisão do recurso pelo produtor.
- Se o recurso foi aprovado ou rejeitado.
- Motivo da rejeição, se o recurso foi rejeitado.
- Data de retrabalho atribuída.
- Data da conclusão da segunda versão do recurso.
- Data do reenvio do recurso para a aprovação do produtor.
- Data da revisão do recurso pelo produtor.
- Se o recurso foi aprovado ou rejeitado.
- Motivo da rejeição.
- Data da entrega do recurso à equipe de programação.
- Data da implementação do recurso no jogo.

Com um boa dose de sorte, um recurso não será rejeitado mais do que uma vez antes da implementação. Em todo caso colunas adicionais podem ser necessárias para inversões adicionais de aprovação.

Ciclos de aprovação do recurso

Como visto, não é suficiente para um recurso ser criado e entregue. Antes que possa ser passado aos programadores e implementado, recursos de som, arte, ou música precisam ser revisados e aprovados pelo produtor. Um procedimento de homologação de recursos claramente definido facilita o rápido pagamento (no caso de criação artística externa) e evita muitos problemas potenciais.

Em geral, o gerente da equipe de arte entrega recursos para aprovação em lotes. O produtor pode designar alguém para revisar os recursos (diretor de arte, designer líder etc.) ou fazê-la ele mesmo. Em qualquer caso, a pessoa designada deve, conscientemente, revisar os recursos e fornecer informações precisas e detalhadas dentro do período acertado contratualmente, ou antes. Em seguida, o estúdio de arte precisa, e deve ter um cronograma razoável para o retrabalho e a nova entrega. Tudo isso é para que os pagamentos dos marcos possam ser feitos em tempo hábil e o projeto evoluir sem problemas.

E, evidente, outra razão para a revisão e aprovação dos recursos de arte, som, e música é garantir a qualidade. Se uma peça de arte ou animação não parece boa o suficiente, ou não se encaixa no estilo, o comentário detalhado deve ser apresentado junto com a rejeição, para que o recurso possa ser refeito de forma adequada e sem sobressaltos.

Formatos de entrega de recurso

O TDD deve especificar o formato de todos os recursos do jogo. O motor da equipe de programação precisa de gráficos 2D que sejam de um formato específico, e isso vale também para os modelos

3D, texturas e animações. Recursos de som e música precisam igualmente estar em um formato específico para uso no motor do jogo. O criador assim deve entregá-los. Seria um desperdício de tempo da equipe de programação ter de converter recursos para o formato adequado. Para manter o tempo de desenvolvimento global no mínimo, o da equipe de programação tem de ser usado de forma eficiente e produtiva.

O produtor (ou quem está revisando os recursos para aprovação) precisa ter ferramentas de software para visualizá-los a fim de aprová-los. Todo mundo tem acesso fácil e pronto a ferramentas de visualização JPGs, BMPs e TIFF, ou para ouvir arquivos WAV ou MP3, ou reprodução de arquivos AVI ou MPG. Contudo, ferramentas especializadas são necessárias se formatos de recursos menos comumente disponíveis são utilizados no jogo. Não é difícil para um produtor ou diretor de arte obter e usar esses programas especializados, mas, quando se trata de gerentes de marketing, estes programas podem apresentar um problema. Muitas vezes, torna-se desejável que o profissional seja capaz de mostrar recursos de jogo. Se o programa especializado é difícil de obter, complicado de usar ou muito caro, acaba se tornando um entrave para as apresentações de marketing.

Portanto, é justo que o produtor solicite que alguns recursos sejam fornecidos em formatos comuns para fins de marketing.

Bandeiras vermelhas

O trabalho mais importante do produtor durante a fase de produção é localizar "bandeiras vermelhas". Sua função é manter o projeto do jogo no caminho certo. Afinal, há um cronograma a cumprir. E muitas coisas podem dar errado. Ocasionalmente, uma catástrofe acontecerá sem aviso-prévio, surpreendendo todos na equipe. No entanto, a maioria dos problemas é construída lentamente ao longo do tempo, e geralmente avisos estão presentes. O produtor experiente aprende a reconhecer esses sinais de alerta no início, e a lidar com eles antes de as coisas piorarem.

O sinal mais evidente de um problema são atrasos no cronograma. Quando um marco está atrasado, ou faltam coisas para entregar, o produtor experiente começa a procurar a causa.

Bandeiras vermelhas geralmente começam a dar sinais por causa de problemas de projeto, de dinheiro, técnicos ou questões pessoais. Além disso, há uma certa sinergia entre eles. Ou seja, problemas pessoais podem levar a problemas técnicos, problemas de projeto podem causar problemas pessoais e assim por diante.

Dinâmica de equipe

No momento em que os recursos estão chegando, a equipe do projeto já está trabalhando em conjunto por tempo suficiente para a dinâmica interpessoal entrar em jogo. Alguns membros desenvolvem respeito pelos integrantes da equipe; outros, podem começar a mostrar sinais de insatisfação advindos de ciúme ou inveja. Algumas personalidades podem simplesmente não se dar bem juntas.

Em geral, os programadores, por serem engenheiros, podem parecer "frios". Eles valorizam fatos e soluções técnicas. E, às vezes, não estão plenamente conscientes da forma como suas palavras e opiniões podem afetar a sensibilidade das pessoas ao seu redor. Quando os engenheiros escrevem, seus "is" sempre têm o pingo, e seus "ts" sempre cruzados, mas suas palavras muitas vezes parecem secas e sem impacto emocional.

Para fazer outra varredura generalizada, os artistas podem, por vezes, parecer "quentes", porque valorizam cores, linhas e sentimentos. Eles podem se comunicar usando ideias emocionais, e por vezes exageram no efeito. Quando são obrigados a escrever, sua escrita em geral é colorida e dramática, mas pode haver erros ortográficos ou gramaticais. Artistas podem omitir detalhes necessários ou fornecer muitos detalhes desnecessários.

Para toda regra há exceções. Nem todo programador tem o perfil da personagem *Data* de *Star Trek*, e nem todo artista está destinado a ir para o Taiti e cortar a própria orelha. Certamente, programadores têm emoções, e artistas não são analfabetos funcionais. Dentro de uma determinada profissão, há um espectro de personalidades e atitudes. No entanto, é certo que determinados tipos de personalidade tendem a existir dentro de profissões específicas. Programadores e artistas são a clássica mistura "água e óleo" do negócio do jogo. Os melhores diretores técnicos são aqueles que tanto podem merecer o respeito da equipe técnica quanto se comunicar com os não programadores ao seu redor e coordená-los calmamente. Da mesma forma, os melhores diretores de arte são aqueles que têm um grande olho para o design e podem liderar seus artistas, e, ainda, se comunicar e coordenar perfeitamente os não artistas que dependem de seu trabalho.

Quando a arte e o código estão sendo criados em locais diferentes, o mal-estar natural desta mistura desconfortável por vezes é minimizado. No entanto, quando todos estão sob o mesmo teto, reuniões de equipe ou encontros podem ser controversos.

Os conflitos também podem surgir em uma equipe por outras razões.

Ao programador A é atribuído um trabalho em uma parte do código que depende do trabalho do programador B. A pode não concordar com a estrutura de codificação usada por B, ou se ressentir do fato de que a B foi atribuído o papel mais proeminente. Um, ou ambos, podem ter uma maneira abaixo do ideal de lidar com o desentendimento ou ressentimento.

O artista T designado para fazer texturas para os modelos 3D do jogo pode ter inveja do artista M a quem foi atribuída a tarefa de criar os modelos 3D mais glamourosos. Sentimentos podem efervescer por um tempo até que algo aconteça e faça que a fervura na panela transborde.

Em geral, as brigas aumentam quando o desenvolvimento não está indo bem (quando há atrasos; as coisas não estão funcionando; ou o jogo não é divertido). Os temperamentos podem transferir mais problemas para a jogabilidade. As opiniões diferentes dos funcionários sobre as características de um jogo podem se transformar em discussões acaloradas.

Um programador líder talvez tenha problemas com figuras de autoridade. Um artista com aspirações de se tornar um designer de jogo pode estar com ciúmes do título "sexy" do trabalho do designer do jogo. Um funcionário mais antigo talvez ambicione um maior espaço de trabalho em uma nova contratação ou (pior ainda) desejando um espaço só seu no escritório, com uma porta e janela exclusivas.

As técnicas específicas para resolver esses tipos de conflitos vão além do escopo deste capítulo. Mas eles não são exclusivos da indústria de games. Existem muitos livros sobre como gerir e lidar com as diferenças de personalidade no trabalho. O produtor, o designer líder, o diretor técnico e o diretor de arte têm de administrar as questões de produtividade, do trabalho, e todos os tipos de conflitos interpessoais que podem surgir com o seu pessoal e com os outros.

Algumas táticas comuns para melhorar o estado de espírito da equipe utilizadas na indústria de jogos são: promover sessões de jogo em rede após o expediente, eventos de paintball, compartilhar pizzas ou comida chinesa, decretar horários flexíveis, normas de vestimenta maleáveis, e permissão para uma decoração lúdica do escritório. Escritórios de jogos normalmente se parecem com lugares divertidos para trabalhar. É um trabalho que visa produzir jogos, mas é um trabalho agradável – na maioria das vezes e para a maior parte das pessoas.

Problemas pessoais

Há ocasiões em que os problemas não podem ser resolvidos por gestão a distância. Nenhuma quantidade de pizza nem noites de jogos podem corrigir problemas causados por alguém que não está cooperando ou provocando brigas.

Não é incomum para uma empresa de jogos ter horas flexíveis. Por exemplo, um funcionário pode ser autorizado a entrar em qualquer momento entre 8 e 10 horas, contanto que cumpra oito horas de trabalho em um dia, faça suas tarefas dentro do cronograma estabelecido e chegue antes dos horários determinados para as reuniões da equipe, uma vez por semana. Na maioria das vezes, e para a maioria dos funcionários, esse tipo de horário flexível funciona bem. No entanto, ocasionalmente existe aquele que abusa dos privilégios. Chega em torno das 11 horas e sai sem ter cumprido suas oito horas. Quando pressionado, dirá que levou o trabalho para fazer em casa. Essa pessoa parece acreditar que ganhou esse direito, como se estar na indústria de jogos inerentemente lhe desse vantagens além daquelas definidas pelo seu supervisor.

Alcançar o objetivo do projeto do jogo depende do trabalho em equipe. A atitude principal é contagiante, e pode ser infecciosa, diminuindo a força da equipe como cupins comendo a madeira de uma casa. Se uma pessoa é autorizada a ter liberdades, outros a seguirão.

Outro tipo de arruaceiro é o agitador. Um membro da equipe que pode ter defendido firmemente opiniões sobre as características do jogo, as condições de trabalho ou o estilo de gestão. Ele é livre para ter opiniões e expressá-las, mas quando embarca em uma incansável campanha para recrutar aliados e influenciar a opinião dos outros, não contribui plenamente para o esforço da equipe e, na verdade, acaba minando-a.

Grandes empresas têm um departamento de Recursos Humanos com orientações assertivas sobre como lidar com funcionários problemáticos. O produtor deve estar em contato com o RH para se certificar de que os procedimentos apropriados estejam sendo utilizados. Em determinado momento, ele reúne-se com o funcionário problemático. Este é informado que há um problema, e lhe é dito o que deve fazer para continuar seu trabalho. A reunião é registrada (ou seja, o produtor faz um registro escrito da discussão) e ambas as partes assinam.

O RH pode exigir do produtor que mantenha o funcionário até que, pelo menos, três avisos desses tenham sido emitidos. Então, se o funcionário não remediou o comportamento disruptivo, o empregador pode demiti-lo. O registro em papel é legal e presta-se a informar o trabalhador da gravidade do problema e proteger o empregador no caso de processos trabalhistas pós-demissão, pois estes registros provam que houve justa causa[18] para a demissão.

Avaliações anuais de pessoal é outra ferramenta utilizada por grandes empresas para acompanhar o desempenho dos funcionários. Algumas empresas ainda contam com avaliações de desempenho feitas pelos funcionários em relação a seus supervisores.

Problemas de design

Dependendo do tipo de jogo ou do plano do projeto, com frequência acontece de a diversão do jogo não ser tão evidente até que o projeto esteja bem adiantado. A equipe precisa ver os frutos de seu trabalho, e quanto mais demora, mais oportunidades aparecem para que surjam divergências. Aqueles que navegaram com Cristóvão Colombo meses ao mar, sem terra à vista, estavam próximos de um motim quando as *Índias Americanas* finalmente foram avistadas.

---

[18] N. R. T.: No Brasil existe um artigo da legislação trabalhista que regula a *demissão por justa causa,* o artigo 482 da Consolidação das Leis Trabalhistas, Capítulo V, que trata de Rescisão.

Quando finalmente o jogo se torna jogável, se não é muito divertido ou ainda não particularmente impressionante, o moral da equipe pode muito bem cair. Se os homens de Colombo tivessem chegado a ilhas desertas e estéreis, desprovidas de vida vegetal, animal, ouro ou água, um motim com certeza teria ocorrido.

Isso ressalta a importância da construção detalhada da diversão no GDD (em oposição à construção da diversão tardiamente). Além disso, cabe ao produtor certificar-se de que a diversão seja evidente o mais cedo possível no projeto.

Problemas financeiros

Um desenvolvedor pode disponibilizar um montante menor para um projeto, resultando em problemas de dinheiro, mesmo quando pagamentos dos marcos são feitos dentro do acordado. Quando isso acontece, há algumas soluções possíveis. A editora contratante pode ter de concordar em pagar o dinheiro adicional para o desenvolvedor (alterando assim o contrato); ela pode retirar o projeto e processar o desenvolvedor por quebra de contrato; ou, ainda, passar algumas das tarefas para a equipe interna ou definir outro desenvolvedor para terminar o projeto.

Um editor pode ser lento em fazer pagamentos dos marcos por uma série de razões. Talvez, por inexperiência, não dê valor à importância das revisões oportunas dos marcos. Ou o departamento de contas a pagar da editora tenha o hábito de atrasar os pagamentos tanto quanto possível. Ou ainda uma inexperiente empresa, editora de jogos, simplesmente ainda não chegou a enfrentar a necessidade de simplificar os pagamentos aos fornecedores importantes. Por vezes, um grande editor de capital aberto, diante de fracos resultados trimestrais, apertará o cinto e diminuirá os pagamentos em geral, apenas para tornar os livros contábeis mais agradáveis. Quando qualquer uma dessas coisas resulta em atrasos significativos de pagamentos para um colaborador externo, há uma gama de resultados possíveis.

Se o desenvolvedor é bem gerido e tem dinheiro suficiente no banco (e suficientes projetos simultâneos com editoras diferentes), é capaz de continuar trabalhando no projeto. No entanto, pode fazer uma reclamação ao produtor e solicitar que a editora reforce seu compromisso, realizando os pagamentos mais rapidamente.

Se o desenvolvedor está operando de forma dependente do rendimento da editora, os atrasos nos pagamentos dos marcos podem ser desastrosos, tanto para ele quanto para o projeto (e, portanto, para a editora). Se o pessoal de desenvolvimento não está recebendo seus contracheques, podem demitir-se. O desenvolvedor pode comunicar ao produtor que todo o trabalho no projeto ficará parado até que o pagamento seja feito, e, em última instância, pode até ter de declarar falência e dispensar seus funcionários.

O produtor deve manter um olho afiado para qualquer bandeira vermelha financeira em todos os momentos ao longo do projeto e deve se certificar de que os pagamentos para o desenvolvedor são feitos imediatamente.

Falhas técnicas

Tudo depende do funcionamento da tecnologia. Às vezes, um jogo requer que alguma tecnologia nova seja desenvolvida a partir do zero, mas nem sempre isto acontece perfeitamente e de acordo com o cronograma.

Eventualmente, um problema técnico pode ser resolvido, após o qual a equipe consegue recuperar o tempo perdido. Mas, às vezes, tempo perdido é apenas isto, perdido. Outras, um problema técnico não pode ser solucionado, e o produtor terá de pedir a seus superiores mais tempo, ou talvez solicitar programadores diferentes para salvar o dia, sob risco de o projeto ter de ser cancelado.

O sinal habitual de uma falha técnica é um atraso de marco (ou a não entrega de um marco que contenha um importante elemento). Um produtor experiente sempre estará procurando os problemas técnicos antes que eles se evidenciem por meio da lentidão dos projetos.

Pedidos de mudança

Desenvolvedores odeiam quando a editora pede mudanças, e produtores experientes igualmente odeiam lhes solicitar mudanças. No entanto, para os jogos competirem no mercado, precisam ser maiores e melhores do que os outros já em circulação. Portanto, as solicitações de mudanças são um fato desagradável da vida do negócio de jogos.

Os pedidos de alterações significativas no projeto original podem vir de uma variedade de fontes. Executivos do setor editorial, ao revisarem o jogo (durante uma revisão de luz verde, por exemplo), podem determinar que melhorias ou novos recursos são necessários. O marketing talvez tenha ouvido falar de um jogo novo que está para sair e, por isso, solicita ao produtor para adicionar recursos a fim de competir com ele. Um testador da Qualidade (QA) pode inserir uma sugestão de mudanças no banco de dados de monitoramento de erros.

Quando os executivos decretam que uma mudança é necessária, o produtor discute a alteração com o desenvolvedor externo ou a equipe de desenvolvimento interna para determinar qual será o impacto no cronograma e no orçamento. Pode ser que as alterações impliquem custos extras ou adiamento no cronograma. Ocasionalmente, o produtor pode procurar uma compensação, uma maneira de excluir recursos anteriormente previstos, em troca de novas funcionalidades solicitadas, mas nem sempre isto é viável. Ele pode, então, apresentar as novas informações aos executivos e obter a aprovação de um adendo ao contrato (no caso de um projeto desenvolvido externamente) e/ou uma extensão de cronograma.

Quando marketing pede mudanças, o produtor, por sua vez, explica para este setor o impacto que as mudanças podem ter sobre o orçamento e o cronograma. Se o marketing é inflexível, ele pode aprofundar os detalhes desse impacto. Se marketing e os executivos estão de acordo que as alterações solicitadas valem o orçamento e o cronograma, o produtor tem luz verde oficial para prosseguir com elas.

Quando um testador sugere uma mudança significativa, o produtor geralmente a rejeita, por causa do mesmo impacto já citado.

Solicitações de mudanças menores vindas de qualquer um podem ser passadas durante o desenvolvimento pelo produtor e, se fáceis e valerem a pena, podem muito bem ser implementadas no jogo. Numerosos pedidos, no entanto, podem resultar uma reclamação do desenvolvedor. Se este for uma empresa externa, pode até haver a solicitação de verba adicional para cobrir as mudanças. Um processo de solicitação de mudança formalizado seria uma forma útil para filtrar, controlar e quantificar os pedidos de mudança, e aconselha-se aos produtores implementá-lo em seus projetos.

Atrasos de cronograma

Como já visto, atrasos no cronograma podem ser causados por uma variedade de fatores: problemas técnicos, pessoais, financeiros, quantidade excessiva de pedidos de alterações, ou talvez alguém simplesmente subestimou o tempo que levaria para aprender uma tecnologia ou mesmo executar uma tarefa.

Cada um desses fatores está intimamente entrelaçado com os outros, como numa intrincada tapeçaria, porque há uma sinergia entre todos os aspectos de um projeto de jogo. Independentemente do que causa um atraso no cronograma, este atraso sempre causará problemas financeiros.

Qualquer coisa que aconteça no final do cronograma é, aos olhos do produtor experiente, a bandeira mais vermelha de todas.

Quando essa bandeira aparece, o produtor vai até a engrenagem. Reúne-se com seu pessoal, tanto aqueles que se reportam a ele quanto a quem ele se reporta, e descobre o que causou a bandeira e quão ruim ela é. Então, considera o que pode ser feito para resolver o problema e coloca as coisas em movimento o mais rápido possível.

Iniciando as tarefas

Ao longo do andamento do projeto do jogo, existem várias e diferentes coisas acontecendo, em geral ao mesmo tempo. Após a programação começar e estar em curso, o produtor inicia a criação de recursos gráficos (visíveis). A seguir, já que o esforço da arte foi iniciado e já está em curso, ele dá início à criação de recursos de áudio, incluindo música e gravação de dublagens.

O produtor experiente redige um cronograma que inclui até mesmo mais que isso. Ele mantém um olho no calendário e garante que a preparação minuciosa seja realizada para cada evento planejado, no tempo certo, para que cada um ocorra no momento pré-programado. Quanto mais bem preparado o produtor estiver para os eventos programados, mais será capaz de lidar com imprevistos.

Início do áudio

A tarefa de áudio é iniciada da mesma forma como a programação e as tarefas de arte. O designer de jogos e/ou o designer de som vão até o GDD e nele passam um pente-fino a fim de identificar cada efeito sonoro, sugestão musical e sinalização de voz. Depois, uma lista de sons e a especificação das músicas podem ser criadas. O script de dublagem é uma questão muito mais complexa, como será visto em breve.

Lista de som

Deve haver um som para cada ação no jogo. Ao criarem a lista de sons, o designer de jogos e/ou o designer de som devem considerar quais ações são passíveis e definir um som que seria apropriado para cada ação. Alguns sons podem ser reutilizáveis (adequados para várias ações diferentes).

Especificação da música

O designer de jogos detalha uma lista de cada lugar no jogo onde a música é desejada. Cada peça de música deve ser especificada em termos de gênero, clima, comprimento ou duração temporal, e se a música fará loop. Para tanto, pode ser útil indicar exemplos, artistas ou compositores. O resultado é um documento que diz ao compositor da música exatamente que tipo se deseja, como cada peça da música é usada no jogo, e quanto tempo deve ser executada.

Script de história e de dublagem

O script da história e diálogo não devem estar totalmente contidos no GDD, mas, sim, ser definidos separadamente.

O script da história e outros textos são uma coleção de recursos para uso no jogo. O texto não deve ser incorporado no código, mas colocado em um arquivo separado. A cada bloco de texto que será exibido deve de ser dado um nome de recurso, como qualquer outro recurso. O designer de jogo deve consultar o programador que trabalhará com o texto para determinar isso. Este último, por sua vez, redigirá uma apresentação sistemática detalhando como (sob que circunstâncias) cada um dos blocos discretos de texto será usado no jogo. Alguém (provavelmente o diretor de arte) deliberará sobre as fontes e respectivos tamanhos das fontes do texto no jogo.

O diálogo que deverá ser falado em voz alta é escrito na forma de um script de rádio, com a ressalva de que a cada discurso diferente deve ser dado um nome de arquivo. O designer do jogo pode não ser o único a criar o script final de dublagem. O produtor pode contratar um escritor profissional para escrever o diálogo a fim de lhe dar cor, vida e caráter. A maioria dos designers de jogos, por outro lado, possui experiência em jogar, e sua formação é útil para o teste e a realização de jogos.

Dessa forma, o designer de jogo pode escrever um script funcional ou de trabalho do jogo, que o roteirista pode usar como ponto de partida. No entanto, o produtor inteligente vai, antes, chamar o roteirista, durante a criação do GDD, buscando maximizar os benefícios de ter um contador de histórias profissional envolvido.

O script final de dublagem inclui as falas a serem ditas, informações sobre os personagens e como (sob que circunstâncias) cada fala é usada no jogo.

Criação de efeitos de som

Com a lista de sons em mãos, o engenheiro de som pode criar os efeitos a partir do zero ou buscá-los em uma biblioteca especializada. Esse profissional fornece os recursos com as convenções de nomenclatura adequadas e nos formatos especificados no TDD. O produtor e/ou diretor de design revisam, aprovam e acompanham os efeitos de som usando o mesmo tipo de ciclo de aprovação como descrito anteriormente para os recursos de arte.

Criação ou licenciamento de música

Para a maioria dos jogos de baixo orçamento ou de baixo perfil, a música é criada a partir do zero por um músico independente. Com as devidas especificações em mãos, o músico pode querer ver o jogo para obter uma ideia mais profunda da atmosfera e do clima desejados. Esse profissional normalmente compõe e executa a música em um *home* estúdio, entregando-a no formato de arquivos WAV. O produtor e/ou designer líder revisam, aprovam e acompanham a música. A menos que o profissional *free-lancer* contratado tenha muita demanda e influência para fazer exigências, em geral será pago numa base de prestação de serviços por minuto de música contratada.

Cada vez mais, jogos de alto perfil têm usado músicas gravadas ou recém-comissionadas de artistas populares, e já utilizam músicas do Outkast, MC Hammer, Mark Mothersbaugh (Devo), LL Cool J, INXS e Sarah McLachlan, para citar apenas alguns [IGN04].

Quando o produtor planeja usar música popular no jogo, as oportunidades devem ser usadas e contratos assinados por meio de agentes dos músicos. Se a música foi publicada por uma gravadora, com esta também precisa haver tratativas e dado o crédito. Além disso, todas as composições de todos os músicos encontram-se protegidas por associações, como a ASCAP (Sociedade Americana de Compositores, Autores e Editores). Cada uma dessas entidades pode ter requisitos diferentes de como seus direitos devem ser respeitados e como deve ser a compensação em relação às vendas do jogo. Os *royalties* provavelmente serão necessários, em vez de um pagamento simples. Mais informações sobre como os produtores licenciam as músicas podem ser encontradas em [D'Arcy04][19].

Gravação de dublagens

Muitos grandes editores de jogos assinam contratos com a Screen Actors Guild (SAG), e são obrigados a usar para suas dublagens atores sindicalizados, que, por sua vez, normalmente são representados por um agente[20]. O produtor do jogo pode ligar para algumas agências e obter numerosas demos de vozes de atores disponíveis.

Às vezes, o produtor ou o diretor pode querer fornecer algumas linhas de diálogo para que um ator possa fazer uma audição para determinado papel. Alguns atores especializados em dublagens podem possuir estúdios de gravação caseiros, e enviar para provas de testes para a audição.

No caso dos jogos baseados em filmes ou programas de TV, as vozes do elenco atual do programa em geral são preferidas. Audições são desnecessárias! Trabalhar com grandes estrelas pode ser uma verdadeira emoção para a equipe.

Algumas empresas de jogos têm estúdios internos de gravação de voz. Se não, o produtor pode alugar tempo em um estúdio externo. Para os atores desempenharem suas funções, a documentação da SAG[21] deve ser preenchida. A presença do produtor e/ou do diretor e do designer líder e/ou roteirista pode ser necessária durante a sessão de gravação a fim de assegurar que cada discurso tenha o significado de inflexão adequado e apropriado para uso no jogo. O engenheiro de som fornece os recursos gravados, devidamente nomeados de acordo com convenções e no formato especificado no TDD, e são revisados, aprovados e implementados no jogo.

O pagamento para os atores sindicalizados é, muitas vezes, feito através de uma empresa especializada, em vez de sê-lo pelo departamento de Contas a Pagar da editora[22].

Primeiro jogável – prova de conceito

O principal ponto de virada na produção de um jogo de console ou de PC é quando os recursos são aplicados e o jogo começa a aparecer, soar e interagir da forma esperada. Se havia alguma dúvida sobre se o projeto era viável, esta fase poderia ser chamada de "Prova de Conceito". Muitos produtores chamam isso de marco "Primeiro Jogável". Como visto, muito trabalho árduo resultou para trazer o jogo para esse estágio de desenvolvimento, e muitas pessoas esperavam ansiosamente por esse momento.

O produtor esperou para poder avaliar o andamento do projeto. Ele viu e aprovou os gráficos e sons, mas agora as peças devem ser unidas e interativas. Ele espera, sinceramente, que o conjunto

---

[19] N. R. T.: Além disso, no caso do Brasil, nós temos o ECAD, Escritório Central de Arrecadação e Distribuição, o SICAM, a Sociedade Independente de Compositores e Autores Musicais, e o SDDA, Serviço de Defesa do Direito Autoral. No licenciamento de músicas eles devem ser consultados.

[20] N. R. T.: Sobre os aspectos referentes ao trabalho de dublagem no Brasil, veja detalhes no Volume 3 desta obra: *Criação e produção audiovisual*, Capítulo 6.9, *Design de áudio e produção*.

[21] N. R. T.: A SAG é um sindicato que representa mais de 120 mil atores nos Estados Unidos, garantindo seus direitos e condições de trabalho. No caso do Brasil, possuímos organizações equivalentes que foram descritas, inclusive indicados os aspectos legais e contratuais, nas notas da revisão técnica do Volume 3 desta obra: *Criação e produção audiovisual*, Capítulo 6.9, *Design de áudio e produção*.

[22] N. R. T.: No caso do Brasil, possuímos toda uma regulamentação, via a lei Nº 6.533, que regulamenta a profissão de dublador, válida para estes casos. Para mais informações e orientações, siga o sugerido pela nota de rodapé 20 deste capítulo.

resultante seja consideravelmente mais do que apenas a soma das várias partes. E que também seja divertido e agradável.

O produtor experiente sabe que decisões significativas sobre o jogo serão tomadas quando as partes mais importantes na tomada de decisão virem o jogo nesta fase, ou seja, o licenciante, o titular da plataforma e os executivos da empresa de publicação e marketing.

Aqueles que tomam decisão estão acostumados a julgamentos rápidos. Quando veem o jogo, se lhes parecer impressionante e fizer jus ou exceder suas expectativas, ficarão felizes. Se algo estiver faltando e precisar ser explicado ou justificado, não ficarão satisfeitos. Se uma das características fundamentais que o produtor tinha alardeado, e que fez com que os tomadores de decisão ficassem animados com o jogo, ainda não está implementada, pode haver problemas para o projeto.

Ao escolher o projeto hipotético *Ultimatt Combatt III*, o diretor de arte tinha criado uma imagem dos exércitos da era de Napoleão travando uma batalha anacrônica contra discos voadores. Os tomadores de decisão haviam se animado com aquela imagem em particular, que estranhamente transmitia a essência de *UCIII*, e permitiria aos jogadores criar batalhas imaginárias entre as forças armadas de todas as nações e épocas.

Se a primeira construção jogável do *UCIII* tem exércitos napoleônicos, mas não discos voadores, ou, ainda, não permite que estas forças diferentes batalhem de uma forma interessante, os tomadores de decisão podem concluir que foram levados por um caminho imaginário. Após a apresentação, eles podem começar a expressar dúvidas de que o projeto vá acabar bem, e podem começar a encontrar falhas no trabalho que o produtor está fazendo.

Portanto, se o *primeiro marco jogável* é menos espetacular, o produtor experiente vai querer segurar um pouco mais, se possível, para não mostrá-lo aos tomadores de decisão.

Mantendo todos a bordo

Mesmo quando a primeira construção jogável parecer e desempenhar maravilhosamente bem, as políticas obrigam a intervenção de uma personagem importante no projeto neste momento. É o trabalho do produtor, que intervém para controlar o impacto destas políticas sobre o projeto. A melhor tática para isso é "dividir e conquistar". Quando os tomadores de decisão estão juntos em uma reunião importante de luz verde, o produtor é menos capaz de controlar os acontecimentos. Isso melhora muito se ele se encontrar com cada uma das partes, individualmente, de antemão, e fizer *lobbies* por seu apoio, abordando suas preocupações.

Executivos

Quando o produtor está satisfeito pelo trabalho ter tido uma excelente primeira impressão, ele pode simplesmente passar nos escritórios dos executivos e dizer-lhes que tem algo para mostrar. Estes, por sua vez, podem estar muito ocupados para ir ver, e isto não é uma coisa ruim. Mas é melhor se lhes forem dadas amostras, individualmente, colocando assim em prática a tática de "dividir e conquistar". Quando os executivos revisam um jogo juntos, o comentário de um deles pode ter um impacto sutil, mas profundo, no pensamento dos outros. O produtor sábio escuta e responde aos comentários de cada executivo, individualmente, estabelecendo harmonia e respeito mútuo em um nível pessoal.

Licenciante(s)

Quando o projeto é baseado em uma licença proprietária, o produtor desenvolve um relacionamento de trabalho diretamente com o proprietário da PI (propriedade intelectual) do licenciamento, porque precisa ter acesso fácil a ele. Um processo de aprovação formal é importante, para que todas as submissões, aprovações e as razões para as rejeições sejam claramente entendidas. Quando o produtor tem uma primeira construção jogável que parece e desempenha bem, este precisa ser compartilhado com o licenciante. Embora haja um processo formal de aprovação, talvez o novo trabalho seja simplesmente enviado para comentários informais ou apenas para ver o licenciante animado com o progresso do jogo. Quaisquer comentários feitos devem ser observados e levados em consideração. Os licenciantes gostam de estar a par de todo o projeto.

Titular(es) da plataforma
Quando o produtor de *UCIII* tem uma primeira construção jogável emocionante para Xbox, liga para seu contato na Microsoft e oferece uma demonstração. O representante da conta Xbox provavelmente se entusiasmará e vai querer vê-lo. Qualquer *feedback* resultante certamente deve ser levado em consideração. Os titulares da plataforma gostam de ser mantidos a par da situação.

A equipe
Diariamente, o produtor bem-sucedido estabelece contato e respeito mútuo com cada membro da equipe em um nível pessoal. Ele ouve os pensamentos e sugestões dos integrantes da equipe sobre o jogo, os recursos, o projeto e as condições de trabalho.

Alcançar a primeira construção jogável é um marco importante, e a equipe merece reconhecimento especial por isto. O produtor pode organizar um almoço ou jantar fora da empresa, talvez com uma esticada a um boliche ou uma sessão de *paintball*. Parte importante dessa reunião seria um breve discurso do produtor e, talvez, de um ou dois líderes da equipe. O produtor reconhece o trabalho da equipe que trouxe o projeto para este ponto e lhe passa energia para levá-lo até o final do caminho. Ele atende a qualquer dúvida ou preocupação, oferece um plano para lidar com cada situação, e ressalta os principais objetivos: conseguir que o jogo seja feito e fazê-lo divertido.

Um método alternativo
Às vezes, o plano desde o início é construir o jogo como uma série de protótipos iterativos. Essa abordagem de produção, às vezes chamada "método Cerny", reconhece que, apesar de um recurso de design poder soar bem no papel, pode ser difícil implementá-lo e fazê-lo divertido [Fristrom04, Price03].

Quando esse método é usado, a equipe faz uma série de esforços, cada um deles com base no anterior, como se subissem degraus de uma escada. É natural que um pouco de dicotomia emocional ocorra quando um nivelamento acontece no impulso ascendente.

Mantendo o momento em movimento
Tendo alcançado um primeiro jogável construído ou um protótipo provisório, a equipe pode ter dois impulsos opostos. Um, relaxar e fazer uma pausa porque algo foi realizado. Outro, jogar mais lenha na fogueira, porque embora o jogo esteja começando a parecer legal, ainda não tem tudo o que deveria ter. O primeiro tem de ser desencorajado, e o segundo deve prevalecer. Ambos os impulsos são contagiosos, por isso o produtor pode incentivar o impulso desejável tornando-se um exemplo e jogando mais lenha na fogueira.

Fases dentro de fases

Assim como a produção do jogo como um todo pode ser dividida em três fases (pré-produção, produção e pós-produção), a de produção pode ser pensada como ocorrendo em três partes (início, meio e a produção final). Cada uma dessas partes tem seu próprio caráter. A primeira, já discutida, termina quando o jogo começa a tomar forma. A segunda, o meio da produção, é um grande e frenético burburinho de atividades, como quando a criação de recursos está em pleno andamento, enquanto o esforço de programação continua e as atividades de marketing começam.

Alfa e *beta* são termos frequentemente ouvidos, mas a definição exata dos termos varia de empresa para empresa. Alfa pode significar que a maioria ou todos os recursos estão implementados, e a maior parte ou todas as funções estão funcionando. Beta, por sua vez, que todos os recursos estão implementados, todas as funções funcionando, e a equipe de desenvolvimento acredita que não há erros muito graves. Alfa pode marcar a transição do meio à produção final, e beta normalmente marca a da produção para a pós-produção.

O produtor multitarefa

O produtor está em alta demanda e em várias direções durante a metade da produção. No centro de tudo, ele recebe pedidos de informação, relatórios de problemas e solicitações de reunião. Existem recursos para aprovar, marcos para pagar, e inúmeras exigências de documentos. E as tentativas de obter um pouco do precioso tempo do produtor vêm de desenvolvedores, titulares da plataforma, licenciados, agências e vários departamentos internos. Ele também é bombardeado com telefonemas de novos desenvolvedores lançando seus serviços, candidatos que procuram emprego, recrutadores acenando ofertas de emprego, crianças com ideias do jogo, e até mesmo a mídia querendo informações ou uma entrevista.

Enquanto o produtor está no telefone, alguém lhe joga um pedaço de papel. Se está conversando com uma pessoa, outra está por perto esperando uma oportunidade. O telefone está tocando, o pager emite um sinal sonoro, o computador está dizendo "Você tem e-mail", e papéis estão surgindo no aparelho de fax e na impressora.

O produtor aprende rapidamente como gerenciar seu tempo. Define suas prioridades pela manhã e as redefine à tarde. Ele pode, ocasionalmente, fechar a porta e colocar um sinal de "Não Perturbe". Pode, ainda, procurar um local onde possa fazer algum trabalho sem interrupção, se tal coisa for possível, já que iPhones e Blackberries existem. É impressionante que consiga fazer as coisas, mas ele dá um jeito.

Gerenciando o meio da produção

Dois fatores podem ajudar o produtor nesta difícil fase.

Primeiro, em um projeto muito grande, existem gestores manipulando vários aspectos para que o produtor não tenha de fazer tudo sozinho. Quanto mais pessoas existem para administrar, mais gestores são necessários. No caso de um projeto interno, há um líder da equipe de programação, outro da equipe de gráficos, outro da equipe de projeto e alguém encarregado de criar todo o áudio. No caso de um projeto externo, o produtor gerencia os gerentes nos locais externos.

Segundo, o meio da produção não dura para sempre. Na condição de detentor do cronograma, o produtor sabe onde é o fim do túnel. Quando os recursos são finalizados, aprovados e devidamente armazenados para o seu uso posterior, a pressão sobre ele vai diminuir de intensidade – um pouco, talvez.

Esperando o inesperado

O produtor experiente sabe que não importa quão bem foi planejado o projeto, imprevistos vão surgir. Há um velho ditado que diz: "Apesar dos obstáculos, vá em frente". Ele lida com surpresas como uma questão de curso certo, confiante na capacidade da equipe para lidar com praticamente qualquer coisa. Mas isso não quer dizer que todos os eventos inesperados são iguais, não importando quando ocorram. Quão mais tarde no projeto uma surpresa aparece, mais difícil pode ser lidar com ela.

Bandeiras vermelhas no meio da produção

Durante a produção, o projeto vira uma "bola de neve" [Sloper03]. Com a data beta alvo do projeto agora muito mais perto, se as coisas não derem certo, pode ser mais difícil corrigi-las. Os atrasos nesta fase são suscetíveis de causar atrasos no final. Como discutido, as causas mais comuns de atrasos e bandeiras vermelhas são problemas de projeto, técnicos, financeiros e questões pessoais.

Problemas de projeto nesta fase podem ser corrigidos, mas o risco em relação à data de entrega e à qualidade do produto é maior. Existe ainda algum tempo para se recuperar. Perder a data de entrega não é necessariamente uma certeza neste momento. Desafios de design deveriam ter sido identificados e tratados em fases anteriores.

Problemas pessoais na produção (especialmente a perda de um membro principal da equipe de programação ou gerenciamento de projetos) podem comprometer a data de envio. Se alguém novo tem de ser trazido, haverá tempo de inatividade no período entre o período de contratação e a sua integração no trabalho. Sempre se espera que alguém experiente e já familiarizado com a tecnologia e o design possa intervir e preencher a lacuna.

Já problemas técnicos nesta fase seriam incomuns, especialmente se o método de protótipos iterativos de produção[23] estiver sendo usado. É uma boa prática de desenvolvimento enfrentar os itens problemáticos no início do projeto.

Os eventuais problemas financeiros neste estágio são (talvez contraintuitivamente) os mais fáceis de corrigir. A editora simplesmente tem de determinar se o projeto vale a pena em relação ao dinheiro extra que irá dispor. Se for, o dinheiro será gasto. Se não, o projeto pode ser cancelado.

Design por comitê – Outro nome para consenso?

Enquanto o jogo está sendo construído, todo mundo que o analisa parece experimentar uma súbita explosão de criatividade. Novas ideias surgem a cada trimestre. A caixa de sugestões do produtor transborda com solicitações de mudança: novos rumos, novas características, novas personagens, novas missões e novos mundos. Pode ser imprudente da sua parte rejeitar todas elas. Os membros da equipe podem sentir que estão recebendo um tratamento de silêncio. Além disso, as sugestões do mercado e dos executivos não podem ser ignoradas. Talvez o produtor tenha de fazer um plano para incorporar mudanças significativas, incluindo tempo e dinheiro para implementá-las. Para fazer correções de curso, provavelmente será necessário uma reunião de luz verde de alto nível.

É provável que algumas mudanças recebam a luz verde. E isso às vezes as faz parecer um remendo. Algum tipo de deficiência do projeto havia sido identificado, e porque muito dinheiro já foi gasto, decidiu-se colocar um remendo em cima do buraco. A correção, às vezes, parece dese-

---

[23] N. R. T.: Para mais informações sobre o método iterativo, ver *Introdução ao desenvolvimento de games, Volume 2, Programação: técnica, linguagem e arquitetura*, Capítulo 3.1, *Equipes e processos*.

legante, mas os tomadores de decisão concordam que é a melhor maneira de lidar com a situação e seguir em frente.

Produção tardia

Esta é aquela fase de produção na qual todos os recursos foram criados, mas a codificação ainda não foi concluída.

Neste ponto, dependendo do tipo ou gênero de jogo, os designers de níveis ainda podem estar trabalhando[24] (criando novos níveis, mas sem gerar qualquer necessidade de novos recursos). O jogo ainda não está em beta, mas a Qualidade (QA) já deve ter sido envolvida. O marketing provavelmente já iniciou suas atividades, ou o trabalho começa a ficar sério neste momento.

Este período pode ser um desafio para um produtor que não tem conhecimento sobre marketing, ou que está trabalhando com uma pessoa de marketing que não tem conhecimento sobre desenvolvimento de jogos.

O título de trabalho está morto – Vida longa ao título final

Muitos projetos de jogos são iniciados com o jogo tendo apenas um "título de trabalho". O designer ou o produtor pode tê-lo escolhido, e a equipe se acostumou a se referir ao jogo com esse título. Então, um belo dia, o departamento de marketing diz que eles precisam de um título para o jogo que venda melhor.

No caso do nosso projeto hipotético *UCIII*, o produtor e o designer tinham inicialmente acordado chamar o jogo de *Ultimatt Combatt III: Extreme Warfare*, e o comitê de luz verde não colocou objeções. O marketing fez alguns testes de público e obteve alguns comentários infelizes. Parece que o termo "extreme" tem sido muito utilizado no mercado, e colocado em tudo, desde corridas até patinação e pesca. O marketing justifica que o foco do jogo é uma guerra que atravessa épocas históricas, os dias de hoje, e tempos futuros hipotéticos. Assim, a recomendação do novo título é *Ultimatt Combatt III: War of The Ages*, ou talvez *Ultimatt Combatt III: Beyond the Bounds of Time*; sugere, ainda, tentar utilizar um deles por um tempo, e então talvez experimentar o outro. O produtor astuto sabe, no entanto, que a equipe não aceitará prontamente uma mudança de nome, muito menos dois. Já que o marketing ficaria satisfeito com qualquer título, é permitido à equipe escolher entre os dois.

Com o título finalizado, sua arte pode ser criada para *Ultimatt Combatt III: War of the Ages*. Assim, o trabalho com a imprensa pode começar.

Imagens e mais

O marketing precisa ter imagens emocionantes do jogo. Cada revista precisa de imagens únicas. Então, alguém, talvez o diretor de arte ou o designer do jogo, reúne-se com o marketing e trabalha para fazer um conjunto de imagens. Pode ser necessária ter uma versão especialmente produzida do jogo destinada às capturas de tela ou ferramentas de design de nível que permitam a criação de qualquer combinação desejada de personagens do jogo. O departamento de arte precisa criar imagens de alta resolução para o uso em capas de revistas.

As revistas querem entrevistas. Mas não querem o produtor, é claro – afinal, ele é apenas um gerente. Elas pedem para entrevistar o designer do jogo, mas o marketing quer alguém mais foto-

---

[24] N. R. T.: Para melhor situar-se e compreender a relação entre os trabalhos de design de nível, sugerimos consultar o Volume 3 desta obra, *Criação e produção audiovisual*.

gênico. Um dos artistas ou um dos programadores é bonitão, então, escolhido um, ele é chamado para a sessão de fotos. Alguém diz ao entrevistador algumas coisas, e este tem o que é necessário.

Algumas poucas interrupções como essa, e a máquina de Relações Públicas está funcionando.

Demonstração na E3

A Electronic Entertainment Expo (E3) é uma importante feira de jogos da indústria. O produtor não pode controlar quando ela vai acontecer, mas pode planejar ter uma demonstração pronta para este evento, dependendo de qual fase do desenvolvimento o jogo estiver naquele momento. A equipe pode muito bem estar trabalhando no jogo durante duas E3. Se a primeira aconteceu durante a pré-produção, então não pôde haver uma demonstração. Se a próxima acontecer durante a produção do projeto ou a fase de pós-produção, seria aconselhável renunciar a uma demonstração do jogo nesta E3.

Quando a equipe de programação está focada em fazer uma sólida Demo do jogo para uma feira de negócios, não estará necessariamente capaz de continuar a trabalhar com este código para terminá-lo. O código que entra em uma Demo não necessariamente entra para o produto final. Portanto, qualquer Demo é, de fato, uma interrupção do esforço geral. No entanto, quando a Demo causa uma excelente impressão nos participantes da feira, o impulso moral pode neutralizar o efeito da interrupção.

É importante programar a Demo do projeto no começo dele, isto para que a equipe saiba de antemão que esta interrupção vai ocorrer. As especificações exatas da Demo devem ser trabalhadas com o marketing durante a fase de pré-produção. À medida que o tempo para trabalhar na Demo se aproxima, é provável que existam novas cogitações sobre as especificações da própria Demo. Se o marketing pede mudanças que afetam a data de envio, o produtor lhe explica o impacto no cronograma, e continua em frente, adaptando-se à especificação da Demo na medida do possível, mantendo um olho na data final de entrega durante todo o período de sua criação.

Demos para revistas

Outro tipo de Demo é a fornecida em disco para revistas. O melhor momento para ter esse tipo de Demo é na edição do mês anterior à data em que o jogo vai aparecer nas lojas. Normalmente, deve aparecer nas prateleiras das lojas em novembro, a tempo para o pico da temporada de vendas do Natal. A edição que circula em outubro, de forma confusa, geralmente anuncia "novembro". As revistas têm um prazo de cerca de três meses; portanto, a Demo deveria sair do Controle de Qualidade estar no escritório da revista em julho, se não antes. Em geral, esse é um mês muito movimentado para a equipe de programação, que trabalha febrilmente para corrigir uma grande lista de erros encontrados pela equipe de Qualidade.

As Demos para revistas criam uma demanda do usuário para o jogo completo, e, embora o momento da demonstração venha em uma época tumultuada, é importante disponibilizá-la. Felizmente, a Demo destinada à E3 pode ser reaproveitada em grande parte para as revistas. Quaisquer erros ou falhas da Demo da E3 podem ser abordados e testados antes de ir para a revista.

Demonstração promocional para o titular da plataforma

Eventualmente, o titular da plataforma pode solicitar uma Demo a fim de colocá-la em um disco promocional. No caso do *UCIII*, a Microsoft pode solicitá-la visando ao lançamento do disco com novas unidades ou em uma revista do Xbox. O titular da plataforma fornece requisitos e as datas de entrega. Ainda que o cronograma não tenha incluído uma Demo promocional para o Xbox, ela melhorará a relação da editora com o titular da plataforma, e aumentará as vendas do *UCIII*. A Demo da E3 oferece uma estrutura sólida para a do Xbox; portanto, produzi-la agora para o Xbox não vai ser tão ruim quanto o foi a interrupção da primeira, da E3. E, assim, o produtor segue em frente e garante que esta demonstração inesperada saia; contando inclusive que ela precisa ser testada pelo departamento de Controle de Qualidade da editora, e também, completamente, por este mesmo departamento do titular da plataforma.

Bandeiras vermelhas na produção tardia ou pós-produção – Grandes bandeiras vermelhas

Quaisquer bandeiras vermelhas que haviam sido ignoradas anteriormente, na esperança de que desaparecessem ao longo do tempo, ainda estão lá. E, ao contrário, só se tornaram maiores ou mais vermelhas. Neste ponto do projeto, os problemas, obrigatoriamente, começam a aparecer para o produtor imprudente que tentou ignorar as bandeiras vermelhas.

Na produção tardia, qualquer acontecimento infeliz pode ter consequências sérias. Nela, problemas de design não são solucionáveis sem atrasos da data de envio. Problemas pessoais (especialmente a perda de um membro-chave da equipe de programação) provavelmente comprometerão essa mesma data, assim como os técnicos, que podem ser fatais. Problemas financeiros podem coincidir com sérios problemas de relacionamento entre a editora e o desenvolvedor, trazendo ainda mais transtornos para a data de fechamento do jogo e seu envio.

Neste ponto do projeto, o produtor sábio imediatamente acaba com as bandeiras vermelhas no momento que aparecem.

> Pós-produção

Depois de criados e integrados todos os recursos e implementadas todas as características, a fase de produção termina e a de pós-produção começa. Na indústria cinematográfica, esta fase se refere às atividades que visam finalizar um filme depois de guardadas as câmeras e da despedida dos atores, e já finalizados edição, dublagem, legendagem, limpeza geral, marketing e a distribuição do filme. Na indústria de jogos, refere-se ao período em que os testes de Qualidade (QA) do jogo identificam os erros e onde são necessários ajustes. O marketing cria a embalagem e o material impresso ("caixa e documentos"), e trata da transmissão, *impressa e on-line*, e dos anúncios nas lojas e promoções. O departamento de vendas prevê quantas unidades serão necessárias, enquanto o de operações se organiza para fabricar o jogo (no caso, a prensagem das cópias).

Os artistas e o pessoal do design já se foram, iniciando outros projetos, mas os programadores e a equipe de produção, agora, trabalham como nunca. O engenheiro de som pode ainda estar presente, gravando dublagens em língua estrangeira.

Transferências de pessoal

Enquanto o projeto do jogo se aproxima da conclusão, os talentos de alguns membros da equipe não são mais necessários após suas tarefas terem terminado. Quando um jogo é desenvolvido internamente, e a estrutura de pessoal é tal que todos se reportam a uma equipe de projeto, isto significa que algumas pessoas precisam ser transferidas para projetos diferentes. O produtor, então, reúne-se com o RH, os chefes de departamento e outros produtores para determinar como esta mudança deve acontecer, além de se encontrar com cada um para discutir o desenvolvimento da carreira pessoal e fazer uma avaliação de desempenho.

As avaliações de desempenho nem sempre são agradáveis para quem as transmite e quem as recebe, mas são necessárias para fazer um gráfico individual de crescimento dos empregados dentro da empresa, a ser informado ao próximo supervisor do funcionário. Mesmo quando um projeto é desenvolvido externamente, mudanças de pessoal muitas vezes coincidem com a conclusão de um projeto ou fase.

Localizações

Antigamente, os jogos eram apenas traduzidos. No entanto, os usuários reclamavam do mau uso de suas línguas. Às vezes, apenas traduzir as palavras não resulta em uma experiência de jogo agradável. A maioria dos jogadores americanos está familiarizada com um inglês ruim em jogos (ou filmes) provenientes de outros países, especialmente os asiáticos. Um exemplo clássico é a fala "All your base are belong to us", do jogo *Zero Wing*, publicado pela editora japonesa Toaplan para o Sega Genesis[25] [Bradk].

No entanto, os jogos americanos, que são apenas traduzidos (em vez de localizados[26]) para os territórios que não falam inglês, também podem gerar tais problemas. O produtor sábio não faz pouco-caso dos processos de localização [Swartz04].

O ideal é sempre enviar versões localizadas simultaneamente com a do idioma original, mas, por várias razões, é mais fácil construir e ajustar a versão na língua de origem em primeiro lugar. Mais fácil não significa melhor, portanto, o produtor experiente se esforça para fazer o "envio-sim" (envio simultâneo de versões para vários territórios)[27].

Para começar, o departamento internacional determina para quais territórios o jogo deve ser localizado. No caso de um jogo desenvolvido externamente, o contrato normalmente especifica que o contratado será responsável por desenvolver versões localizadas. Normalmente, o contrato de um editor especifica territórios padrão da editora, ou talvez simplesmente mencione um determinado número de localizações. As localizações solicitadas além daquelas preconizadas no contrato inicial provavelmente exigirão uma alteração contratual. Felizmente, os novos pedidos de localização feitos no final do processo de produção não exigem o "envio-sim". Os membros da equipe têm então de se esforçar um pouco mais e tomar a SKU[28] principal (a versão principal, geralmente em inglês) e finalizar o cronograma que foi reconfigurado.

---

[25] N. R. T.: Esta frase tornou-se famosa e expandiu-se para uso em outras mídias, tornando-se um dos exemplos mais evidentes dos problemas de tradução nos jogos. Em vez de traduzirem para "all of your bases have been taken over by us" (todas as suas bases foram tomadas por nós), o texto "all your base are belong to us" diz algo como "todas as suas bases são pertencidas a nós". Criou-se, inclusive, um verbete na Wikipedia. Disponível em: http://en.wikipedia.org/wiki/All_your_base_are_belong_to_us. Para ver este trecho no jogo, consulte : http://www.youtube.com/watch?v=FVsijmCFs50.
[26] N. R. T.: Entendem-se como "localizadas" as versões dos jogos nas quais as caixas de texto recebem tradução e/ou são dubladas na língua nativa do país no qual o jogo será comercializado.
[27] N. R. T.: O leitor poderá encontrar esta expressão no inglês como: "sim-ship" (*simultaneous shipment of versions for various territories*).
[28] N. R. T.: SKU (*stock-keeping unit*), em português, *unidade de manutenção de estoque*. Trata-se de um código identificador único e, no caso da discussão do autor, refere-se a SKU original (em inglês), que servirá de base para as demais (localizadas). A SKU do UCIII em inglês (principal) irá diferir da SKU do UCIII em português (derivada).

Alguns territórios são mais difíceis de localizar do que outros. O texto em língua alemã usa mais caracteres do que o em inglês, o que significa que, quando há caixas de texto, o traduzido, muitas vezes, não vai caber. Japonês e chinês usam menos caracteres, mas os caracteres são mais complexos, por isso o texto às vezes precisa ser maior. No entanto, mesmo o texto ampliado para os idiomas asiáticos não ocupa adequadamente a caixa de texto formatada sob medida para o texto em inglês.

Dublagens também devem ser registradas no idioma localizado. As pessoas percebem quando ouvem a língua falada por alguém que não é nativo do seu país. Além disso, claro, a escrita do diálogo precisa ser habilidosa. Não é muito eficaz simplesmente pedir aos tradutores que apenas escrevam o diálogo da dublagem, e, mais, eles não são necessariamente treinados na arte de escrever roteiros.

Os aspectos culturais também devem ser considerados na localização. Muitos jogos criados na América ou na Ásia usam suásticas como um símbolo de inimigo mal-encarado, principalmente se o jogo se passa durante a Segunda Guerra Mundial ou sua história envolve nazistas dos dias atuais. No entanto, se tal jogo for comercializado na Alemanha, onde as pessoas ainda são sensíveis à lembrança dessa parte lamentável da sua história, suásticas não devem ser usadas. Alguns países também têm leis contra o sangue realista. O produtor de localização precisa estar ciente desses detalhes, assim como o designer ao escrever o GDD inicial.

Escrita habilidosa, juntamente com uma consciência cultural bem informada, marca a diferença entre a localização e a tradução simples. Uma discussão completa sobre localização em jogos vai além do escopo deste capítulo, mas pode ser encontrada em [Chandler04].

Classificação ESRB

O marketing ou o produtor prepara a papelada necessária para a ESRB (Entertainment Software Rating Board[29]), a fim de obter a classificação a ser impressa depois na embalagem final, no manual e no disco (ou etiqueta, no cartucho).

A editora, normalmente, sabe qual classificação o jogo terá, já que as orientações da ESRB são claramente definidas. Algumas empresas podem desejar uma classificação indicativa de que o jogo é apropriado apenas para audiências mais velhas, isto na busca de gerar controvérsias. Há um ditado em marketing, "má publicidade não existe". Isso não é estritamente verdadeiro, óbvio, pois é verdade que um pouco de controvérsia pode aumentar o conhecimento, o que pode, algumas vezes, levar ao aumento das vendas.

Se a ESRB atribuir uma classificação maior ao jogo (para uma audiência mais velha do que a esperada pela editora), e se o marketing ou vendas têm preocupações sobre os efeitos nas vendas, o jogo terá de ser alterado para conseguir a classificação desejada.

---

[29] N. R. T.: O Entertainment Software Rating Board (ESRB) é a organização que analisa, decide e coloca as indicações de classificação etária para jogos digitais comercializados no Estados Unidos, México e Canadá. Além da classificação de jogos, a organização impõe regras para a publicidade e de privacidade *on-line* no mercado dos jogos digitais. O site da organização é: http://www.esrb.org/index-js.jsp. Ainda são dignas de nota a PEGI, *Pan European Game Information*, a CERO, *Computer Entertainment Rating Organization*, a USK, *Unterhaltungssoftware Selbstkontrolle*, a ELSPA, *Entertainment and Leisure Software Publishers Association* e, finalmente, o DJCTQ, *Departamento de Justiça, Classificação, Títulos e Qualificação*, que regula a classificação no Brasil.

Caixa e documentos

Enquanto o jogo se aproxima da conclusão, é hora do marketing criar a embalagem e o manual. O responsável por esse departamento pode pedir aos integrantes das equipes de serviços criativos (sejam eles internos ou não) para preparar as composições da caixa (compostos de ideias diferentes de embalagens). Depois de escolhidos os melhores, a gerência de marketing pode distribuí-los entre sua equipe para checar as reações, e, ainda, trazer alguns jogadores também para checar suas reações. Tais grupos focais podem ser usados para obter *feedback* sobre a embalagem, os anúncios, o conceito geral do jogo, seu título, a plataforma, funcionalidades e até mesmo os pontos principais que constarão na embalagem.

A frente do pacote normalmente inclui a arte de um momento emocionante do jogo e, sempre, o logotipo da editora, e, às vezes, o do desenvolvedor (caso este tenha reconhecimento de marca); e, ainda, alguns "argumentos de venda", que pode ser um descritor do gênero do jogo ou características principais, e talvez a citação de uma frase de um avaliador do jogo. E, claro, o símbolo da ESRB[30].

Na frente do pacote também consta a indicação da plataforma à qual o jogo se destina. Se o jogo for, como nosso *UCIII* hipotético, de Xbox, o pacote terá o formato padrão deste console com seus elementos de design de embalagens. Os elementos de design são rigorosamente aplicados pela Microsoft, Sony e pela Nintendo para jogos destinados às suas plataformas.

Se o logotipo do desenvolvedor não é mostrado na frente da embalagem, geralmente o é no verso, a menos que o desenvolvedor seja uma nova entidade desconhecida que não tem cacife para negociar com seu logotipo na embalagem. Às vezes, as pessoas de serviços criativos da editora não sabem que devem colocar o logotipo do desenvolvedor no verso do pacote, especialmente se o produtor não lhes disse. Os *titulares da plataforma do console* regulam o número de logotipos que podem ser estampados na embalagem. Se o jogo usa PI de propriedade ou controlado por diversas partes, exigindo muitos logotipos no verso do pacote, então, simplesmente alguns serão eliminados do pacote do jogo para aquele console. Eventualmente, proprietários da tecnologia usada na produção do jogo (motor, sistema de áudio, outros *middlewares*) também exigem que seus logotipos estejam na caixa. O produtor com sorte chega a ser o único a negociar esses detalhes.

As coisas mais importantes no verso da caixa são as descrições e as imagens. O objetivo da parte frontal é fazer um consumidor pegá-la e olhar. Uma frente ruim (apenas boa o suficiente para um consumidor pegá-la) levaria o consumidor a devolver a caixa para a prateleira. Já uma frente boa faz o consumidor querer virar a caixa e olhar o verso. Um verso ruim resultaria no consumidor devolvendo a caixa para a prateleira, mas, se for bom, o fará desejar colocar o produto em seu carrinho de compras e levá-lo.

A maneira de fazer um verso bom é mostrar várias cenas emocionantes do jogo, com cada cena parecendo diferente das demais. Além disso, deve incluir muitas informações sobre as melhores

---

[30] N. R. T.: No Brasil, o responsável pela classificação dos jogos é o DJCTQ, *Departamento de Justiça, Classificação, Títulos e Qualificação*. O DEJUS iniciou o processo de classificação de jogos eletrônicos em outubro de 2001. Até então, o sistema em uso pelos distribuidores era o ESRB (EUA). A Portaria nº 899, de 3 de outubro de 2001, regulamenta a classificação indicativa dos jogos eletrônicos de qualquer natureza, enquanto a Portaria nº 766, de 4 de julho de 2002, regulamenta a classificação indicativa dos chamados "Jogos de Interpretação", conhecidos como RPG (sigla advinda da língua inglesa – *Roleplaying Game*), de qualquer natureza e origem. Atualmente, temos, no Brasil, em vigor uma classificação por faixas etárias para os jogos eletrônicos: livre, acima de 10 anos, de 12 anos, 14 anos, 16 anos e acima de 18 anos. A classificação brasileira está baseada na Portaria nº 1.220, de 11 de julho de 2007. Mais informações podem ser encontradas no site do DEJUS: http://portal.mj.gov.br/.

características do jogo, descritas de maneira que o consumidor sinta que deve comprá-lo, em vez de outro.

Para uma embalagem de jogos de PC, os requisitos do sistema precisam ser mostrados, e podem sê-lo no verso ou na frente da caixa. Esses requisitos podem ser um assunto de disputa entre departamentos. A Qualidade não permitirá que eles incluam sistemas que não puderam testar, enquanto vendas quer a mais ampla gama de sistemas possível.

O verso da caixa inclui ainda toda a linguagem jurídica para cobrir direitos autorais e propriedade da marca registrada, e, às vezes, até mesmo declarações de responsabilidade. A classificação do jogo é explicada com mais detalhes nessa parte da caixa.

O manual deve ser escrito e colocado na embalagem de forma atraente. Alguns jogos de PC não incluem manual de papel, mas é normal e esperado encontrar um manual de instruções para os jogos de console. Tal como acontece com a embalagem, o manual dos jogos de console deve seguir os padrões do titular da plataforma.

O designer de jogos ou o produtor pode escrever o primeiro rascunho do manual, para que depois seja reescrito por serviços criativos. Se necessário, a equipe do desenvolvimento fornecerá imagens e capturas de tela.

A embalagem e o manual (e quaisquer outros materiais impressos, incluindo o design a ser impresso no disco ou no rótulo do cartucho) circulam entre produção, controle de qualidade, desenvolvimento, marketing e serviços criativos até que todas as partes concordem que não há erros, inexatidões ou omissões.

Como será visto em breve, todos esses materiais de papel têm de ser concluídos, pelo menos, duas semanas antes de o jogo ser liberado pelo Controle de Qualidade. Se este encontrar um problema que exige mudança depois de o manual ser impresso, poderá ser uma dor de cabeça para o produtor.

Guia de estratégia

Muitos editores têm um departamento, por vezes chamado Desenvolvimento de Negócios ("bizdev", uma abreviação de *Business Development*) ou Novos Negócios, que procura métodos alternativos de fazer dinheiro a partir de jogos da empresa. Este departamento pode fazer, por exemplo, negócio com uma empresa que publica guias de estratégia. Um desafio para o produtor é que o esforço para redigir um guia de estratégia para um jogo, muitas vezes, não pode acontecer até que o jogo esteja no Controle de Qualidade e as estratégias para jogá-lo sejam totalmente conhecidas. O designer é a pessoa ideal para coordenar este esforço. Se ele assumir apenas uma função, (por exemplo, a de " designer de jogo"), seu tempo será razoavelmente bom durante o projeto para realizar esta tarefa. No entanto, se o designer assumir outra função, especialmente a de programador ou produtor líder, pode ser um desafio[31].

Controle de Qualidade

Além do marketing, o maior esforço durante a pós-produção é o grandioso teste de estresse que acontece no Controle de Qualidade. Dependendo do escopo do jogo, o número de testadores pode chegar a dezenas.

---

[31] N. R. T.: Com isso, o autor chama a nossa atenção para a necessidade de foco na tarefa. Um desafio que era constante para a velha guarda dos jogos e, em grande parte, para os atuais desenvolvedores *indie*.

Cada um experimenta o jogo e escreve relatórios sobre os problemas encontrados. Os testadores devem ser profissionais com conhecimentos de informática e pacientes, capazes de comunicação escrita clara. Não basta simplesmente encontrar um erro, ele tem de descrever como o erro ocorreu e, se possível, como replicá-lo; precisa, ainda, explicar o que era esperado, o que ocorreu, e por que é um problema.

O testador líder (às vezes chamado controlador líder de qualidade) cria o plano de teste, um orçamento para a tarefa do controle de qualidade do jogo, e o banco de dados personalizado para controlar, relatar e analisar os erros.

Plano de teste

O testador líder analisa o jogo, usando o GDD, TDD e sua construção atual. Ele precisa determinar quantos testadores serão necessários, que tipo de técnicas de teste ou procedimentos são adequados, e quanto tempo o processo de teste deve durar. A partir daí, o líder pode determinar o orçamento de teste. Um jogo de jogador único com apenas algumas variações diferentes é mais fácil de testar do que um multijogador de grande porte, com muitos modos de jogo, opções selecionáveis pelo usuário e personagens. Um jogo que é jogado *off-line* em um único console requer um processo de teste diferente de outro *on-line* jogado em uma grande variedade de configurações de hardware de PCs e sistemas operacionais. O líder deve integrar tais considerações no plano de teste.

O banco de dados do Controle de Qualidade

Editores de jogos usam diferentes pacotes de software de controle de erros, como DevTrack, Bugzilla, Mantis, TestTrack e FogBUGZ. Alguns criam seus próprios sistemas de rastreamento de erros a partir de banco de dados. Os sistemas de rastreamento de erros podem residir em uma rede interna ou externa do servidor e ter uma interface baseada na Web.

O banco de dados de erros oferece uma interface *click-and-type*, na qual se escolhe entre as opções de erros já mapeadas no banco e se as descreve sintaticamente, na qual os testadores relatam os erros. Em geral, um modelo de relatório de erros inclui campos utilizados para todos os jogos e campos que são específicos para um jogo também específico.

Campos genéricos para um jogo de PC podem incluir, por exemplo:

- Nome do testador.
- Número da construção (data).
- Versão ou SKU.
- Identificação do computador (qual máquina).
- Sistema operacional.
- *Status* do erro (novo, aberto, fechado).
- Severidade do erro (fatal, severo, leve, sugestão).
- Tipo de erro (*crash*, não amigável, problema gráfico etc.).
- Replicação (o erro pode ser replicado).
- Local do erro (onde o erro ocorreu no programa).
- Nome do erro (uma descrição de uma linha, similar a uma linha de assunto de e-mail).
- Descrição detalhada do erro.

A maioria desses campos deve ser autoexplicativa. O *status* dos erros é sempre "novo" quando ele acaba de ser encontrado e ainda não passou pelo processo de filtro pelo líder de Qualidade e o produtor. Um erro esperando processamento é chamado "aberto", e o que foi corrigido ou não o será, "fechado".

O campo "severidade do erro" oferece ao testador a chance de dar sua opinião a respeito de quão ruim ele é. O líder e o produtor também registrarão suas opiniões. Se elas diferirem da do testador, o campo provavelmente será alterado.

Quando um testador encontra um problema em uma determinada parte do jogo, dependendo das suas especificidades, ele tenta fazer com que o problema ocorra novamente. Um erro replicável é aquele que pode ser corrigido. Às vezes acontece de um testador com visão aguçada detectar algo que aconteceu uma vez, mas não é capaz de fazer acontecer novamente. Um evento único pode nunca ocorrer novamente, mas o fato de que um problema foi visto tem de ser comunicado. O relatório pode ser deixado em aberto por um tempo (talvez semanas) até a chefia determinar que é improvável que aconteça novamente.

A escolha de um nome para o erro pelo testador é importante, e pode, por vezes, sugerir maior ou menor severidade. Além disso, por haver muitas maneiras de expressar um pensamento, a formulação do nome do erro pode mascarar o fato de o problema já ter sido relatado.

O campo mais importante, a descrição detalhada, é também o mais difícil de escrever. O testador deve comunicar claramente o problema de modo que todos os leitores possam entender com clareza.

- Qual é o problema.
- Onde, no jogo, o problema foi visto.
- O que o testador e/ou a personagem estava fazendo antes do incidente.
- O que deveria ter acontecido.
- O que aconteceu.
- Por que é um problema.
- Qual pode ser a causa do problema.

Talvez seja possível, ou desejável, que o campo de descrição do erro seja dividido em campos separados para cada um dos itens acima, mas, muitas vezes, é desnecessário preencher cada um deles. Quando o jogo trava, todo mundo sabe o que era para ter acontecido: o jogo não deveria ter travado.

Algumas equipes podem preferir não especular sobre a causa do problema. Contudo, algumas vezes o testador pode ter informações valiosas sobre as causas.

Pode ser um pouco irritante para o testador ter de escrever cada uma destas respostas (e pode ser um pouco irritante para a equipe de desenvolvimento lê-las), por isso é uma prática comum o testador utilizar seu próprio critério para escrever uma descrição detalhada.

Alguns jogos podem, por sua própria natureza, necessitar de áreas especiais ou rótulos. Para o nosso *Ultimatt Combatt III* hipotético, por exemplo, o campo "local" pode ser rotulado de "época", e para preenchê-lo, o testador pode clicar em um botão ou selecionar uma entrada a partir de uma lista *drop-down*.

Época:
- Velho Testamento.
- Império grego.

- Império romano.
- Cruzadas.
- Napoleônica.

Além disso, ao testar o *UCIII*, o testador, provavelmente, também precisa especificar quais tipos de exército foram envolvidos no erro.

Força de ataque:
- Egito antigo.
- Troianos.
- Romanos.
- Cruzados.
- Hessianos.

Força de defesa:
- Minutemen.[32]
- Soldado americano.
- Confederados
- Tropas de assalto nazistas.
- Alienígenas verdes.

A liderança, na criação do banco de dados de erros, leva em consideração o fato de que alguns erros podem existir somente quando um tipo de exército entra em confronto com outro, e apenas em um determinado nível do jogo.

O líder do Controle de Qualidade pode usar o banco de dados a fim de executar uma análise. Que partes do jogo têm mais erros? O código de qual programador tem mais erros? Os erros estão sendo corrigidos rapidamente? O jogo será lançado a tempo? O líder do Controle de Qualidade precisa ter uma compreensão acurada da floresta, não apenas das árvores, especialmente se for chamado para participar de uma reunião de operações ou de luz verde.

Qualidade – A visão de dentro

Testadores são os soldados da produção do jogo. Sua remuneração situa-se na parte inferior da escala. Suas opiniões sobre o projeto do jogo só são solicitadas até que seja tarde demais. O resultado do seu trabalho é, por vezes, ressentido pelos programadores, cuja atuação é posta em dúvida.

Apesar da noção externa de que os testadores são pessoas que simplesmente jogam o dia inteiro, eles exibem perícia técnica quando têm de reconfigurar um PC para realizar um teste específico; paciência e firmeza quando jogam o mesmo jogo hora após hora, dia após dia, para teste e reteste de modos específicos, recursos e erros; e clareza de comunicação quando escrevem relatos de erros detalhados.

Durante o teste de um jogo, os testadores suportam a monotonia do mundo do trabalho, especialmente se atuam numa grande editora de jogos. Eles entram cedo e saem muito tarde.

---

[32] N. R. T.: O termo *Minutemen* designa um tipo especial de tropa armada, em geral composta de 50 homens que possuem a capacidade de organização e resposta rápida. Muito utilizada pelos americanos em uma composição de milícias coloniais em sua *American Revolutionary War* (1775-1783), também chamada de *Guerra Americana da Independência*.

Há reuniões para participar, e seus intervalos para almoço e pausas são rigidamente controlados. Os colegas de trabalho conversam enquanto o testador está tentando se concentrar em sua tarefa. O pagamento de horas extras está no fundo do orçamento de teste, e por isso são rigidamente controladas. Quando exigidas, o tempo particular do testador é encurtado. Quando o projeto é longo, se o testador não é necessário para outro projeto, pode ser demitido.

A resposta do produtor para os erros do testador pode aumentar sua frustração. Muitas vezes, o produtor simplesmente descarta um erro como WNF (não será corrigido), CNR (não é possível replicar), WAD (funciona conforme projetado), ou NAB (não é um erro)[33]. Além disso, no final do processo de Controle de Qualidade, o produtor pode se recusar a sequer examinar os erros de severidade abaixo de "grave".

Muitos testadores veem essas frustrações e carências de suas vidas profissionais como justificativa para fazer não mais do que aquilo que lhes é exigido. Para esses testadores, o Controle de Qualidade pode ser um beco sem saída.

No entanto, para muitos outros, o trabalho de Controle de Qualidade é um desafio fascinante, porque cada jogo é único. Estes crescem, e acabam por se tornar líderes de Qualidade. Com sólida experiência em liderança de Controle de Qualidade, a promoção para um estúdio é uma progressão natural. Um grande número de produtores, designers e executivos iniciou em Controle de Qualidade.

O relacionamento entre Controle de Qualidade e produtor

O trabalho da Qualidade parece ser encontrar razões do porquê um jogo ainda não estar pronto para lançamento, e, por vezes, acontece de uma relação conflituosa se desenvolver entre o Controle de Qualidade e a produção. É desnecessário que esse relacionamento se torne antagônico. O experiente produtor reconhece o serviço vital realizado por cada testador que reporta erros encontrados no jogo. O Controle de Qualidade e a produção compartilham um objetivo comum para o jogo: ambos querem que o jogo seja muito bom e venda bem. O produtor sábio trabalha para facilitar a comunicação e o relacionamento entre a Qualidade e a equipe de desenvolvimento. Quando esta é interna, é uma boa ideia seus membros (em especial o designer e o produtor) testarem o jogo ao lado dos testadores, reportando erros e participando plenamente do esforço da Qualidade.

Mesmo assim, muitas vezes o produtor tem de desempenhar o papel de "policial mau", rejeitando alguns erros em vez de deixá-los passar para a equipe de desenvolvimento. Alguns testadores podem ser excessivamente zelosos em reportar falhas que não podem ser corrigidas sem atrasar o lançamento. Às vezes, um novo testador virá a bordo do ciclo de teste e não saberá que um determinado problema já foi relatado. O testador líder pode filtrar os erros antes de mandá-los para o produtor, pois como as ideias podem ser descritas utilizando diferentes formulações, pode não ser percebido que um erro foi repetido.

Por outro lado, um produtor pode rejeitar um erro, dizendo que ele não o é. O testador talvez apenas não tenha compreendido um recurso. O jogo funciona como concebido, de modo que o "erro" não será corrigido.

Quando o ciclo de Qualidade se aproxima da conclusão prevista, produtor e testador líder trabalham em um sistema de priorização de erros. Por exemplo, erros "A" podem ser aqueles que obrigatoriamente devem ser corrigidos. O jogo trava, uma característica altamente visível não

---

[33] N. R. T.: Abreviações das expressões inglesas: WNF (will not fix), CNR (cannot replicate), WAD (work as designed) ou NAB (not a bug).

funciona ou um vírus está presente no código, por exemplo. Lançar o jogo com um erro "A" não corrigido seria catastrófico para o produto e para a editora.

Erros "B" podem ser aqueles altamente desejáveis para correção, porque, se deixados de lado, serão notados por muitos usuários. Por exemplo, pode haver uma falha gráfica visível, ou uma característica desejável pode ter sido deixada de fora. Esse tipo "B" não corrigido pode gerar alguns comentários negativos, mas o jogo ainda é agradável.

Se alguém descreve um problema iniciando com as palavras "seria bom corrigir", o erro pode ser classificado como "C". Se alguém fala sobre um recurso e diz, "seria bom se pudéssemos adicioná-lo", pode-se classificar como "D".

Aproximando-se a data de conclusão prevista, produtor e testador líder poderiam, primeiro, concordar em rejeitar todos os erros "D" porque não são cabíveis dentro do cronograma fixado, e, depois de uma ou duas semanas, todos os "C". Se severamente pressionados pelo tempo, eles poderão acordar em corrigir nada além dos erros "A" para que o jogo possa ser terminado e liberado.

A editora está no negócio de vender jogos. Se o jogo não é lançado, não pode ser vendido. Se os jogos não são vendidos, os testadores, programadores, artistas e produtores não receberão seus salários. "Lançar" torna-se uma frase ouvida em todo o ciclo de Qualidade quando a data de lançamento do código está se aproximando[34].

Operações

Operações é o departamento que coordena a produção (alguns editores podem usar uma nomenclatura diferente para este departamento). As edições dos jogos para consoles em geral são fabricadas pelo titular da plataforma, mas aqueles para PC são produzidos pela editora. E este departamento coordena ambos.

O planejamento operacional para um novo produto começa quando o jogo chega ao Controle de Qualidade. Uma lista de materiais ("BOM" para *Bill Of Materials*) é criada para determinar exatamente o que se passa em um determinado produto. Operações coordena-se com vendas para definir quantas unidades serão fabricadas. O progresso do jogo através da Qualidade é monitorado de perto para se ter certeza de que será lançado e despachado a tempo. O departamento de Operações coordena-se com o de marketing e serviços criativos para se certificar de que a circulação dos materiais impressos estão dentro da programação.

Esses materiais demoram mais tempo na fabricação do que a mídia de jogo[35]. Um fabricante de CD ou DVD pode fazer centenas de milhares de cópias de um CD ou DVD em um dia (incluindo a inserção de todos os materiais impressos de encarte e, em seguida, acomodar e empacotar o produto montado). No entanto, o material impresso, em geral, demora duas semanas para ser produzido. Além do manual e da arte da capa da embalagem (geralmente uma folha de papel que desliza sob a capa plástica da caixa do CD ou DVD), a editora pode querer incluir outros materiais impressos. Pode haver um cartão de registro do usuário (coletado para pesquisa de mercado), um *folder* divulgando outros jogos da editora, ou um cartaz que o jogador entusiasta pode pendurar na parede.

---

[34] N. R. T.: Mais recentemente, com o incremento das distribuições de jogos em rede, encontramos *patchs* que atualizam os jogos em inúmeros *erros* ou lhes acrescentam melhorias noticiadas como bônus aos jogadores, o que também significa que o trabalho da turma da Qualidade às vezes continua com o apoio dos usuários.

[35] N. R. T.: Mídia aqui no sentido físico: o CD ou DVD que é prensado.

Às vezes, surgem novas informações depois que a embalagem já foi terminada, sendo necessário colocar um adesivo no produto embalado. Isso custa apenas alguns centavos por unidade, mas um milhão de unidades vezes 2 centavos são $ 20 mil. Portanto, é desejável planejar bem as coisas para que adesivos não sejam necessários. A maioria dos lançamentos de jogos ocorre durante a temporada das compras natalinas. O período de vendas mais importante é o fim de semana após o Dia de Ação de Graças (o último fim de semana de novembro). O jogo tem de estar nos estoques das lojas no início de novembro para que elas possam incluir o jogo nos suplementos dos jornais de domingo antes do Dia de Ação de Graças.

Os fabricantes de CDs e DVDs, nos meses de setembro e outubro, estão, compreensivelmente, sob uma grande pressão. Operações coordena-se com o fabricante para obter um espaço no seu calendário muito apertado. Um jogo de PC pode ser fabricado entre um CD de música e um DVD de filme, já que o processo de fabricação é basicamente o mesmo.

Operações cuida de obter a impressão, e, em seguida, os materiais são entregues ao fabricante responsável pela prensagem dos discos. Operações também lida com a obtenção do produto acabado enviado para os estoques das lojas que vendem os produtos.

OEM e versões incluídas

Jogos de PC podem ser incluídos (enviados juntos) com novos computadores, periféricos ou acessórios de PC. A empresa que fabrica os computadores ou acessórios é conhecida como fabricante de equipamento original, ou OEM (*Original Equipment Manufacturer*). Os pedidos para as versões OEM normalmente vêm através do departamento de novos negócios.

O tempo dessas solicitações para uma versão OEM ou incluída de um jogo pode variar. Em geral, elas ocorrem depois que um jogo foi lançado e permanecem no mercado por um tempo, o que significa que o produtor é convidado a fazer uma nova versão, enquanto está ocupado trabalhando em outro projeto. No entanto, novos negócios, por vezes, pode solicitar uma versão OEM enquanto o jogo está em produção. O calendário desses pedidos não está, normalmente, sob o controle deste departamento. Em vez disso, as montadoras podem estar à procura de produtos para inserir junto com um dispositivo que estão lançando de acordo com seu próprio calendário. Se o produtor não consegue cumprir o pedido, a oportunidade lucrativa é perdida.

Post-mortem

É uma prática comum, após a conclusão de um projeto, fazer um relatório detalhado chamado *post-mortem*, que significa, literalmente, "depois da morte", nome que não é inteiramente pertinente (geralmente, nenhuma criatura peluda de programação é morta ou ferida durante a fabricação de um jogo), mas é como esses relatórios são comumente chamados, e a ele estamos presos. O projeto está morto; vida longa ao jogo em si.

O *post-mortem*, tipicamente, tem três seções:

- O que deu errado?
- O que deu certo?
- O que pudemos aprender com a experiência?

Existem boas razões para se escrever um *post-mortem*.

Os gerentes da equipe podem aprender lições valiosas e aplicá-las em projetos futuros. Além disso, relatórios *post-mortem* podem pôr uma lição dentro de um foco preciso, fortalecendo o aprendizado.

Os gerentes de outros projetos também podem aprender com as experiências da equipe que compartilha suas lições neste tipo de relatório. Normalmente, ele é escrito para o benefício de todos os que trabalham para a mesma editora ou empresa de desenvolvimento.

Eventualmente, um *post-mortem* é divulgado em uma publicação impressa para os desenvolvedores de jogos ou a estes dirigido como um discurso em uma conferência. Conhecimento conquistado apesar das dificuldades deve ser compartilhado, para que outros possam obter os benefícios sem ter de compartilhar toda a dor.

Resumo

Este capítulo discutiu o trabalho do produtor, especialmente seu papel na criação de um jogo. Do conceito à pré-produção, através da produção para a pós-produção e até mesmo no pós-venda, ele gerencia, incentiva e persuade. Ele é a pessoa do centro, que sofre pressão de todas as direções e se comunica com o lado externo, de cima e de baixo. É uma quantidade enorme de trabalho, mas a recompensa é a satisfação de ver um produto acabado na prateleira da loja.

Exercícios

1. Pesquise uma lista dos 100 melhores jogos do ano passado. Qual o percentual de sequências, de licenças e de conceitos originais?
2. Escreva uma descrição, com suas próprias palavras, de um parágrafo, sobre o jogo mais vendido atualmente (não menos que 90 palavras, e não mais que 110).
3. Elabore seu parágrafo com quatro ou cinco pontos básicos visando à compra de seu jogo pelo consumidor. Use suas palavras.
4. Elabore ainda mais, agora com uma frase curta. Use suas palavras.
5. Pesquise sites da internet onde as listas de desenvolvedores de jogos podem ser encontradas. Faça uma lista de todos os colaboradores dentro de um raio de 150 km de onde você se encontra. Se não houver nenhum, os cinco colaboradores mais próximos da sua localização.
6. Pesquise contratos de jogos no site da IGDA[36]. Escreva uma cláusula para um ciclo de aprovação de marco.
7. Elabore um cronograma para as fases de um projeto ficcional de jogo do início até o fim, dado que o jogo deve estar nas prateleiras para as vendas de Natal do ano seguinte. Crie uma lista de perguntas que devem ser respondidas para tornar sua programação mais precisa.
8. Já que a data de conclusão é inegociável, como pode ser ajustado o cronograma a fim de que se cumpra o prazo?
9. Pesquise programas disponíveis para fazer um cronograma e o gerenciamento de tarefas. Resumidamente, compare as funcionalidades e preços.
10. Faça o orçamento de um projeto ficcional de jogo a ser desenvolvido internamente, utilizando a pesquisa salarial mais recente do GameCareerGuide.com.

---

[36] N. R. T.: O site da IGDA é: http://www.igda.org/.

11. Escreva a descrição do marco de uma "primeira construção jogável" de um jogo de sua escolha. Elabore-a detalhada e específica, quantificável e mensurável.
12. Pesquise livros sobre gestão do tempo e como lidar com personalidades difíceis no mundo dos negócios.
13. Pesquise as finanças de um jogo de sucesso. Considerando suas unidades de vendas (a preço de varejo conhecido) contra a fatia bruta do jogo, determine o preço padrão de atacado. Para pontos extras[37], pesquise quanto a editora gasta para produzi-lo a fim de determinar um lucro líquido estimado.
14. Pesquise programas disponíveis para monitorar erros e compare brevemente suas funcionalidades e preços.

Referências

[Blair93] Blair, Gerard M., "Planning a Project", 1993, available online at www.see.ed.ac.uk/~gerard/Management/art8.html.
[Bradk] "History of 'All Your Base'", available online at www.planettribes.com/allyourbase/story.shtml#hist.
[Chandler04] Chandler, Heather M., *The Game Localization Handbook*, Charles River Media, 2004.
[D'Arcy04] D'Arcy, Keith, "Music Licensing for Videogames: How Popular Music & Artists Can Make Games Pop", 2004, available online at www.gdconf.com/conference/ 2004.htm.
[Fristrom04] Fristrom, Jamie, "Postmortem: The Swing System of Treyarch's Spider-Man 2 Game", *Game Developer Magazine* (September 2004): p. 28.
[IGN04] IGN Insider, "Music," 2004, available online at http://music.ign.com/gamemusic.html.
[Price03] Price, Ted, "Postmortem: Insomniac Games' Ratchet & Clank", 2003, available online at http://www.gamasutra.com/view/feature/2842/postmortem_insomniac_games_.php.
[Rogers04] Rogers, Dan Lee, "Necessary Evil; The Rapid Retreat of Advanced Royalties", *Game Developer Magazine* (June–July, 2004): p. 44.
[SFMuseum] The Virtual Museum of the City of San Francisco, 1996, "Driving the Last Spike," available online at www.sfmuseum.org/hist1/rail.html.
[Sloper02] Sloper, Tom, "Following Up After The Game Is Released: It's Not Over When It's Over", *Game Design Perspectives*, Charles River Media, 2002: p. 261.
[Sloper03] Sloper, Tom, "Managing the Development Process", *Secrets of the Game Business*, Charles River Media, 2003: p. 262.
[Swartz04] Swartz, Bill, "There's No Excuse for Bad Localizations", October 6, 2004, available online at www.gamedaily.com.
[TMMM82] Brooks, Frederick P., Jr., *The Mythical Man-Month; Essays on Software Engineering*, Addison-Wesley, 1982: p.16.

---

[37] N. R. T.: *For extra brownie points*: o autor usa esta expressão que foi traduzida como *pontos extras*. A expressão inglesa tem um significado muito profundo, para além daquele de uma pontuação suplementar. Ela está ligada à ética das boas ações: você ganha pontos extras quando faz a mais, quando faz o que tem de ser feito com qualidade e com solidariedade, como no espírito dos escoteiros.

7.2 Papéis e economia da indústria de jogos

Neste capítulo

- Visão geral
- Desenvolvedores de jogos
- Editores
- Titulares da plataforma
- Resumo
- Exercícios
- Referências

› Visão geral

Entregar um jogo de grande orçamento nas mãos do consumidor é um processo complexo, demorado e caro. Os veteranos da indústria de jogos constantemente debatem a importância relativa dos desenvolvedores como autores criativos *versus* os editores como empresários sem alma, ou varejistas como árbitros dos canais *versus* a mídia como disseminadora de opinião. No entanto, cada entidade "condutora" na estrada para o consumidor – desenvolvedor, editor, titular da plataforma, varejista – é essencial para a operação, como demonstra a estrutura econômica da indústria.

Entidades "adjuntas" que alimentam o canal também oferecem uma infinidade de alternativas de serviços que reduzem os custos, economizam tempo, ou melhoram a qualidade. Neste capítulo, examinaremos a economia e os papéis de 11 entidades que colaboram para levar um jogo para as lojas de varejo (Figura 7.2.1).

Nos últimos cinco anos, com a rápida penetração da banda larga para mais famílias e uma ampliação demográfica do jogador "tradicional", a distribuição *on-line* de jogos aumentou dramaticamente. Tradicionalmente limitado aos jogos casuais de pequeno tamanho, controles acessíveis, e menores períodos de jogo, o advento dos Steam, Xbox Live Arcade e da Playstation Network da Sony mostra a disponibilidade futura[1] de títulos de grande orçamento para download sob demanda. No entanto, este capítulo se concentrará nos tradicionais canais de varejo, em que a vasta maioria das vendas ainda ocorre.

---

[1] N. R. T.: O que na data da publicação brasileira já se tornou uma realidade em todas as plataformas citadas.

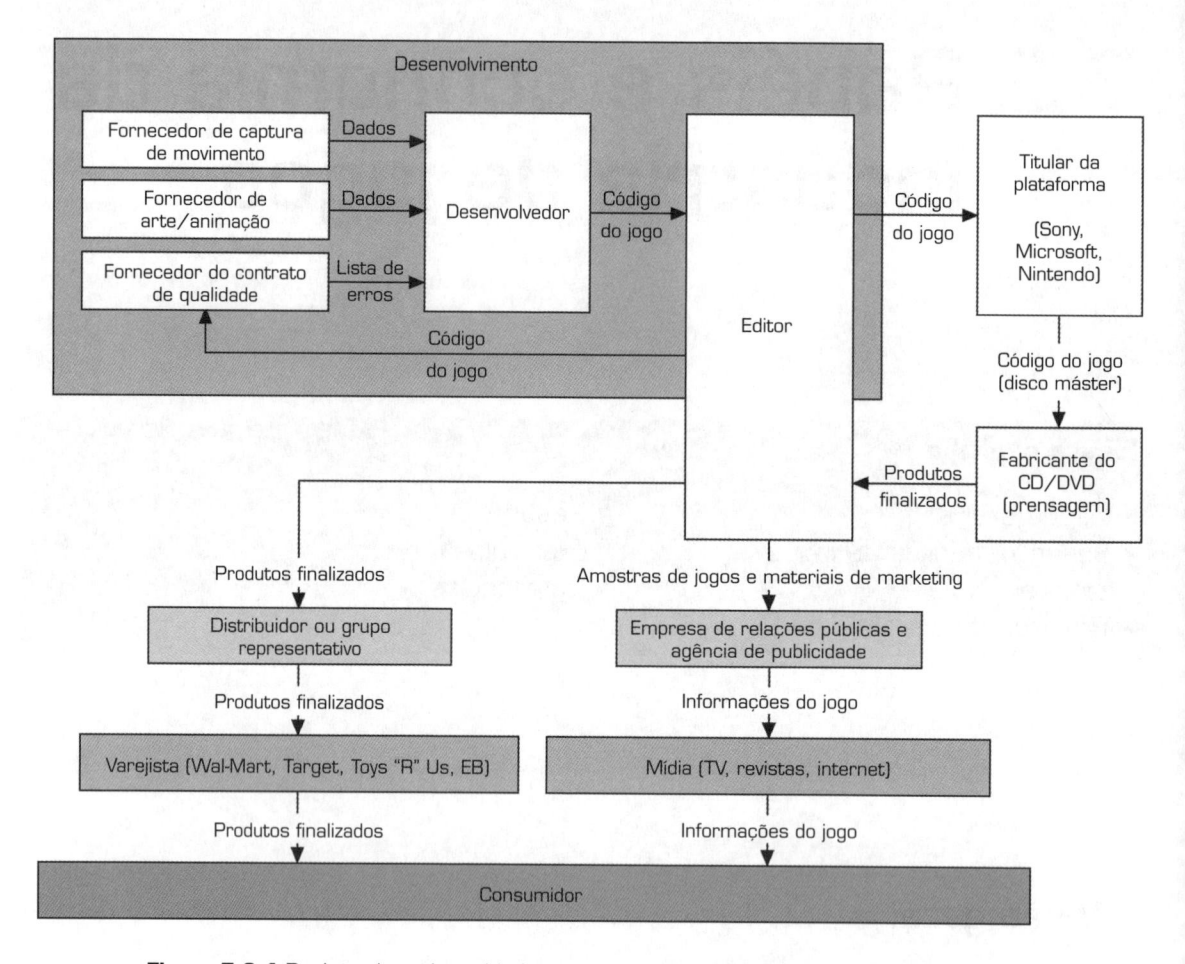

Figura 7.2.1 Posição de cada entidade no caminho do produto para um jogo de console.

› Desenvolvedores de jogos

Sem esses profissionais, o entretenimento, sem dúvida, seria uma atividade maçante e mais complacente. Nas empresas independentes, de 15 a 400 pessoas, ou subsidiárias de editoras maiores, os desenvolvedores criam experiências de imersão que inspiram milhões a abandonar a realidade pela fantasia. O desenvolvimento de jogos envolve disciplinas muito técnicas de programação, incluindo otimização de código para o hardware final (PC e Consoles), a física e a simulação de inteligência artificial, câmera e desenvolvimento de interfaces, e criação de ferramentas para melhorar a eficiência do desenvolvimento. A arte do desenvolvimento de jogos está com os designers, que enxergam tudo no equilíbrio do jogo para a colocação de portas em um nível, artistas que percebem antes personagens inimagináveis e mundos com um olho focado na eficiência técnica, e animadores que casam a aparência e a personalidade de uma personagem através do movimento. Os produtores mantêm o trem nos trilhos, identificando barreiras antes que (ou quando) ocorram e negociam soluções entre todas as partes interessadas.

Desenvolvedores de jogos de serviço completo

Desenvolvedores de jogos nesta categoria incorporam todas as disciplinas necessárias para criar milhões de linhas de código do jogo a partir de uma única ideia. Os projetos variam de seis meses, lançamentos oportunistas bem focados até três anos de integração de recursos complexos em um todo cujo escopo é vasto. Mais de um projeto recente superou cinco anos e $ 50 milhões para ser concluído. O custo atual de um lançamento de multi-SKU[2] (PS3, Xbox 360) varia de $ 12 a $ 20 milhões, com equipes de 50 a 350 pessoas. No entanto, os títulos do Wii e PC em geral custam menos, cerca de $ 5 milhões, e os títulos em portáteis, como Nintendo DS PSP podem custar entre $ 1 e $ 2 milhões.

Diante de tais finanças, a famosa "ideia que virou o jogo mais vendido" é mais rara do que os aspirantes à indústria acreditariam. A maioria dos *best-sellers* é baseada em propriedade intelectual existente ou controlada pela editora, por iniciativa dela mesma com uma equipe cujas qualificações (não menos do que o custo) complementam essa PI.

Os editores podem iniciar projetos "infalíveis" baseados em um filme de sucesso ou licença de livro, ou projetos pessoais "questionáveis" de um executivo em particular. Editoras maiores podem produzir uma costura de lançamentos passados para *remakes*, por causa da prática debatida de aquisição de direitos de propriedade intelectual de uma ideia promissora de jogo original do desenvolvedor. Duas obviedades unem todos esses métodos: um conceito "acéfalo" não garante um grande jogo, e uma ideia excêntrica, bem executada, por vezes vende de forma espetacular.

Os desenvolvedores interagem principalmente com sua editora e, na ocasião, com o fornecedor da plataforma, que lhes proporciona assistência técnica direta para a plataforma-alvo. Eles também promovem a si mesmo e seus títulos para a mídia, muitas vezes em conjunto com sua editora.

Empresas de desenvolvimento independentes trabalham com editoras independentes numa base contratual. A editora paga o desenvolvedor após a conclusão dos vários marcos de desenvolvimento. Estes são, tecnicamente, pagamentos de adiantamentos contra um *royalty* negociado com base em vendas unitárias; porém, o *royalty* só é pago após os adiantamentos feitos pela editora serem recuperados. Em um exemplo recente, editora e desenvolvedora negociaram um *royalty* de $ 4/unidade, mas a indenização contra avanços significativos de desenvolvimento garantiu que o desenvolvedor só receberia *royalties* após a 900.000ª unidade vendida. Cenários como esse alimentam os debates da indústria sobre uma participação mais justa nos lucros para os desenvolvedores. Muitos deles, silenciosamente, têm recorrido à construção de sua margem de lucro em seu cronograma de pagamento de marcos.

Outro termo contratual negociado seriamente é o de "receitas líquidas". Simplesmente, essa é a quantidade de dinheiro que uma editora realmente recebe da venda do jogo. Receitas líquidas são a base sobre a qual o *royalty* é calculado. Na prática, pode ser extremamente difícil para os desenvolvedores descobrir a quantidade de *royalty* que é exatamente devida, já que cada editora deduz diferentes itens de receita bruta para chegar às receitas líquidas. Por exemplo, uma "generosa" definição (para o desenvolvedor) das receitas líquidas poderia ser limitada aos custos reais, a uma determinada porcentagem, e cobrir o custo apenas de vendas, das mercadorias, e uma reserva para remarcações de varejo. No entanto, os editores são conhecidos por alegar custos de marketing

---

[2] N. R. T.: SKU é a sigla para *Stock Keeping Unit*, que em português traduz-se unidade de manutenção de estoque. Diz respeito à logística de armazém e designa os diferentes itens do estoque, estando normalmente associada a um código identificador. Para mais detalhes, veja http://pt.wikipedia.org/wiki/SKU.

e, ainda, encargos gerais, e deduzir todos os itens como porcentagens fixas, sem a necessidade de comprovação de gastos reais. Desenvolvedores sábios sempre trabalham com assessoria jurídica nas negociações.

Os grupos de desenvolvimento também existem como subsidiárias completamente ou parcialmente de propriedade das editoras. Como funcionários de uma empresa sede ou filial, os membros da equipe interna têm salários e benefícios corporativos. Opções de ações, bônus pelo alcance das metas de vendas e programas de participação nos lucros variam amplamente de editora para editora; a comunidade de desenvolvedores, em geral, reconhece que a relativa estabilidade de trabalhar para uma grande editora caminha de mãos dadas com um menor pedaço da torta do lucro sobre os sucessos.

Alternativas de financiamento, como capital de risco, financiamento a título de obrigações de realização[3] e de investidores anjos são apenas uma pequena parte no desenvolvimento do jogo. Em geral, os investidores preferem pôr seu dinheiro em tecnologia proprietária ou infraestrutura, em vez de em uma jogada de "puro conteúdo". O financiamento a título de obrigações de realização – pelo qual um editor ou desenvolvedor obtém financiamento de terceiros em troca de uma parte garantida das vendas – pode resolver o problema de um editor a quem falta dinheiro disponível para iniciar projetos, mas não tem qualquer garantia de sucesso final a mais que o financiamento tradicional. O financiamento através de um investidor anjo é completamente dependente da garantia da confiança de indivíduos de alto patrimônio líquido; nenhuma forma sistêmica de impressionar essas pessoas já foi estabelecida.

Historicamente, muitos grupos de desenvolvimento tiveram seu início tecnológico na criação de jogos para PC. A ampla disponibilidade de informações técnicas e uma comunidade de engenharia ativa suportam muitos dos desenvolvedores de hoje, que criaram os primeiros sucessos, como o *Doom*. Hoje, os desenvolvedores, como BioWare, Maxis, Epic Games e Valve, incluem módulos de criação para usuários em seus jogos, com os quais suas comunidades de jogadores podem modificar partes dos jogos. Muitos designers de nível ou programadores na indústria ganharam sua posição atual através de um "mod" convincente apresentado como parte de seu portfólio.

O desenvolvimento dos consoles atuais – PlayStation 3 da Sony, Xbox 360 da Microsoft e o Wii da Nintendo – é mais difícil de entrar A despesa de kits de desenvolvimento e a exigência de uma relação preexistente com uma editora fecha a porta a todos, menos para os grupos *startups*[4] mais organizados e conectados com prévia experiência na plataforma. Por consequência, muitos desenvolvedores ganham suas credenciais nos jogos de PC, e depois dão o salto para o console com a força da tecnologia aprovada, com design e relacionamentos.

---

[3] N. R. T.: Um *financiamento a título de obrigações de realização* é um documento emitido pelas partes que visa garantir a um investidor (e desenvolvedor) que um projeto será concluído satisfatoriamente até uma data específica. Esse modelo deriva da indústria do Cinema e atualmente se discute a sua utilização em jogos, apesar dos modelos de financiamento e trabalho serem muito diferentes. Uma informação sobre o assunto pode ser vista em: http://www.obscure.co.uk/articles-2/funding-for-game-projects/.

[4] N. R. T.: Uma *startup*, em nosso meio, geralmente designa uma empresa recém-criada que muitas vezes pode ser originária de um projeto de incubação, ou projeto de trabalho na Universidade. O termo se tornou internacionalmente popular em função da bolha da internet, quando um número expressivo desse tipo de empresa surgiu. É comum ouvir-se o termo *startup de games* para designar o mesmo movimento na nascente indústria dos jogos no Brasil.

Fornecedores de serviço de captura de movimento

Como as plataformas de hardware seguem a lei de Moore[5] sobre o aumento do poder de computação, consumidores e editores demandam um realismo crescente em seus jogos. Em particular, os desenvolvedores, pela primeira vez em jogos, podem reproduzir as características singulares de identificação do movimento humano com grande precisão. Os movimentos mecânicos da perna em um jogador de futebol, anteriormente vistos como que deslizando sobre o gelo, foram substituídos por verdadeiros passos correndo com a força inerente, com a dinâmica e o estilo do jogador humano original. Para sermos corretos, não podemos ignorar as contribuições impressionantes da animação manual meticulosa para este avanço. No entanto, para a velocidade e eficiência em alcançar o realismo nos movimentos humanos, temos de agradecer à tecnologia de captura de movimento.

A captura de movimentos é o processo tecnológico pelo qual movimentos roteirizados de atores humanos são "capturados" por sensores magnéticos ou ópticos, gerando dados que, então, são inseridos no motor do jogo. Em geral, a *mocap*[6] é utilizada quando o movimento humano natural é essencial para o conceito do jogo. Por exemplo, um movimento peculiar perfeitamente replicado em um jogo de futebol torna-se um ponto de venda para os consumidores jogando com seus jogadores favoritos, enquanto uma personagem de desenho pode se beneficiar do exagero manual de animações para enfatizar sua irrealidade. Uma sessão de *mocap* é semelhante à de cinema, geralmente envolvendo um diretor, um roteiro ou "lista de movimentos", um engenheiro manipulando o software que processa os dados capturados, e ator(es) selecionado(s) por sua capacidade de repetir a sequência de ação desejada com precisão. Assim que a sessão está completa, a equipe de animação processa os dados brutos, aprimorando, por exemplo, uma posição do cotovelo ou arco de espada, até que o modelo se comporte exatamente como desejado no jogo.

Os desenvolvedores acessam as instalações de captura de movimento de duas formas: a editora disponibiliza estúdio próprio (quando o possui), com os custos alocados internamente para o projeto, ou subcontrata diretamente um prestador de serviços de *mocap* externo. Como acontece com qualquer casamento do subjetivo com a tecnologia, a *mocap* funciona melhor com especialistas treinados em todos os níveis. Editores com importantes franquias de jogos que requerem *mocap* (como jogos de futebol) podem recuperar o investimento e a formação de um estúdio local; para a maioria, a *mocap* é contratada a um custo em torno de $ 100 mil para uma sessão de serviço completo[7].

Como a demanda aumentou para os serviços de captura de movimento, a concorrência entre os estúdios de *mocap* independentes levou a uma pressão nos preços. Como resultado, alguns

---

[5] N. R. T.: A chamada *lei de Moore* se relaciona com a ideia da aceleração do desenvolvimento tecnológico, especialmente no que diz respeito à tecnologia digital: inicialmente, a cada 18 meses poderíamos ter uma duplicação da capacidade dos processadores (pelo mesmo custo). Informações sobre esta "pseudolei" podem ser encontradas em: ftp://download.intel.com/museum/Moores_Law/Articles-Press_Releases/Gordon_Moore_1965_Article.pdf.

[6] N. R. T.: *Mocap*, contrativo de *motion capture*: captura de movimento. Termo que se consagrou no jargão técnico de animação tridimensional e cinema.

[7] N. R. T.: Os serviços de *mocap* têm se tornado um padrão e cada vez mais acessíveis com o passar o tempo. Outro fator que contribui para o seu uso é a entrada na área da produção de *mocap*, ou seja, a área de tecnologias de captura de movimentos permitidas com o Kinect da *Microsoft* e com o software de gerenciamento e produção de animações da Autodesk, *Motion Builder*. Informações úteis podem ser encontradas no site do artista digital Reuben Fleming: http://www.reubenfleming.co.uk/tuts.html, e também no site do artista digital brasileiro Allan Brito: http://www.allanbrito.com/2011/01/12/kinect-e-motionbuilder-para-gerar-animacao.

fornecedores melhoraram a oferta do serviço, fornecendo gerenciamento de filmagem e processamento de dados, ajuste de animação, apoio à integração do motor e solução de problemas após a filmagem. Um fornecedor produz seu software de processamento de dados, oferecendo-o para licença, independentemente dos seus serviços. Todos os prestadores de serviços continuam a aperfeiçoar a acessibilidade dos dados dos seus processos, para que os desenvolvedores possam se beneficiar da eficiência do *mocap* sem sacrificar a arte da animação keyframe.

Fornecedores de serviço de arte e animação

O aumento da capacidade de processamento computacional em hardware de jogos provocou um aumento exponencial na quantidade de elementos de arte requeridos. Limites de processamento na tela de vários personagens que compreendem algumas centenas de polígonos texturizados explodiram em milhões de polígonos que integram uma personagem principal, vários personagens de IA (inteligência artificial), um ambiente 3D deformável com objetos interativos, extensos efeitos especiais, e iluminação ambiente realista. As exigências de produtividade resultantes, por vezes, exigem a terceirização do processo de produção de arte.

Geralmente, editora e desenvolvedor concordam na terceirização da arte no contrato. Um desenvolvedor de serviço completo poderia convocar um grupo de arte com base em uma relação anterior de trabalho, ou um editor pode escolher um grupo em sua lista de fornecedores. Em ambos os casos, o custo da terceirização é levado em conta no custo do projeto e pago durante o período de desenvolvimento. Os desenvolvedores, em geral, discriminam a arte contratada como um item em separado na sua proposta.

Produção de arte é uma maneira para os desenvolvedores jovens construírem sua reputação em um console de plataforma, especialmente se os membros do grupo ainda não têm experiência em desenvolvimento de console. O desenvolvedor não só ganha acesso ao desenvolvimento de sistemas proprietários, mas também aprende as limitações da produção de arte para a plataforma e o motor de jogo alvo – das questões mais simples, como contagem de polígonos por personagens, aos infernais problemas de limitada memória das texturas. As equipes de produção da arte que dominam essas questões constroem relações de trabalho impecáveis com seus editores parceiros, e cuidadosamente contratam ótimos programadores que têm as melhores chances de chegar a um serviço completo de desenvolvimento independente.

O custo de produção de arte varia muito dependendo do nível de qualidade desejado, a quantidade de recursos solicitada, a duração do projeto, a localização geográfica dos artistas, e a extensão do processo/integração logística com a equipe de desenvolvimento de serviço completo. Além disso, os estúdios de produção de arte vão desde aqueles em tempo integral e de longa data, que cobram altas somas por projeto, até grupos *startups* e empresas *offshore* que querem aparecer a qualquer preço. A cobrança pode ser organiza pela alocação de técnico e/ou artista com dedicação mensal à tarefa, por minuto de cena de animação (considerando a taxa frames por segundo), ou taxa fixa, e pode incluir direitos, se o trabalho artístico é parte integrante do projeto de identidade da marca.

Para a equipe de desenvolvimento pressionada que recebe uma entrega de recursos de arte executada com perfeição em tempo de acertar um importante marco, e para a editora cuja alta expectativa de qualidade gráfica foi preenchida neste marco, cada centavo vale a pena.

› Editores

Se os desenvolvedores são os cérebros artísticos por trás dos videogames, os editores são o músculo e o nervo que coordena todos os aspectos de levar um jogo até o consumidor. O papel destes profissionais é tão extenso e influente, que as editoras assumiram uma imagem de feudo medieval, em que o dinheiro flui em direções misteriosas e decisões são tomadas pela cabala. Agindo como "engravatados" para o desenvolvedor *"geek"*, os editores compõem a segunda metade do clássico conflito "arte *versus* comércio", que inspira excessos hiperbólicos de mensagens em quadros da indústria de jogos. Se sairmos da retórica, veremos uma grande variação dentro da categoria: conglomerados globais com múltiplas divisões regionais cobrindo desenvolvimento interno e externo, marketing e vendas, garantia de qualidade, finanças e licenciamento para qualquer plataforma viável; pequenas empresas especializadas em marketing e vendas de certos gêneros para determinados territórios; grupos especializados em plataformas específicas, tais como PC ou iPhone; entidades com foco na descoberta de pedras preciosas em um território para distribuição em outro; e sites que oferecem *downloads pay-per-play*. Para escolherem o melhor parceiro, os desenvolvedores devem pesquisar extensivamente as prioridades de estratégia das editoras, modelos de negócio, execução e os pontos fortes e fracos, muitos dos quais podem ser inferidos a partir de informações publicamente disponíveis. Expectativas incompatíveis em qualquer uma dessas frentes podem condenar o jogo mais bem executado à lixeira de barganha.

Editores de console e PC

Para resumirmos, e porque a grande maioria dos jogos em caixas acabam nas mãos dos consumidores por meio deste modelo, vamos nos concentrar em editoras de console/PC "tradicionais", como a Electronic Arts, Activision Blizzard, Ubisoft e Sega. Examinaremos o papel das editoras, que também controlam uma plataforma de hardware (como Sony ou Nintendo) em uma seção posterior. Finalmente, já que analisamos anteriormente o desenvolvimento do jogo, seguindo este panorama, deixaremos de lado a função do papel da editora.

Editoras tradicionais situam-se no centro conceitual da indústria de videogames, principalmente porque suportam os encargos financeiros e a responsabilidade de executar todos os processos entre a criação do código e compra do jogo. Responsabilidades e prestação de contas abrangem:

Gestão do processo de desenvolvimento de jogos: Os editores estão envolvidos em tudo, desde o cronograma para o mercado até o monitoramento da entrada de ideias criativas. O fundamento da relação de uma editora com seus parceiros de varejo é um bom produto entregue na hora, na quantidade certa.

Depuração, testes do jogo (*playtesting*) e outras garantias de qualidade: Os editores são legalmente responsáveis pela qualidade do jogo em relação aos consumidores e ao titular da plataforma.

Proteção de todas as licenças necessárias: Esta proteção inclui música do jogo, propriedades criativas, marcas ou tecnologias controladas por outras empresas; ligas esportivas e jogadores; e o direito de publicar em plataformas controladas (consoles). Desenvolvedores experientes obtêm indenização da editora contra eventuais omissões de licenciamento que esta eventualmente cometa.

Fabricação e entrega do jogo concluído: Estas responsabilidades incluem composição e impressão do manual, arte da capa, compra da embalagem, emissão de pedidos aos fabricantes da mídia, montagem de todos os elementos em uma caixa do jogo, e seu envio para os pontos de venda. Além das implicações de qualidade de um processo de montagem instável, embalagens sem brilho encorajam os consumidores a procurar outro produto nas prateleiras das lojas.

Manutenção de bom relacionamento com os varejistas via gestão de inventário de canal cooperativo: Mais do que apenas "trocar ideias" sobre futebol e jantares caros, os esforços dos editores devem incluir programas de merchandising, financiamento para a colocação de produtos em tabloides de varejo[8] ("espaço branco"), avaliação conjunta do potencial de vendas de um título e remarcações ou devolução à editora (consignação) se ele não funcionar como esperado.

Comunicação de características do título e disponibilidade para o consumidor: Seja através de "metacanais", tais como eventos de imprensa para a mídia da indústria de jogos, ou comunicação direta com os jogadores através da televisão, impressos dos mais variados, oportunidades de demonstração, websites, ou internet/mala direta, os editores são responsáveis por fazer o público saber o que está sendo lançado ao mercado.

Gerenciamento interno: Esta responsabilidade inclui todos os recursos humanos, fiscais e de finanças, relações com investidores, e questões de serviços jurídicos envolvidas na gestão da empresa.

Vozes da indústria com frequência criticam os editores pela partilha "injusta" de receitas com seus desenvolvedores, sem cuja criatividade não haveria nada para vender. Uma vez que a participação nos lucros é estabelecida em contrato, uma postura firme e conhecedora de negociação visa garantir igualdade para o desenvolvedor; muitos fatores que podem reforçar a posição de negociação do desenvolvedor são abordados neste livro. Em termos puramente financeiros, no entanto, a lei de mercado do risco *versus* recompensa explica por que os editores mantêm grande parte das receitas, senão do lucro. A Tabela 7.2.1 responde à frequente questão dos jogadores: "Para onde vão meus $ 50?".

Tabela 7.2.1 Divisão generalizada da receita de um jogo de console que custa $ 50

Quantia	Objetivo	Pago por	Pago para
$ 3	Custo de bens	Editor	Fabricante da mídia
$ 7	Royalty da licença de publicação	Editor	Titular da plataforma
$ 13	Lucro do varejista	Consumidor	Varejista
$ 3	Reserva da marca	Editor	Varejista
$ 8	Custo do desenvolvimento	Editor	Desenvolvedor
$ 10	**Custo de operação**	Editor	Interno (despesas gerais, frete, cooperação, inadimplência)
$ 6	**Marketing**	Editor	Agências de publicidade e mídia

Os itens em **negrito** podem ser convertidos em lucro via cuidadosa gestão de custo pela editora

Nos últimos anos temos visto o preço "teto" de $ 50 cada vez com mais frequência sendo ultrapassado, pois os editores tentam amortizar os elevados custos de desenvolvimento com a venda de seus títulos a um preço de atacado alto o suficiente para forçar o de varejo na direção de $ 59,99.

---

[8] N. R. T.: No inglês, *retail circular* são os encartes em formato de tabloides (várias folhas) ou lâminas (uma folha) utilizados para a divulgação dos produtos, geralmente em promoção, em determinado varejo.

Em geral, a margem relativa (% do preço total) retida pela editora e pelo varejista continua a mesma, os dólares adicionais geralmente cobrem o custo de desenvolvimento e, em alguns casos, um pagamento maior para devolução das consignações e inadimplência.

Fornecedor de serviço de controle de qualidade

Ocasionalmente, um editor decidirá não manter o controle de qualidade (QA) como uma competência interna principal. Empresas como a Volt fornecem, por contrato, depuração completa e avaliação de jogabilidade para editoras. A vantagem evidente é a tranquilidade em relação à qualidade do produto, sem a necessidade de gerenciar questões significativas de recursos humanos e a sobrecarga financeira de uma equipe de testes.

O Controle de Qualidade contratado tem uma longa história de sucesso com os editores do PC, que carregam o fardo único de garantir que seus mais recentes lançamentos funcionem de acordo com uma gama de especificações de hardware. Dependendo do conjunto de compatibilidade definido pela editora, o contrato com a empresa de Controle de Qualidade pode prever a realização de testes de centenas de variantes de softwares de jogos para PC + software do sistema operacional + hardware + periféricos, e os resultados do projeto para configurações não testadas. Essas empresas podem recuperar o investimento significativo em equipamentos representando o mercado atual de games (o "banco de ensaio") ao longo de vários projetos.

Editores de console estão gradualmente se aquecendo para a ideia de teste de contrato. Obstáculos, até agora, têm sido a despesa e a natureza proprietária dos sistemas de desenvolvimento e depuração para plataformas controladas. Se a editora fornece equipamento para seu parceiro de qualidade externo, o titular da plataforma detém a editora responsável pela segurança e uso autorizado. Outra objeção, mais emocional do que concreta, é a percepção do risco de vazamentos de código de fontes para além das paredes da própria editora; se um jogo está sendo pirateado, é melhor controlar o vazamento internamente do que perseguir soluções legais contra o parceiro. Durante a mais recente transição de consoles, empresas de controle de qualidade fizeram grandes progressos em acomodar essas questões, e desde então têm trabalhado de perto com ambos os editores e titulares de plataforma para garantir que o *firewall* figurativo inclua, em vez de excluir, seus serviços.

Empresas de relações públicas, agências de publicidade e equipes de merchandising

Poucas cabeças de marketing negam a eficiência de contratar empresas externas para relações públicas, geração de publicidade e assistência de merchandising em lojas. Muito mais que cérebros e mãos adicionais, tais empresas combinam eficácia através de relacionamentos, a criatividade que vem do tempo para *brainstorm* e o alcance, que cai um pouco antes da entrega do jogo diretamente ao consumidor.

Os editores ocasionalmente aprendem, para sua consternação, que as empresas de relações públicas de marcas especializadas em mídia nacional, como *USA Today* e *Newsweek*, podem falhar miseravelmente na comunicação de sua mensagem para a mídia da indústria de jogos, como *GamePro*, Kotaku.com e 1up.com. Os melhores gerentes de comunicação da indústria de jogos, de forma bem-sucedida, passam o mais recente jogo de RPG para um canal de notícias sofisticado ao mesmo tempo em que, na outra linha, explicam o plano de negócios do ano para o jornalista de jogos local. A editora dá à empresa de relações públicas acesso completo ao seu desenvolvimento de jogos, enquanto esta treina aquela para falar de forma hábil e consistente com todos os interessados.

Da mesma forma, a falta de alinhamento entre editora e agência de publicidade na visão criativa para o plano de marketing tem impacto direto sobre as vendas. Muitas dessas agências abordam a indústria dos videogames como uma alma gêmea criativa, acreditando que o entretenimento inovador e interativo exige publicidade de ponta. Experientes executivos de marketing da indústria, por outro lado, sabem que seu público quer ver imagens do jogo. (Tal tensão criativa resulta em um comercial memorável ou numa nova agência de publicidade.) As parcerias de agências variam de um relacionamento totalmente conservador, abrangendo todas as versões de software, até diferentes agências especializadas em linhas de produtos distintos em modalidades por gêneros ou plataforma.

A assistência de merchandising na loja é um luxo diferenciado proporcionado pelos titulares da plataforma. Com qualquer espaço linear[9] entre 1.22 m e 7.31 m dedicados ao seu hardware e software nos principais varejistas, por exemplo, a Nintendo é famosa por relacionamentos profundos com sua equipe de merchandising e gerentes de lojas, permitindo-lhes atualização de sinalização, displays, reabastecimento de prateleiras e bate-papo com o gerente da seção de eletrônicos sobre lançamentos futuros.

Editores cujos principais lançamentos fazem parte da linha do titular da plataforma podem obter colocação preferencial e mimos subsequentes de seus títulos pela equipe de loja do titular da plataforma. Os editores são conhecidos por manter equipes de merchandising por períodos mais curtos ou mais longos, mas a justificativa para tal custo começa com o espaço da prateleira; enviar pessoal para dispor corretamente apenas alguns produtos é desejável, em princípio, mas questionável na prática financeira.

〉 Titulares da plataforma

Estes são empresas que fabricam o hardware (e em alguns casos o software), no qual o software do jogo é executado. Tal como acontece com as editoras, uma grande variedade de empresas compreende os titulares da plataforma: operadoras de telefonia celular e fabricantes, fabricantes de dispositivos portáteis, fabricantes de PC (tanto as caixas quanto os chips em seu interior), fabricantes de console de jogos, e fornecedores de software/ferramentas de desenvolvimento, como Microsoft e Dolby. Essas empresas compartilham a característica de deter, controlar ou influenciar o software que aparece em sua plataforma, seja por kits de desenvolvimento de software (SDKs) para ajudar os desenvolvedores a acessar os recursos do seu hardware, seja pelo controle baseado em permissão de qualquer coisa que envolva a plataforma. Com frequência, titulares da plataforma também criam software para seu próprio hardware; nesta seção examinaremos o papel exclusivo do titular da plataforma em relação às funções de publicação.

Os titulares da plataforma derivam suas receitas a partir de qualquer uma das seguintes fontes:

---

[9] N. R. T.: O espaço linear é toda a superfície que, no espaço de venda, promove a exposição do produto. Corresponde à superfície formada pela parte da frente das gôndolas.

- Vendas do hardware.
- Vendas de (ou taxas de licenciamento de) todos os periféricos compatíveis com o hardware.
- Vendas de seus próprios jogos compatíveis com o hardware (*jogos first-party*).
- Taxas de licenciamento para jogos compatíveis produzidos por outras empresas (terceirizados).
- Licenciamento de ferramentas de desenvolvimento, ou SDKs, necessárias para criar jogos para o hardware.
- Fabricação de mídia própria para o hardware (como cartuchos de jogos).

Consoles e PCs diferem fundamentalmente. Fabricantes de consoles regulam estritamente o acesso a sua plataforma por meio de várias permissões de licenciamento, enquanto as empresas que compõem o "ecossistema" do desenvolvimento de PC normalmente fornecem suas ferramentas a qualquer desenvolvedor interessado. Por essa razão, categorizamos a plataforma PC como "aberta", e consoles como "fechados".

PC como plataforma

"Plataforma PC" é, na verdade, um conglomerado de interseção de parcerias entre fabricantes de CPU, fornecedores de software/ferramentas de desenvolvimento, fabricantes de chips gráficos e montagem de gabinetes. Procure no manual do seu novo PC e você vai ver:

- Processador primário Intel Core 2 Duo (CPU).
- Processador gráfico ATI Radeon.
- Microsoft DirectX.
- Montado e vendido pela Dell.

Cada uma dessas categorias oferece suporte aos desenvolvedores de jogos, a maioria gratuitamente, com a intenção de ganhar dinheiro com software compatível ou vendas de hardware.

Como o exemplo mais visível do "ingrediente de marketing" de sucesso, a Intel passou anos cortejando desenvolvedores de jogos para manter sua imagem de fornecedor dos mais rápidos processadores disponíveis. Ela fornece placas de amostra e assistência técnica para desenvolvedores de jogos, e até mesmo trabalha em estreita colaboração com os principais desenvolvedores de jogos em P&D[10] para suas futuras gerações de chips. O objetivo, claro, é para os jogadores especificarem o "Intel Inside" quando forem adquirir seu próximo PC para jogos.

Fabricantes de chips gráficos, como NVIDIA e ATI, construíram um mercado saudável complementar para CPUs através da criação de chips gráficos personalizados para multimídia e, claro, jogos. Além dos benefícios para o desenvolvedor já mencionados, essas empresas garantirão os jogos de ponta em desenvolvimento em regime de exclusividade, pagando o desenvolvedor para que incorpore as características tecnológicas exclusivas que diferenciam seu chip gráfico dos demais. Esses fabricantes também criam SDKs que permitem aos desenvolvedores tirar vantagem de suas características originais. Quando os jogadores *hardcore* perceberem que os novos lançamentos ficam melhores quando executados em um chip gráfico especial, de bom grado farão a atualização.

Duas empresas de tecnologia bem conhecidas fizeram seus nomes no espaço de software/ferramentas de desenvolvimento. A Microsoft, com sua API DirectX, tem conseguido ao longo dos anos

---

[10] N. R. T.: Esta sigla (P&D) tornou-se padrão na área e significa *produção e desenvolvimento*.

a estabilização do risco tecnológico de desenvolvimento de jogos em PCs, assim como padronizado seu sistema operacional para o usuário. A Dolby Labs revolucionou o som computadorizado com sua tecnologia de compressão de áudio 5.1 – garantindo que os desenvolvedores tenham uma forma simples e padronizada para criar *surround*. Ambas as empresas fornecem gratuitamente seus SDKs para engenheiros qualificados, incentivando o compartilhamento de informações entre as comunidades de desenvolvedores e colocando algumas limitações, no limite do possível, sobre o uso. A vantagem para os desenvolvedores é a aprendizagem de uma plataforma de software que é invisivelmente compatível com as combinações múltiplas de hardware disponíveis no mercado.

Montadoras de PC, como Dell, Acer e Lenovo, desempenham um papel menos ativo na promoção do desenvolvimento de jogos em seus PCs, já que o trabalho duro é feito pelas suas empresas "componentes". No entanto, na medida em que têm os jogadores como clientes potenciais, podem assegurar que um conjunto exclusivo de jogos seja colocado no PC antes de ser vendido aos consumidores[11]. Um fator importante na publicação de PC para desenvolvedores e editores é a falta da cobrança de *royalties* da empresa de hardware para ter o privilégio da compatibilidade da plataforma. Os efeitos benéficos são custos mais baixos dos bens, maiores margens de lucro para as editoras, e, para os desenvolvedores, mais fácil acesso tanto para o desenvolvimento quanto para a publicação própria. No entanto, como quase todo grupo de desenvolvimento para PC competente e inspirado pode preencher e entregar um jogo para PC a custo relativamente baixo, muitos grupos assim o fazem. A competição resultante entre milhares de títulos pelo espaço de prateleira no varejo criou um canal de vendas para jogos de PC, no qual os varejistas devolvem unidades não vendidas após oito semanas para os editores, e apenas os 30 melhores vendem mais de 300 mil unidades.

Consoles como plataforma

Em contraste direto com o cenário aberto e livre do desenvolvimento de jogos para PC, o de jogos para consoles, como PlayStation 3 da Sony, Xbox 360 da Microsoft e Wii da Nintendo, é rigidamente controlado em todos os níveis por suas respectivas empresas. Para criar e vender jogos para essas plataformas, um desenvolvedor/editor deve ter as seguintes licenças e permissões:

Licença para uso de software e hardware de desenvolvimento: Apenas fornecido após a avaliação favorável do titular da plataforma sobre o potencial do candidato em trazer jogos de qualidade para o mercado. Para os desenvolvedores, a recomendação de um editor tem um grande peso na obtenção de sistemas de desenvolvimento.

Licença para conduzir atividades de marketing em geral e vendas: Da mesma forma, concedido apenas se o titular da plataforma acreditar que o requisitante tem estrutura e recursos para ter sucesso. Editoras menores, sem uma força de vendas direta ou fluxo consistente de produtos, lutam para estabelecer a credibilidade em um console da plataforma, por vezes cedendo direitos de seus produtos a um editor licenciado para ser feita a distribuição.

Licença para uso das marcas registradas do titular da plataforma e os logotipos em jogos, na embalagem e na publicidade: Os titulares da plataforma fornecem modelos para todo uso de logotipo e marca registrada, e revisam todos os materiais para seu uso correto antes de o produto poder ser montado.

---

[11] N. R. T.: Trata-se da estratégia de OEM já apresentada no capítulo anterior, igualmente operada pelas montadoras.

Permissão para criar um jogo: Concedida após a revisão, pelo titular da plataforma, do conceito do jogo no início do processo de desenvolvimento. Casos em que os titulares da plataforma rejeitam um conceito, embora raros, causam grande vexame, pois normalmente a editora já investiu no financiamento do projeto.

Licença para lançamento do jogo no canal: Após extensos testes pelo desenvolvedor, editor e titular da plataforma. A certificação do titular da plataforma é uma parte tensa do processo, pois o jogo pode ser rejeitado qualquer número de vezes para correções de erros ou por causa de violação de normas.

Segundo a lógica da indústria, a empresa que cria o console, faz a engenharia das SDKs que os desenvolvedores usam para criar jogos para o hardware, e incorre no custo de comercialização e venda de hardware para os consumidores, tem direito a *royalties* das vendas dos jogos – geralmente cerca de $ 7/unidade – para cobrir esses custos. No lançamento, o preço de venda do console raramente cobre seus custos de componentes reais, e não incluem a amortização de P&D. Muitos milhões de unidades mais tarde, depois de múltiplos esforços de reengenharia para reduzir a conta real de materiais ("BOM"), as plataformas de sucesso podem gerar grandes lucros ao lado do software, enquanto o titular da plataforma recupera o que gastou no hardware.

Em um tempo de vida de sucesso de cinco a sete anos, o titular da plataforma amortiza os custos atuais de P&D do console durante os primeiros destes anos e investe em P&D para a próxima geração de consoles durante os últimos. Um desequilíbrio entre as receitas de software contra os custos de hardware expulsaram os titulares de plataforma de consoles, como Atari, 3DO e Sega, da indústria de hardware.

Fabricante de mídia

Com frequência, uma engrenagem ignorada na máquina editorial de publicação é a empresa que realiza a masterização e prensagem das cópias físicas em mídia CD ou DVD do jogo. Com exceção do Nintendo DS, as atuais plataformas são baseadas em disco. Essa mudança bem-vinda reduziu o custo das mercadorias para as editoras e cortou o tempo de produção drasticamente, permitindo o gerenciamento (quase) instantâneo de seu controle de estoque. Os fabricantes obtêm uma licença dos titulares da plataforma do console para trabalhar com a mídia de disco proprietária ou outra tecnologia antipirataria, e pagam *royalties* por unidade nominal por essa tecnologia para o titular da plataforma.

Historicamente, titulares da plataforma de console sempre controlaram diretamente a fabricação, com Sony e Nintendo continuando neste modelo. Os editores apresentam suas ordens diretamente ao titular da plataforma ou, simultaneamente, para o titular da plataforma e o fabricante. A editora paga os custos de fabricação e *royalties* diretamente ao titular da plataforma, por vezes na base de adiantamentos. Durante temporadas tumultuadas, quando a capacidade de produção é tensa, o titular da plataforma tem a palavra final sobre quais produtos recebem prioridade. No entanto, em geral, o fabricante adere ao compromisso de determinado tempo para a entrega como parte de seus termos de serviço. Assim, para uma data de lançamento de título AAA, quando todos os dias contam no cronograma, até mesmo um dia a mais do "tempo de entrega padrão" pode causar chamadas de telefone urgentes na cadeia editorial.

Com seu Dreamcast, a Sega foi a primeira a oferecer o completo controle editorial do processo de fabricação. A Microsoft continuou essa tendência, com o Xbox e o Xbox 360. Nesse cenário, uma vez que o titular da plataforma libere o código do jogo testado para o fabricante, a editora é livre para negociar prazos de entrega e preços com base na força de seu relacionamento com o fabricante-duplicador. Na prática, o custo dos produtos não varia muito, mas o licenciamento de três ou quatro empresas de fabricação assegura um fornecedor alternativo.

Para economizar tempo ou custo adicional, as editoras recebem frequentemente seus produtos prensados pelo fabricante licenciado como discos não embalados nas bobinas de CD ou DVD com eixos, e os envia para um local separado que os montarão nas caixas e embalagens. Já que tais "casas de empacotamento (*pack-out*)" não são licenciadas nem controladas pelo titular da plataforma do console, a editora é livre para providenciar a parceria mais vantajosa com base no custo, tempo de entrega, proximidade do seu centro de distribuição, ou experiência com diferentes tipos de embalagens. Tais processos devem ser administrados com cuidado para evitar que a já referida lei de Murphy complique o transporte extra e o manuseio de etapas.

Varejo

Como a parte mais visível da trilha da publicação de jogos até o consumidor, o varejo é recompensado com uma margem de 30% sobre a venda do jogo, com vendas de jogos usados obtendo cada vez mais lucros. A Gamestop anunciou margem de 48% sobre as vendas de títulos usados no final de 2008. Um jogo usa muitas rotas não visíveis para chegar às mãos do consumidor, mas certamente isso influencia as opções de como o jogo é apresentado. Para os fins desta discussão, examinamos principalmente as lojas físicas de varejo.

Distribuidores

Embora possa parecer estranho começar uma discussão de varejo com o intermediário, é útil saber que os distribuidores aceitam cadeias menores de lojas regionais, lojas individuais "familiares" e outros nichos de varejo para atender sua clientela por conta da forte concorrência de cadeias nacionais de desconto. Os distribuidores compram quase todos os jogos que uma editora lança; seus pontos fortes são: amplitude de seleção, gestão de custos fechados, e capacidade de vender para as lojas, cujos tamanhos ou práticas comerciais dificultam lidar diretamente com a editora. Em suma, o distribuidor traz para a editora vendas adicionais de maneira mais eficaz do que se esta fizesse o serviço diretamente.

Os distribuidores podem se especializar em diferentes formações do produto. Alguns, localizados perto de grandes centros populacionais, alegam a vantagem da rápida entrega dos últimos lançamentos. Embora os editores desaprovem o serviço, os distribuidores também tentam aumentar sua alocação de títulos de alta demanda para complementar os fornecimentos de varejistas nacionais no dia crítico entre a venda total da primeira remessa e a chegada da próxima. Outros podem focar em "queimas" – jogos remarcados ou descontinuados que são levados do estoque da editora ou do varejista para o cesto de ofertas; uma perda para a editora, mas lucro para o distribuidor e para o varejista. Alguns distribuidores concentram-se em organiza pacotes de jogos para aluguel, e reembalá-los para pequenas cadeias de aluguel de jogos. Outros, ainda, atuam como editoras na importação de títulos estrangeiros ou em outros títulos de baixa visibilidade, adquirindo o risco financeiro na esperança de que algum deles se torne uma pedra preciosa.

No seu papel de tornar o mercado de jogos mais eficiente, o próprio distribuidor deve ser extremamente eficiente para garantir sua margem de cerca de 3% sobre as vendas. Geralmente, distribuidores se fixam em grandes espaços e em áreas de baixa renda, dependem da editora para materiais de vendas, em vez de criar seus próprios, e pagam seus vendedores na base da comissão. O clichê de "ganhar com o volume" é possível para uma distribuidora que trabalha com todos os ângulos em seu benefício.

Representantes dos fabricantes

Representantes do fabricante, ou "grupos de representantes", é um testemunho do poder dos relacionamentos em um mundo de alta tecnologia. Normalmente, com pequenas empresas de apenas algumas pessoas, os grupos de representantes conseguem acordos que lhes permitam atuar como vendedores contratados em nome da editora. Eles são responsáveis por conhecer a linha de produtos, a operação do varejista, as práticas da editora, e pelo quando vender mais *versus* preço baixo (embora devam, primeiro, recomendar a última opção para a editora). Por esses serviços, a editora lhes paga um percentual das vendas líquidas (todas as vendas descontadas quaisquer devoluções).

Grupos de representantes geralmente são de grande valor em situações nas quais o relacionamento e a credibilidade do grupo de representantes com um varejista são mais fortes que os da editora. Isso inclui lançamentos de novas linhas de produtos, entrada de um nova editora no mercado, ou alcançar um varejista ainda não incluído na base varejista da editora. Esse grupo atua como um intermediário, aconselhando a editora e o varejista sobre como trabalhar com novos processos de cada lado. Apesar do trabalho duro e compromisso sincero dos grupos de representantes líderes, os executivos de vendas da editora constantemente reexaminam a validade de contratar empresas externas para tal tarefa vital. Existem casos em que vendas decepcionantes em um produto principal criam a primeira dúvida, ou ainda decorrem dos observadores de custo atentos à porcentagem da comissão do grupo de representantes. O resultado em ambos os casos, e o fim de cada grupo de representantes, é a ligação da editora informando: "decidimos agir diretamente".

Varejistas regionais

Apesar da crescente padronização da experiência de varejo nacional, varejistas regionais de sucesso aprenderam os segredos para a sobrevivência: conheça seu cliente, ofereça exatamente o que ele quer, forneça um grande serviço e lhe apresente surpresas ocasionais. Esses preceitos aplicam-se perfeitamente ao mercado de jogos, em que pequenos varejistas somente de jogos e lojas familiares não podem competir em preço ou rápida disponibilidade de novos lançamentos, mas o varejista menor pode transmitir conhecimento detalhado sobre o último jogo ou um lançamento obscuro de anos atrás – e se o gerente da loja ou o comprador for muito bom, vai saber onde colocar suas mãos em ambos.

A chave para o sucesso de varejistas regionais é um bom relacionamento, tanto com seu distribuidor quanto, idealmente, com cada editora. Embora economias de escala impeçam que um editor forneça serviços diretamente para um varejista regional, as sólidas cadeias, com várias lojas, podem atrair sua atenção, quer através da sua cadeia distributiva com centenas de lojas espalhadas, quer da assistência jurídica do distribuidor representando-o para coisas como itens de merchandising e, raramente, remarcações de preço. Dado que os jogadores *hardcore* com frequência se tornam funcionários de lojas de cadeias regionais, os editores podem usar essas mesmas cadeias para produzir recomendações boca a boca de seus "especialistas" de atendimento ao público para os seus últimos lançamentos.

Varejistas de aluguel

Varejistas de aluguel, como Blockbuster e Hollywood Video, surgiram de uma relativa obscuridade como uma categoria de varejo para os principais direcionadores de canais de vendas e distribuição. Até recentemente, os editores tratavam varejistas de aluguel com respeito, mas não lhes davam muita atenção, embora a venda em quantidade "localizada na loja de aluguel" era menor que no varejo tradicional, essas unidades nunca eram devolvidas ou remarcadas. Recentemente, no entanto, pesquisas de mercado de muitas fontes mostraram que o principal condutor por trás da intenção de compra do consumidor é a experiência de jogo. Assim, tanto o aluguel pode estimular as vendas de um bom jogo, como igualmente pode estancá-las no caso de um lançamento ruim. Como resultado, os editores passaram a trabalhar sua programação cuidadosamente com varejistas de aluguel, avaliando seu valor na promoção antecipada lado a lado com as unidades reais vendidas.

Varejistas de aluguel, por sua vez, identificam o mercado de jogos como um segmento potencial de crescimento do seu negócio. Algumas cadeias estão fazendo experiências com modelos de compartilhamento de receitas. Outros estão crescendo em vendas, porque, tendo criado um potencial comprador de um jogo através da locação, não precisam mais enviar o comprador para um concorrente. Em suma, o varejo de aluguel está se transformando em um novo modelo de serviço para os consumidores de jogos. Finalmente, a GameFly replicou o modelo de negócio da Netflix para filmes: os assinantes criam uma lista de desejos, e a GameFly envia seu primeiro jogo, desde que eles aceitem. Quando o jogador devolve o primeiro jogo, a GameFly envia o próximo da lista e assim por diante.

Varejistas nacionais

Por fim, chegamos aos nomes que os consumidores conhecem: Wal-Mart, Target, Best Buy, Toys "R" Us e GameStop. A programação varia ligeiramente de editora para editora, mas esse grupo de varejistas nacionais constitui o cerne dos esforços de vendas da indústria, e representa o caminho mais direto para os editores levarem um jogo até as mãos do consumidor.

Os varejistas nacionais têm relações diretas com a editora, o que significa que a editora lhes fornece:

- Jogos enviados diretamente para seu estoque, ou diretamente para sua loja se ele puder acomodar o total da entrega.
- Materiais de merchandising para a loja, como banners, pôsteres, anúncios de prateleira e frentes de caixa.
- Grande quantidade de materiais de vendas para cada título, incluindo um lançamento direto pela equipe de marketing e vendas da editora para o comprador.
- Termos generosos em vendas (descontos promocionais de até 60%, apesar de os varejistas modificarem isto como desejam).
- Gerenciamento de estoque, incluindo equipe de vendas da editora indo aos estoques de loja em loja para aumentar a eficiência das vendas.
- Várias vantagens de bônus para os seus clientes, como ingressos para eventos de esportes locais ou um jantar caro após a rodada de vendas (o Wal-Mart é notoriamente criterioso em sua política de "não dar presentes" para seus compradores).
- Créditos emitidos contra notas fiscais existentes ou lote de mercadorias gratuitas ajudam o varejista a diminuir o preço e movimentar o estoque estagnado.

- Programas únicos de vendas customizados pelos varejistas, seja uma compra com brinde, evento na loja, aparição de celebridade, ou concurso de vendas para a equipe da loja.

O comprador das lojas de varejo tem enorme influência no processo de obtenção de um jogo para os consumidores. Em geral, ele é responsável por toda a categoria de jogos, mas, dependendo da importância relativa destes para a receita do varejista, os compradores de videogames também podem ser responsáveis por categorias relacionadas, tais como vídeo, eletrônicos ou brinquedos. Os melhores profissionais da área de compras ouvem os vendedores, mas também fazem sua própria pesquisa, aceitando a posição da editora, mas dando atenção às necessidades de seus clientes.

Maus compradores dão pouca atenção aos jogos, não conseguem manter as tendências ou não passam informações para os funcionários da loja. Com frequência, a diferença entre um departamento de jogo coerente e bem abastecido em um varejista e um amontoado desorganizado de jogos do ano passado em uma cadeia diferente está diretamente relacionada ao comprador.

Para as editoras, o responsável pelas compras controla diversos elementos que podem significar o sucesso ou o fracasso das vendas; seja estocando um jogo, quanto e por quanto tempo ou apenas promovendo-o por meio da ocupação de "espaço vazio" em folhetos promocionais ou realizando pouca publicidade cooperativa em folhetos (tabloides e lâminas), e preços nas lojas. A decisão de desistir ou não optar pela compra de um jogo pode significar a previsão de déficit de milhares de unidades se esse varejista for responsável por 40% do volume de um lançamento. As editoras menores sofrem por causa da escolha somente dos seus melhores títulos pelos compradores, enquanto as maiores e os titulares de plataforma podem se beneficiar da cortesia do comprador em optar pela linha completa de produtos. A decisão de um comprador de estocar um jogo em lojas em pontos estratégicos, mas não em locais menores secundários, é um forte aviso para um editor no sentido que deve redobrar seus esforços de venda a fim de obter uma distribuição em toda a rede. A decisão de um comprador de mostrar um título no "espaço vazio" dos folhetos (normalmente encartados no jornal diário) cria um pico de vendas mensurável na semana em que o anúncio é visto por milhões de jogadores ávidos pelo próximo lançamento. Finalmente, os compradores têm autoridade para designar um título-chave como o líder dos itens promocionais, colocando o preço abaixo dos normais $ 49 ou $ 59 no lançamento, a fim de conduzir o tráfego na loja para compras de maior margem. Para lançamentos quentes, os editores designam o programa de preço anunciado do fabricante ("MAP"[12]), segundo o qual, a qualquer varejista que reduzir o preço anunciado abaixo de certo nível é negado financiamento cooperativo em razão de anúncio ofensivo. No entanto, esta sanção relativamente fraca só é eficaz quando combinada com uma forte relação vendedor-comprador, que nenhuma parte pretende prejudicar.

Assim como "agir diretamente" são duas palavras que os grupos de representantes temem, "não aberto a compra" são quatro que atormentam os editores. "Aberto a compra" é a quantidade de dinheiro que o comprador pode gastar com a aquisição de jogos dentro de um determinado período, em geral mensal ou trimestral. Essencialmente, um orçamento é calculado a partir de uma combinação de custos de disponibilidade de estoque e entrega imediata, taxa de vendas, ou *turnover,* e receita esperada daquele volume de estoque disponível para o período. "Aberto a compra" é muito restrito no período que vai dos feriados do Dia de Ação de Graças e Natal, quando se espera que um grande número de jogos sejam vendidos em grandes quantidades. O responsável de vendas

---

[12] N. R. T.: MAP é o contrativo de *Manufacturer's Advertised Price* (preço anunciado do fabricante).

da editora, lançando um excelente jogo, que recebe a resposta "não aberto a compra", é criticado por sua gerência por não ter advertido o comprador antes sobre a qualidade do jogo. O mesmo responsável de vendas, ouvindo essa frase em resposta a um jogo de má qualidade deve entendê-la: seu jogo não é bom o suficiente para competir com os outros lançamentos durante esse período. Em suma, se a editora administra adequadamente seus relacionamentos de varejo, a limitação para abertura de compra não deve se tornar uma desculpa.

Para gerir tais relações nesse grau, as editoras exigem um grande volume de dados com rapidez e frequência. Elas podem derivar dados de vendas de seus próprios jogos a partir de suas informações de vendas internas, é claro, mas os dados de vendas de jogos competitivos ou títulos lançados durante o mesmo período colocam uma importante questão em torno das próprias vendas. Por exemplo, vendas fracas de um título de uma franquia da editora podem significar qualquer coisa, mas vendas baixas de um jogo de plataforma fazem parecer que o público-alvo do console não quer aquele gênero de plataforma, e vendas fracas de todos os jogos durante esse período podem indicar um enfraquecimento global da indústria, ou o baixo fornecimento da plataforma de hardware no varejo. Para esses dados, a empresa NPD oferece um serviço por assinatura chamado TRSTS (*Toy Retail Sales Tracking Service*) [NPD]. Grandes varejistas relatam suas vendas semanais, que depois são agregadas e enviadas de volta para editoras cadastradas, semanal ou mensalmente.

Resumo

A indústria dos videogames está atualmente em sua quarta década proporcionando entretenimento interativo para o mercado consumidor. Ao longo dos anos, embora as entidades do setor tenham mantido, em grande parte, seus papéis no canal, o equilíbrio de poder (e fluxo de dinheiro) entre elas tem oscilado bastante. Dada a quantidade de dinheiro em jogo, um tropeço importante de qualquer parte da cadeia de valor – ou uma mudança de paradigma na tecnologia ou modelo de negócios – pode virar todo o equilíbrio de poder da indústria sobre a própria cabeça.

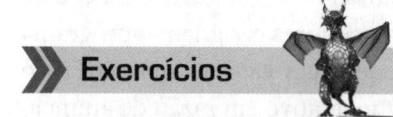

Exercícios

1. Usando o Microsoft Excel e os dados da Tabela 7.2.1, construa uma planilha básica modelando as relações entre custo, vendas de unidade e lucro.
2. Usando a estrutura de custos na Tabela 7.2.1, quantas unidades deste jogo você precisa vender para cobrir os custos? E para ter $ 1 milhão de lucro?
3. Usando a quantidade para cobrir os custos do exercício anterior, manipule os valores indicados na Tabela 7.2.1 para reduzir o número dos custos.
4. Discuta as vantagens e desvantagens de fazer os jogos abaixo relacionados. Considere orçamento, gerenciamento de projetos, marketing, tecnologia, previsão de vendas, rentabilidade, risco e qualidade.
   a. Jogo de futebol americano da NFL.
   b. Jogo baseado em uma ideia original do mais famoso designer da empresa.
   c. Uma sequência do jogo do ano passado do mais famoso designer da empresa.

5. Você é o presidente de uma pequena empresa de desenvolvimento trabalhando sob contrato com uma editora num jogo baseado em sua ideia original e na sua tecnologia já desenvolvida. Você está situado em Austin, Texas, e junto com a editora forma um grupo de trabalho há cinco anos. O orçamento do projeto é bastante generoso. Você percebe que não tem artistas e animadores suficientes para atingir seus próximos cinco marcos de arte. Você contrata ou terceiriza? Para decidir, pense e discuta em termos de cronograma, tecnologia, orçamento, cultura da empresa e qualidade.
6. Você é o gerente de uma loja de videogames em Seattle, Washington. Sua loja é uma entre as quatro que integram um varejista regional que vende jogos de console e PC, e faz seus pedidos através do QG corporativo da empresa. Você conhece seus jogos, e teve o cuidado de contratar funcionários que conhecem o setor e prestam atenção aos desejos dos clientes regulares. Acaba de ser inaugurada uma loja Best Buy shopping center local, e na semana passada você viu, para sua preocupação, que estão vendendo o jogo de console número 1 deste ano $ 10 abaixo do seu preço. O que você faz para assegurar o sucesso contínuo da sua loja? Considere as estratégias de curto e longo prazos.

Referências

[Bethke03] Bethke, Erik, *Game Development and Production*, Wordware Publishing, 2003.
[Chandler06] Chandler, Heather, *Game Production Handbook*, Charles River Media, 2006.
[Gibson03] Gibson, Elizabeth, and Billings, Andy, *Big Change at Best Buy: Working Through Hypergrowth to Sustained Excellence*, Davies-Black Publishing, 2003.
[IGDA06] IGDA Contract Walk-Through—Third Release, 2006, available online at www.igda.org/biz/contract_walkthrough.php.
[Kushner04] Kushner, David, *Masters of Doom: How Two Guys Created an Empire and Transformed Pop Culture*, Random House, 2004.
[Liverman04] Liverman, Matt, *The Animator's Motion Capture Guide: Organizing, Managing, Editing*, Charles River Media, 2004.
[NPD] NPD, www.npd.com.
[Sheff93] Sheff, David, *Game Over: How Nintendo Zapped an American Industry, Captured Your Dollars, and Enslaved Your Children*, Random House, 1993.

7.3 O relacionamento editora-desenvolvedor

Neste capítulo

- Visão geral
- Plantando as sementes
- A divisão entre desenvolvedor/editora
- O processo de apresentação da proposta do jogo
- O negócio
- Dinâmicas do negócio
- Negociação de pagamento
- Marcos de desenvolvimento
- Resumo
- Exercícios

⟩ Visão geral

É pouco provável que você tenha deixado de notar as comparações cada vez mais frequentes sendo traçadas entre videogames e as superpotências tradicionais de entretenimento de músicas e filmes, mais notoriamente as vendas recordes do primeiro dia do épico da *Rockstar: Grand Theft Auto IV*. O que pode ser uma surpresa é que os processos e os custos envolvidos em levar um videogame moderno de conceito abstrato para as prateleiras da sua loja de varejo local estão se tornando igualmente comparáveis, e até mesmo superando os dos últimos filmes de Hollywood. Neste capítulo, exploraremos exatamente como um jogo é comissionado, do que consistirá o negócio, e as principais fases de desenvolvimento daqui em diante.

Assim como os jogos que jogamos hoje são radicalmente diferentes daqueles de 10 ou 20 anos atrás – da aparência, sensação e conteúdo até a ergonomia multidígito do controlador de jogo moderno –, também a maquiagem e o aspecto das empresas, indivíduos e processos envolvidos na produção de jogos evoluíram. É claro que muito disso simplesmente é resultado do extraordinário crescimento da indústria de software de lazer, desde suas raízes na atividade de clubes universitários, fliperamas e desenvolvimentos caseiros até a gigante do entretenimento de mais de $ 40 bilhões que existe hoje.

O propósito deste capítulo é, de alguma forma, ajudá-lo a desenvolver uma compreensão básica das delicadas, mas nem tanto, lutas de poder que ocorrem diariamente no desenvolvimento de jogos.

› Plantando as sementes

O primeiro videogame jogável, *Spacewar*, foi um projeto de um clube universitário concluído em 1962 por Steve Russell, estudante do MIT. Russell não tinha como saber que, menos de meio século depois, seu simples duelo de foguetes espaciais controlados com interruptores e armazenados em uma fita perfurada[1] seria substituído em uma escala de mercado em massa por supercomputadores em miniatura, menores que uma caixa de sapatos, conectados globalmente com gigabytes de armazenamento, recursos multimídia, controle analógico responsivo e gráficos 3D aproximando-se do fotorrealismo.

É possível, no entanto, que o "padrinho da indústria de videogames", Nolan Bushnell, tivesse essa visão. Então graduando da Universidade de Utah, venceu *Spacewar* com seu *Computer Space*, o primeiro jogo operado por moedas em 1971, mas foi ao lado de Al Alcorn, com sua empresa iniciante, hoje lendária, a Atari, que Bushnell praticamente inventou a indústria de jogos como hoje a conhecemos, com o bastão 2D e jogo de bola, *Pong,* e, posteriormente, portando os "jogos de TV" dos fliperamas e colocando-os nas casas das pessoas sob a forma de consoles baseados em cartuchos.

No entanto, foi o advento dos sistemas domésticos de computadores programáveis, como o Sinclair Spectrum, BBC Micro e Commodore 64 (e posteriormente o Commodore Amiga e o Atari ST), que transformou a indústria de desenvolvimento de jogos. Uma legião de técnicos adolescentes voltou sua atenção para a criação de luzes abstratas e apresentações de som[2]. Mais importante ainda, esses sistemas lhes deram os meios para desenvolver seus próprios videogames totalmente jogáveis, com personagens reconhecíveis, níveis estruturados e rudimentares amostras de sons e efeitos.

O que começou como uma cena *underground* imediatamente se transformou em uma indústria doméstica. A combinação de um campo de jogo relativamente barato e de nível tecnologicamente único, de competição saudável entre colegas, de crescente penetração do consumidor, e (ao contrário de sistemas anteriores de entretenimento doméstico que exigiam cartuchos caros especiais) simples fitas magnéticas de gravação e mídias de disco, fez nascer uma nova indústria que cresceu quase que da noite para o dia.

É claro que, ao contrário de hoje, quando a transferência de dados global é um fenômeno diário, graças à internet, antigamente as equipes de desenvolvimento de um homem só muitas vezes precisavam levar seus jogos criados carinhosamente para um público pagante através de métodos de distribuição de varejo mais tradicionais. E aqui é onde as linhas eram (e ainda são) estabelecidas entre o desenvolvedor e o editor.

---

[1] N. R. T.: Do inglês *tickertape*, fitas perfuradas que podem armazenar informações utilizadas inicialmente em máquinas elétricas de comunicação e muito usadas, assim como os cartões perfurados, no começo da "era da informática".
[2] N. R. T.: O autor se refere ao poder de desenvolvimento do *Commodore Amiga 500* e, posteriormente, o 200 HD. Nesses consoles programáveis, os usuários eram capazes de, por meio de softwares, como o *De Luxe Paint Brush*, construir cenas de imagens animadas, *sprites* e *morphs,* e musicadas em formato MID. Existia uma mala postal que ligava os continentes no final da década de 1980 e início dos anos 1990, pela qual circulavam as produções em disquetes ¾ de 720 Kbytes que se constituíam em um frenesi da comunidade de usuários. Para mais informações, veja: http://pt.wikipedia.org/wiki/Amiga.

› A divisão entre desenvolvedor/editora

Na mais simples expressão, onde um desenvolvedor de jogo foi capaz de conceber e, posteriormente, implementar suas ideias abstratas em uma produção de software acessível que era divertido, emocionante e envolvente, as mesmas pessoas raramente possuíam os conhecimentos necessários comerciais ou a capacidade de, em seguida, com o sucesso do pacote, promover e vender o título através dos canais de varejo. E assim começavam os direitos complexos, financiamento e luta pelo poder entre o talento criativo e a habilidade comercial.

Existem muitas variações sobre este tema, algumas das quais são discutidas mais adiante neste capítulo, mas, como regra, o desenvolvedor concebe, documenta e formata os protótipos de ideias do jogo até o estágio em que o mérito criativo e comercial pode ser avaliado de forma tangível, quando, então, um editor será solicitado a procurar a opção certa para o financiamento do projeto e a sua subsequente distribuição como título de mercado. As complicações começam quando se trata de concordar com a estrutura do negócio. Qual será o custo para o desenvolvimento do jogo? Quanto tempo vai demorar? Quantas pessoas são suscetíveis de comprá-lo? Qual a percentagem dos lucros que o desenvolvedor irá receber? Quantos e com quais tipos de marketing deve a editora se comprometer?

Todos esses pontos, e muitos outros, necessitam ser pensados, discutidos e acordados entre as partes antes de um jogo poder ser adicionado a uma agenda de lançamentos, e, mesmo assim, as questões durante o desenvolvimento podem (e devem), às vezes, significar que até mesmo um jogo completo e acabado pode realmente não alcançar as prateleiras, independentemente do tempo e do dinheiro já investidos.

Uma das partes mais importantes dessa cadeia de eventos, e um ponto de partida para a maioria, situa-se no processo de escolha, o único fator inicial mais importante na obtenção de um nome de jogo, direto da mente coletiva dos desenvolvedores para as mãos do consumidor.

Na seção seguinte, examinaremos para as diferentes fases de uma seleção de jogo moderno e as várias interações que ocorrem ao longo do caminho.

› O processo de apresentação da proposta do jogo

Com os principais títulos de jogos multiplataforma agora regularmente custando mais de $ 10 milhões para seu desenvolvimento, e muitas vezes mais do que isso para distribuição e comercialização, as editoras têm de estar completamente convencidas da capacidade de um título sair-se bem comercialmente antes de inseri-lo em seu portfólio. No entanto, com prazos de desenvolvimento agora em média de cerca de 18 meses (e, por vezes, vários anos), e a natureza nebulosa de um "jogo bom", é extremamente difícil avaliar esses fatores no estágio inicial da gestação de um título. Esse é um dos fatores fundamentais que pesam na tendência contínua de títulos licenciados e sequências de alto perfil.

O que tudo isso significa é que, mesmo diante de um contrato que tenha sido assinado, temos uma luta pelo poder imediato entre o desenvolvedor (comparativamente) pobre financeiramente, incapaz de sustentar o custo para desenvolver um jogo até a sua conclusão sem a segurança e incentivo financeiro de um acordo de publicação garantida, e a editora, avessa a riscos, que deve ser cuidadosa para não apoiar um título destinado ao fracasso, mas que também não quer perder a assinatura da próxima superfranquia em potencial, como *Grand Theft Auto* ou *Halo*.

Ao longo dos anos, esses fatores têm produzido um processo bastante padronizado de seleção, e equipes independentes de desenvolvimento, que buscam posicionar-se oferecendo um novo conceito para uma editora, devem usualmente levar em conta que necessitam fornecer os seguintes recursos ao editor como parte de sua apresentação do projeto-conceito de um novo jogo:

- Protótipo do jogo.
- Apresentação da proposta do jogo Esboço do design do jogo.
- Design técnico.
- Cronograma do projeto e orçamento.

Vamos observar cada um desses itens.

Protótipo de jogo

Em muitos aspectos, a indústria de jogos fechou um ciclo. Nos primeiros dias, os editores eram frequentemente abordados com títulos concluídos ou próximo da conclusão, praticamente prontos para ser colocados nas prateleiras. Como a indústria cresceu, e se banhou com sucesso e dinheiro, um tempo se passou, quando desenvolvedores e editoras pareciam acreditar que não fariam nada errado, e os desenvolvedores foram capazes de obter novas ideias, encomendadas entre um jogo de bilhar e uma cerveja, com pouca ou nenhuma documentação ou tecnologia. (Isso não é folclore da indústria! Este autor que vos fala foi responsável por pelo menos três títulos destes!)

É claro que os custos de desenvolvimento e o tamanho das equipes agora aumentaram drasticamente, e o protótipo do jogo se tornou um dos fatores mais importantes para mostrar a *prova de conceito*.

A editora normalmente procura as seguintes características em um protótipo:

- Mecânicas principais ou pontos principais e diferenciais de jogabilidade.
- Demonstração de método de controle/sistema de câmera.
- Demonstração de proficiência da equipe com a tecnologia e as ferramentas propostas.
- Uma boa aproximação do estilo visual proposto com "qualidade final" para, pelo menos, uma parte do jogo.

Atualmente, muitos desenvolvedores objetivam encerrar um nível completo do jogo para oferecer a melhor ideia de como vai parecer finalizado. Por exemplo, um jogo de corrida incluiria uma pista completa e pelo menos um carro para demonstrar o controle, estilo e tipo de corrida, ou um título de ação e aventura teria um personagem totalmente texturizado e animado passando por um nível único de jogo, incluindo o controle principal ou características que o tornam diferente de outros títulos de aventura e ação, bem como alguns exemplos de adversários exibindo aspectos rudimentares de IA.

Desenvolvedores maiores também costumam usar uma equipe menor especial para criar o protótipo propiciando atalhos inteligentes que possam ser usados a fim de produzir os resultados necessários sem afetar o cronograma de desenvolvimento do jogo completo.

Apresentação da proposta do jogo

O papel da apresentação da proposta é oferecer uma visão geral completa, porém breve, dos fatores críticos do jogo da maneira mais atraente e emocionante possível. Voltada para o departamento de marketing, geralmente é entregue em arquivo de PowerPoint e contém o seguinte:

- Visão geral do conceito e perfil do gênero, incluindo mercado-alvo.
- USPs (pontos únicos de venda – o que o destaca de seus competidores) do conceito.
- Tecnologia proposta e plataforma(s)-alvo.
- Biografias e perfil da equipe, experiências e capacidades técnico-artísticas.
- Destaque de informações de marketing, incluindo oportunidades de licenciamento em potencial.

O desenvolvedor também vai incluir quaisquer elementos visuais que são propostos como focos para o marketing, como logotipo do jogo, renderizações de personagens principais com detalhes em alta resolução e um emocionante vídeo promocional, de preferência incluindo cenas do jogo.

Esboço do design do jogo

A documentação do *esboço do design do jogo* é muito mais completa do que a fornecida para a apresentação da proposta do jogo; concentra-se em detalhes do projeto, como enredo, dinâmicas de controle, sistemas de câmera, interface com o usuário, inventário e assim por diante. Essa documentação tem como alvo, principalmente, a equipe de desenvolvimento principal, a fim de detalhar referências a seus trabalhos, mas muitas vezes é dada aos produtores e trabalhadores técnicos da editora para que possam conhecer a essência por trás do protótipo.

Assim como as descrições detalhadas por escrito, o esboço do design do jogo também incluirá diagramas representativos, esquemas e conceito visual a fim de garantir que não haja espaço para diferenças de interpretações de características entre a equipe de design e os programadores e artistas que criarão o conteúdo.

Design técnico

O apêndice *especificação técnica* em geral é dividido em duas seções: uma escrita pelo programador principal, que cobrirá os aspectos técnicos e códigos específicos do conceito; outra, escrita pelo artista principal, abrangendo a arte e os requisitos técnicos do conteúdo do conceito. Considerando que o foco da documentação do design é muito a ideia do conceito central e como a jogabilidade e os componentes associados se encaixam no enredo ou trama, o design técnico abordará detalhes práticos sobre como o projeto proposto usará as várias plataformas, ferramentas de desenvolvimento e tecnologias.

Em paralelo à programação, o conteúdo deste documento abordará temas como, requisitos de IA, efeitos especiais, tecnologia proposta de renderização e animação, todas as ferramentas de *middleware* que serão utilizadas, e que tipo de necessidades de programação e habilidades será exigido da equipe técnica.

Haverá também algumas indicações sobre a forma como a gestão das versões será mantida e quais processos e ferramentas de gestão de recursos (*assets*) serão postos em prática para alcançar este objetivo, bem como os procedimentos de *backup* para garantir que os recursos vitais não sejam destruídos como resultado da perda de dados em caso de desastres imprevistos.

O projeto técnico também será utilizado para descrever a estrutura dos sistemas de jogo propostos necessários para o projeto. Nesta fase, a informação só precisa ser dada na forma de uma "camada mais alta" (*top level*), mas com detalhes suficientes para que uma programação possa ser verificada. Usar o tempo para produzir tal estrutura nesta fase também pode ser útil como um aviso que ajude a identificar todos os requisitos que divergem da norma ou possam requerer habilidades especiais.

Cronograma do projeto e orçamento

Como seria de esperar, este é o elemento mais importante de toda a apresentação da proposta de jogo moderno.

O desenvolvedor pode ter uma ideia fantástica e original e um protótipo maravilhoso, mas se a editora suspeitar por um segundo que a equipe de desenvolvimento é incapaz de administrar o produto, o cronograma exigido e as restrições orçamentárias, e ainda assim manter a proposta inicial da visão, é extremamente improvável que o jogo seja aceito pela editora.

O objetivo principal dos editores ao examinar esta parte da documentação de seleção será procurar detalhes consideráveis e uma contabilidade transparente na proposta de orçamento, além de informações detalhadas do cronograma. Eles estão particularmente interessados em ver se o orçamento e o cronograma permitirão cenários contingentes de incerteza. Por isso, investigam esses indicadores para verificar quão realista um cronograma de conceito/orçamento realmente é. Os editores, como é comum, usarão projetos semelhantes já apoiados pela editora e de terceiros como referência comparativa para ajudar na validação; portanto, se um título é consideravelmente mais ou menos caro do que normalmente estão acostumados a ver, vão querer uma boa razão que explique essa diferença.

A discrepância entre o que o desenvolvedor selecionou e o que a editora acredita ser possível, muitas vezes é a causa de muita negociação e alteração nesta fase. Para tentar aliviar a situação, os desenvolvedores geralmente têm várias opções de orçamentos e cronogramas que foram especificamente adaptados para se alinhar a gastos de projetos típicos e perfis de portfólio dos editores em questão. Também vale a pena mencionar novamente que, enquanto o custo total é obviamente importante, na verdade, é a capacidade do desenvolvedor de entregar o produto com a qualidade no momento acordado que é mais crítica, pois mesmo pequenos atrasos no cronograma podem importar em um alto custo para a editora.

Neste mercado supercompetitivo, os editores reservam espaço publicitário em revistas especializadas, pontos de venda em lojas, inserção do jogo em ofertas de OEM, e cobertura da imprensa meses antes do lançamento. Assim, perder a data de lançamento original para um título pode ter consequências catastróficas, porque pode não mais ser possível reservar essas atividades para acompanhar a nova data de lançamento, e a imprensa cuidadosamente programada e as atividades de Relações Públicas serão desperdiçadas, pois o jogo talvez consiga pouca audiência no próximo grande lançamento.

Nessas situações, lançamentos já no limite podem ser cancelados, porque os custos extras de duplicação e distribuição simplesmente não fazem mais sentido comercial.

> O negócio

Uma vez que uma editora manifeste interesse em um produto, este é apenas o início do processo, e de modo algum a garantia de que o levará adiante. Tal manifestação apenas mostra sua intenção de entrar em negociações comerciais.

Ao contrário dos primórdios do desenvolvimento de jogos, quando os editores eram pouco mais do que empresas de duplicação e distribuição, hoje, o clima de mercado em massa exige uma operação muito mais integrada e global, e, com orçamentos significativos e abrangência do mercado potencial, é fundamental que o negócio seja estruturado de forma justa, sem deixar margem a interpretações sobre qualquer aspecto do acordo.

Nesta seção, presume-se que o acordo de publicação está sendo firmado entre uma editora global e um desenvolvedor independente de um único produto que não está usando qualquer PI (propriedade intelectual) existente, e que o desenvolvimento visa uma ou mais das principais plataformas de jogos.

A editora, nesse caso, se encarregará de comercializar e distribuir o produto em todos os seus territórios afins. Uma empresa que opere nesse nível, normalmente atribui um orçamento de marketing muito maior para que o jogo maximize a sensibilização e promoção em todas as formas de mídia disponíveis, o que deve se refletir no conhecimento consciente do consumidor e na compra do jogo, e, portanto, no retorno bruto para a editora e o desenvolvedor. Ao trabalhar com uma única editora global, o desenvolvedor também, em geral, pode esperar uma comunicação facilitada, marketing e mensagens consistentes do produto, e data de lançamento claramente definida em cada território. Naturalmente, o risco aqui é que, se a editora de repente passar a enfrentar dificuldades financeiras, há uma chance muito maior de impactar o desenvolvedor.

› Dinâmicas do negócio

Esta seção aborda as principais considerações e ações no estágio de contrato das negociações.

Pesquisa

Uma parte frequentemente negligenciada do estágio de negócios é a pesquisa de potenciais parceiros para a publicação. Muitos desenvolvedores estão apenas procurando um acordo assinado rapidamente para que o financiamento do seu projeto seja garantido, com base na boa-fé e advogados para garantir que as obrigações contratuais sejam cumpridas. No entanto, a pesquisa realizada nesta fase de como a editora executa seu negócio, pode ser valiosa quando se pensa nas negociações finais.

A maioria dos desenvolvedores independentes, no cenário atual, pertence a entidades locais, nacionais e internacionais, e fóruns, como o IGDA[3], que incentivam as comunidades e o compartilhamento de informações dentro da rede de desenvolvimento, bem como trabalham diretamente para um ambiente e modelo de negócio mais sustentáveis. Portanto, é uma ótima maneira para os desenvolvedores descobrirem esse tipo de informação diretamente de seus colegas.

Não é necessário uma *networking* muito extensa para se encontrar alguém que esteja trabalhando ou já trabalhou com qualquer editora, e as perguntas que os desenvolvedores devem buscar, no mínimo, incluem:

- Em qual tipo de negócio a editora está situada (multiterritório, multiplataforma, licenciado)?
- A editora paga as notas emitidas de imediato e de forma precisa (os marcos)?
- Os pagamentos/relatórios de *royalties* são precisos, imediatos e detalhados?
- O suporte de marketing e relações públicas é entregue como acordado?

---

[3] N. R. T.: A IGDA (*International Game Developers Association*) é a maior associação sem fins lucrativos servindo os indivíduos que criam jogos. Ela reúne desenvolvedores em conferências, em capítulos locais e em grupos de interesses especiais para melhorar suas vidas e empresas. Em seu site, http://www.igda.org, você pode se associar de muitas formas. No Brasil temos a Abragames, a Associação Brasileira das Desenvolvedoras de Jogos Eletrônicos. Seu site é: http://www.abragames.org.

- A editora força qualquer mudança desnecessária/indesejada?
- O desenvolvedor a recomenda?

Outra forma é pedir essas informações à editora diretamente. Muitos desenvolvedores assim não farão, pois sentem que não estão em posição para tal pedido, e alguns editores observarão essa atitude para assegurar que os contratos sejam redigidos exclusivamente em seu favor. Pedir informações básicas de qualquer parceiro de negócios é essencial, independentemente do setor, e nunca deve ser ignorado.

Direitos de PI

Era historicamente frequente o caso no qual as ideias proprietárias dos desenvolvedores, em que o trabalho realizado para construir um mundo de jogo, seus personagens e a mecânica do jogo se tornassem propriedade do desenvolvedor. E era usual que a editora pagasse uma taxa adicional e *royalties* para adquirir os direitos sobre a PI de um desenvolvedor.

Mas atualmente, no entanto, muitas editoras já não assinam acordos de publicação, a menos que sejam capazes de adquirir esses direitos, pois arriscam-se a gastar milhões construindo uma nova franquia apenas para o desenvolvedor levá-la para outro lugar. Quando isso acontece e o desenvolvedor decide vender os direitos da sua PI como parte de um acordo de publicação ao mesmo tempo, ele precisa garantir que será sua a equipe responsável pelo desenvolvimento de todos os jogos futuros com base nesta PI, ou, pelo menos, que haja uma opção de que terá a preferência quando a oportunidade surgir.

Enquanto os desenvolvedores estão sempre convencidos de que nunca darão sua PI para uma editora, é importante ter em mente que uma editora parceira terá mais a ganhar quando estiver promovendo uma franquia para a qual há uma aposta no longo prazo. Se se decidir por essa opção, o desenvolvedor terá de assegurar que, se a PI não está mais sendo utilizada pela editora, deve voltar para ele para que possa comercializá-la junto a outros potenciais parceiros.

Dentro do acordo, as seguintes áreas de PI devem ser abordadas e esclarecidas:

- Titularidade do nome do jogo.
- Marca registrada.
- Logotipos.
- Quem tem a posse da URL da internet.
- Quem será responsável pela presença *on-line* do jogo.
- Personagens únicos.
- Código-fonte incluindo arte e recursos associados.
- Música (se for relevante).
- Qualquer canal de receita alternativa, como microtransações, assinaturas ou direitos de publicidade do jogo.

A criação e a titularidade da PI são uma das partes mais difíceis do processo de negociação, e a editora normalmente pedirá a posse completa da franquia para manter controle total sobre o projeto. Do ponto de vista dos desenvolvedores, a PI é seu bem mais precioso, e, sempre que possível, devem tentar manter seus direitos, ou, pelo menos, permitir uma reversão destes contra alguma maneira de pagamento da editora. No caso de um desenvolvedor estar vendendo toda sua PI para uma editora, deve sempre pesquisar franquias semelhantes para melhor estimar o "valor" potencial da sua PI tendo assim um argumento mais forte em relação à editora na mesa de negociação. Claro, com uma nova e inédita PI, ainda vai ser necessário algum esforço para tentar convencer uma editora de que ela vale a pena, tanto quanto um título já estabelecido no mercado – outro cenário *Catch-22*[4].

Produtos futuros

É improvável que você não tenha notado que o mercado de jogos está cada vez mais inundado com licenças, sequências e portagens (*ports:* conversões para uma plataforma diferente de jogo) de PIs populares nos últimos anos. É onde os editores esperam capitalizar riscos anteriormente calculados, seja com uma franquia nova de jogo ou compra dos direitos do jogo para um filme ou uma licença esportiva.

A maioria dos editores acha que todos os projetos que assinam têm potencial para exposição extra, e os desenvolvedores precisam estar cientes disso para ser capazes de aproveitar qualquer boa oportunidade para estender a vida de seu conceito e, portanto, seu valor em relação à editora. O desenvolvedor deve ser capaz de falar com uma editora parceira sobre suas ideias de potenciais desenvolvimentos para pacotes de expansão ou sequências, mesmo na fase de seleção, mostrando assim à editora que ele tem conhecimento da forma como o mercado funciona, e que pode inclusive plantar as sementes para projetos futuros.

Produtos futuros: *portagens*

Quando um editor decide fazer a *portagem* de um produto para uma plataforma que não fazia parte do acordo original, pode optar por não usar a equipe de desenvolvimento original, ou, dependendo de quão bem-sucedido é o título, esta equipe pode escolher se concentrar em uma sequência ou uma franquia totalmente nova. Mesmo que seja esse o caso, o desenvolvedor original deve sempre ter direito a alguma forma de pagamento de direitos autorais da editora – se apenas a uma taxa nominal. Além disso, embora o montante exato desse direito não possa ser indicado no início de um projeto, se incluído no contrato, é algo que pode ser abordado em data posterior, se a situação surgir.

Produtos futuros: novas franquias

Na situação em que uma parceria entre editora e desenvolvedor funcionou bem, é comum que a editora queira trabalhar com esse novo colaborador novamente.

Embora a situação não seja garantida, e possa acontecer somente meses ou anos depois do contato, os termos de tal situação serão cada vez mais estabelecidos no acordo de publicação inicial. Enquanto não houver significativa quantidade de informações referentes a tal situação, a editora e o desenvolvedor em geral aceitam um primeiro direito de recusa ou um período exclusivo de "primeira apresentação da proposta do jogo" antes que este último profissional esteja autorizado a procurar um parceira editorial alternativa, mesmo para títulos completamente novos.

---

[4] N. R. T.: O autor faz referência ao famoso romance de Joseph Heller, *Catch-22*, publicado no Brasil com o título *Ardil 22*, pela Editora Record. O termo, devido ao seu uso no livro, tornou-se um conceito exemplar da burocracia, da existência de problemas insolúveis e de situações sem saída (armadilhas). Nesse sentido, o autor faz um jogo com a ideia de uma missão ou cenário *quase* impossível.

No caso de um estúdio de desenvolvimento bem conhecido, a editora pede preferência sobre qualquer projeto futuro que ele produza ao longo de um período de cinco anos, e por este privilégio lhe paga uma soma única bastante grande. Isso é conhecido como *cláusula de exclusividade*, que está se tornando cada vez mais popular entre as editoras que têm aprendido lições caras a partir da compra de muitos estúdios de desenvolvimento na década de 1990.

Produtos futuros: tecnologia

Quando um desenvolvedor está criando tecnologia para seu jogo, a editora quase certamente desejará possuir o código de forma completa e ter livre acesso a todas as ferramentas de software para uso sem restrições. Isso permite que uma editora assuma o desenvolvimento caso o acordo de publicação seja quebrado pelo desenvolvedor. A propriedade das ferramentas e da tecnologia de núcleo também permitirá que a editora contrate terceiros para completar as *portagens* do jogo original, por exemplo, quando os desenvolvedores originais não estão mais sob contrato.

Esse é um grande ponto de discussão quando desenvolvedores usando o *middleware*[5] (tecnologia terceirizada *off-the-shelf*) durante a produção, apesar de todas as ferramentas que podem criar para complementá-lo ou aprimorá-lo, ainda precisarem ter direitos esclarecidos no acordo para proteger ambas as partes de mal-entendidos ou confusões. Isso é especialmente importante no caso de uma quebra de contrato de ambos os lados, e pode significar a diferença entre o jogo que está sendo finalizado e o seu passar pelo resto da eternidade em uma unidade de *backup*.

> Negociação de pagamento

Obviamente, cada acordo comercial resume-se a dinheiro, e jogos não são exceção. Em termos de custo de desenvolvimento, o montante pago aos desenvolvedores varia dramaticamente. Por exemplo, a faixa máxima paga pelas principais editoras mundiais, no final da primeira década do século XXI, era geralmente de cerca de $ 12-15 milhões para um jogo de XBOX 360/PS3, e de $ 2 milhões para títulos do Wii e PC.

Outras opções mais populares incluem títulos feitos especificamente para *download* via PSN (PlayStation Network), Xbox Live e WiiWare, para os quais orçamentos de $ 500 mil a $ 1 milhão de dólares podem ser esperados.

Esses números são, naturalmente, dependentes do produto individual, e podem não levar em consideração quaisquer licenças ou talento associado, o que pode aumentar significativamente os custos de desenvolvimento do produto. Desde o início, deve ficar claro quem é responsável pelo pagamento desses serviços, sendo que alguns desenvolvedores ainda insistem que tais custos sejam contabilizados de forma separada do projeto principal, e pagos diretamente pela editora.

Orçamentos projetados também podem aumentar ou diminuir dependendo da tecnologia utilizada. Por exemplo, desenvolvedores que usam *middleware* às vezes podem receber taxas de

---

[5] N. R. T.: O conceito de *midleware* é entendido sob diversas formas, sempre envolvendo terceiros participando no processo de desenvolvimento, seja com código-fonte, motores, recursos, tecnologias de ponta etc. Para maiores detalhes desse conceito, consulte o Volume 2 desta obra, *Introdução ao desenvolvimento de games: programação: técnica, linguagem e arquitetura*.

desconto para o licenciamento via editora – que pode receber as taxas preferenciais por compra direta de licenças em lotes –, em vez de abordar o vendedor diretamente.

Como mencionado, aos desenvolvedores recomenda-se sempre ter vários conjuntos de orçamentos e até mesmo um documento de design escalável do jogo que é adaptado para tais situações (que são variadas), que lhes permita modificar sua ideia para atender às exigências da editora. No entanto, sempre faz sentido selecionar inicialmente uma visão única, elegendo outras opções se e quando necessário.

Estrutura do negócio

Uma vez que o orçamento e o cronograma são acordados em princípio entre o desenvolvedor e a editora, certas decisões podem ser tomadas sobre o tipo de negócio que um desenvolvedor quer estruturar, o que vai determinar como proceder nas negociações.

Por exemplo, se o fluxo de caixa projetado, gerado a partir de pagamentos de marcos, durante o período de desenvolvimento parece forte, e o desenvolvedor está certo de que há evidência (contingência) suficiente em todo o cronograma para garantir que o jogo possa ser levado até a conclusão, ele pode decidir se concentrar na negociação de uma maior taxa de *royalty* com a editora. E também pode tentar assegurar garantias fixas e níveis claramente definidos e acordados de suporte de marketing e relações públicas.

Se o desenvolvedor estiver preocupado com o cronograma e o orçamento, especialmente se seus marcos são apertados, pode decidir se concentrar, durante as negociações dos contratos, em garantir os pagamentos em estágios definidos (na assinatura do contrato e, em seguida, alfa, beta, ouro, lançamento no território principal, lançamentos em territórios e localizações subsequentes etc.). De qualquer maneira, o desenvolvedor deve sempre tentar garantir o máximo de custo global de desenvolvimento na forma de um adiantamento inicial dos editores. (Mais informações sobre as definições de pagamento mais adiante, ainda neste capítulo.)

Desenvolvedores também precisam considerar as perspectivas e os benefícios dos *royalties* contra pagamentos maiores de marco. Geralmente, equivale a quanto menores os pagamentos de marcos, maiores os *royalties* (embora esta métrica comparativa só funcione dentro de uma determinada janela).

Evitando quebra de contrato

O que deve estar prioritariamente na mente dos desenvolvedores durante o processo de assinatura do contrato é que qualquer desvio causado pelo agendamento com escassez ou falta de cumprimento de um marco no cronograma pelo dono da obra, resultado de projeções acordadas nesta fase (recurso financeiro ou produto), quase sempre resultará numa violação do contrato de edição. Isso terá como consequência, na maioria das vezes, em a editora reter o pagamento de marcos até que o projeto atinja o calendário acordado ou a lista de características. Não se pode enfatizar o suficiente quanto é importante ser realista sobre a programação e o orçamento, em vez de apenas tentar chegar a um acordo assinado e se preocupar com isso mais tarde, como inúmeros desenvolvedores descobriram, para seu prejuízo, nos últimos anos.

Tal é o nível de controle da editora que, mesmo quando os problemas que causaram atraso ou redução de recursos são superados, a editora ainda pode não pagar ao desenvolvedor o montante total de dinheiro que lhe era devido por causa da violação. Como resultado, é importante para os desenvolvedores planejarem e trabalharem levando em conta a possibilidade da "torra" de seu orçamento inteiro de modo que, se o pior acontecer, (esperemos) não sairão dos negócios.

Embora o processo esteja em conformidade com um modelo planejado e acordado contratualmente, os detalhes reais do negócio nunca estarão; portanto, ter o máximo de dados disponíveis permitirá que o desenvolvedor entre numa negociação com bases mais sólidas. Uma vez que os dados orçamentários tenham sido acordados, o desenvolvedor deve usar essas informações e seu próprio cenário individual para decidir o melhor modelo de pagamento a ser negociado.

Pagamento antecipado contra *royalties*

O *pagamento antecipado de royalty* é, usualmente, a taxa de *royalties* acordada, a qual é multiplicada por um percentual da garantia total das unidades previstas, decidido pela editora através dos seus canais de varejo e distribuição. *Royalties* antecipados em geral estão em torno de 6% a 10% da garantia previstas no primeiro ano para as unidades do jogo (estimativa de vendas), embora nem todas as editoras utilizem um modelo científico de percentuais. Algumas equipes de desenvolvimento visam recuperar a maior parte do custo de desenvolvimento real ou utilizar seus fundos de desenvolvimento com sua equipe por pelo menos seis meses nesta fase para lhes dar uma zona de conforto dentro da qual podem trabalhar. O pagamento inicial é usado para cobrir os custos de instalação e qualquer fase de pré-produção necessária.

Garantias

Estas geralmente vêm em duas formas: 1) um montante que está contratualmente garantido pela editora e deve ser pago, independentemente do quão bem o jogo realmente vende; 2) ou uma garantia baseada em uma quantidade de unidades vendidas necessária para manter a exclusividade com a editora. Se o jogo não conseguir vender as unidades que a editora acordou, o desenvolvedor está livre para tentar garantir um parceiro para novas publicações. A segunda opção é geralmente a garantia mais comum usada pelas editoras.

Marcos

Pagamentos de marcos representam a taxa de liberação de financiamento do desenvolvimento que foi acordado entre a editora e o desenvolvedor durante a fase de negociação do contrato. O conteúdo exato de cada etapa é sempre acordado previamente por ambas as partes. É extremamente importante que o desenvolvedor questione possíveis questões ou problemas nesta fase da negociação, em vez de tentar fazer a editora alterar a especificação do marco após o acordo inicial, ou quando surgir uma situação que provoque problemas, porque praticamente nenhuma editora aceitará fazer isso.

Quando a editora verifica que um marco foi alcançado, ela checará todas as letras do acordo original antes de liberar qualquer verba para o desenvolvedor. Um único ponto passado despercebido pelo desenvolvedor pode resultar em pagamento suspenso até o ponto em questão ser abordado.

O desenvolvedor tem de manter em mente que a editora, em geral, pode anular (conhecido na indústria como "engavetar") ou suspender um projeto em qualquer ponto. Sua única preocupação em relação ao cronograma de desenvolvimento é proteger seus investimentos, para que atrasos e cortes de características do jogo devido a má gestão da editora e má vontade do desenvolvedor quando se trata de marcos.

Editoras, em regra, querem que seu relacionamento com os desenvolvedores seja rentável, e estes devem ser transparentes, no estágio mais inicial possível, sobre o que pode e o que não pode ser entregue, para que uma medida corretiva ou de reescalonamento possa ser tomada.

Pagamentos de marcos

Em quase todos os acordos com editoras de jogos, pagamentos de marcos são vistos como adiantamento de *royalties*, e recuperados fora dos lucros que seriam devidos ao desenvolvedor quando o jogo tiver sido lançado.

Levando em conta uma estimativa de patamar superior, para cada $ 1 milhão do custo do jogo, você precisa vender 100 mil unidades a fim de atingir o nível de equilíbrio; por isso, se um produto custa $ 15 milhões, você precisa vender 1,5 milhão de unidades. Para a maioria dos desenvolvedores, ocorre que estes necessitam recuperar esse custo de desenvolvimento antes de receber os *royalties*. Depois que o adiantamento inicial é pago, o restante do financiamento do desenvolvimento usualmente é dividido em lotes de pagamentos mensais iguais ao longo do ciclo de produção, com o pagamento final sendo ligeiramente maior do que o realizado nos marcos normais, isso a fim de incentivar o produtor a entregar um candidato a *gold master* em tempo: um DVD com o jogo fechado, completo, em pleno funcionamento e sem *bugs*, ou seja, pronto para a masterização e subsequente prensagem das cópias. Além disso, esse "valor extra" tem a finalidade pragmática de fornecer aos desenvolvedores uma pequena reserva de dinheiro para esperar vê-los funcionando como uma equipe coesa até o próximo projeto ou royalties ainda a ser realizado. Geralmente, desenvolvedores mais tradicionais e *highprofile* são capazes de negociar taxas de recuperação mais rápidas e, portanto, potencialmente ganhar mais, se seus jogos forem bons o suficiente.

Como já mencionado, os desenvolvedores também precisam ter em mãos vários conjuntos de números que lhes permita ajustar a programação a fim de combinar os pagamentos de marcos para que possam cumprir as exigências do desenvolvimento. Esses dados devem abranger todos os salários das equipes e um montante reservado para cobrir as áreas de risco potenciais, para quando, e se, o pior acontecer e o calendário precisar ser reformulado para levar em conta um acontecimento imprevisto.

Além disso, recomenda-se que o desenvolvedor tenha um documento de trabalho que mantenha o controle dos custos do projeto em curso. Ele precisa estar ciente desse "bottom line" por toda a duração do projeto, e usar o documento interno para acompanhar o progresso e reconhecer quais mudanças precisam ser feitas diária, semanal ou mensalmente para se manter com êxito no alvo. Esse documento também será vital para a criação dos próximos orçamento e cronograma para os projetos futuros, e é muito da razão por que em geral é dada precedência às equipes estabelecidas sobre as novas *startups*.

Bônus de conclusão

Dependendo da editora, este bônus é pago ou quando o jogo chega ao final do *gold master*, ou quando o produto é enviado para seu território primário de lançamento. A maioria dos desenvolvedores vai tentar utilizar o pagamento deste bônus, por um ou dois meses, em geral para se manter nos negócios com sua equipe até seu próximo projeto ser assinado. Neste momento "eles terão alguma gordura para queimar", como se diz na gíria.

O bônus de conclusão é ainda amplamente visto como um pagamento "em potencial", e não como um valor fixo, porque normalmente haverá condições estabelecidas pela editora para saber se o desenvolvedor a ele tem direito. Essas condições, em geral, incluem: atingir todos os prazos, e, especialmente, a data de lançamento, a conclusão do projeto inicial, e o fornecimento dos recursos certos para áreas de vendas e marketing, como, por exemplo, material de demonstração e outros recursos de promoção.

A maioria dos desenvolvedores vai tentar acumular os pagamentos de marco por todo o período de desenvolvimento a fim de cobrir eventuais bônus de conclusão, caso não cumpram os critérios para tal pagamento.

Negociação de *royalty*

Normalmente, as taxas de *royalties* usadas por editoras representam uma porcentagem do preço de atacado do produto. Embora essas taxas possam chegar a até 70% dos preços no atacado, esses níveis somente são realmente possíveis através de autopublicação e distribuição digital via plataformas de download como a *Steam* ou a *PlayStation Network*. Para um produto embalado de varejo via contrato de publicação, frequentemente ficam entre 18% e 25%, com alguns dos desenvolvedores mais tradicionais e bem-sucedidos chegando a 35%.

Com isso em perspectiva, para um projeto de jogo que custa $ 10 milhões para desenvolver, será necessária a venda de aproximadamente 1 milhão unidades para começar a gerar qualquer tipo de *royalty* para o desenvolvedor – o chamado ponto de "igualdade" –; por isso, é muito importante que o colaborador considere garantias de taxa fixa, em lugar de *royalties*, se achar que esse nível percentual pode não ser exequível para seu produto. Em termos do que isso significa normalmente, numa situação por unidade, um editor geralmente recebe $ 24 por cada unidade vendida, e o desenvolvedor, cerca de $ 4 dólares por cada exemplar vendido (após o ponto de igualdade).

Um modelo alternativo é oferecer uma taxa maior de pagamentos de *royalties* sobre o volume de unidades vendidas. Por exemplo, um projeto assinado definindo uma taxa de *royalty* de 15%, pode permitir aumentar esta taxa para 20% se o produto vende mais de 100 mil unidades ao longo do ponto de equilíbrio, e depois aumentar novamente para 25% quando vender mais de 150 mil unidades passado o ponto de equilíbrio. Essa é uma forma mais justa, porque garante que o desenvolvedor participe de qualquer sucesso significativo ou inesperado, como aconteceu com a equipe de desenvolvimento que estava por trás do jogo *Tomb Raider* original.

Um aspecto importante na negociação da taxa correta de *royalties* é ter uma definição e compreensão claras do que a editora considera como preço de atacado. A maioria dos desenvolvedores vai começar em 35% e, a partir daí, trabalhar com uma diminuição progressiva e escalonada da taxa até o ponto que seja agradável para ambas as partes. Alguns editores simplesmente podem estimar o preço de atacado como sendo o do varejo, ou seja, o custo total do produto menos os custos de materiais, tais como embalagem, disco, manual e assim por diante (isto é, por vezes, referido como o CPV – custo dos produtos vendidos), enquanto outros terão definições muito amplas, podendo incluir deduções, como gastos com marketing, despesas promocionais e amostra de cópias/revisão sobre o CPV. Claro, a embalagem física é irrelevante para os títulos distribuídos digitalmente, outra razão para o impulso continuado nesta área.

Como dito na seção anterior sobre o delineamento de pesquisas, aqui é igualmente importante para o desenvolvedor compreender o negócio individual da editora, a fim de garantir que obtenha o melhor negócio possível para seu jogo. Muitos desenvolvedores nunca verão um pagamento de *royalty* em razão da maneira como o preço no atacado é calculado pelo editor, e, uma vez que não há dois editores que trabalhem exatamente da mesma forma, é recomendável que o desenvolvedor esclareça todas as questões com um bom advogado ou agente antes da assinatura do contrato de edição.

Pagamento de *royalty*

A maioria dos desenvolvedores terá *royalties* pagos na moeda nativa, e não na da editora. Isso não é tanto um problema para os desenvolvedores europeus, que em grande parte recebem em euros, mas para a maioria dos editores ocidentais com sede nos Estados Unidos, as taxas de câmbio muitas vezes entram em jogo.

Ao negociar, o desenvolvedor deve sempre deixar claro qual moeda será utilizada para cada território e, se possível, pedir que eventuais pagamentos de *royalties* lhe sejam feitos em sua moeda preferencial, em vez de vários tipos de moedas diferentes de diferentes territórios. Outro fator a se levar em conta, que se relaciona com a Europa em particular, é que todos os jogos estarão sujeitos ao IVA (Imposto sobre Valor Agregado), que varia de 13% a 25%, dependendo do país. Deve estar claro no contrato de *royalties* como esse imposto será calculado com base no preço por atacado, e, portanto, o impacto que terá na taxa de *royalty* que o desenvolvedor irá receber.

Contratualmente, o desenvolvedor também deve pedir o direito de auditar os registros financeiros da editora para verificar se o pagamento dos *royalties* está sendo realizado corretamente. Se a editora recusar o acesso a esses registros, ou mediante auditoria são encontradas situações de não cumprimento do acordo de *royalties*, ela pode estar abrindo uma brecha para ações judiciais a ser movidas pelo desenvolvedor. No entanto, os recursos de um editor são muito maiores do que quase qualquer um desenvolvedor, e muitas vezes pode ser o caso de o desenvolvedor ir à falência ou ser forçado a reduzir suas perdas, em vez de lutar contra os direitos de *royalties* nos tribunais.

É significativo, nos últimos anos, o número de desenvolvedores no Reino Unido, Europa e Estados Unidos que foram forçados à liquidação por conta da questão de pagamento de *royalties* por suas editoras.

〉 Marcos de desenvolvimento

Nesta seção final, já que o desenvolvimento pleno já começou, examinaremos as principais etapas do processo de desenvolvimento de jogos.

Cronograma de desenvolvimento

O período de desenvolvimento para um projeto de jogo varia bastante entre as empresas (e por plataforma), e não há nada definido que possa mostrar quanto tempo qualquer projeto específico deve durar para ser concluído.

Os projetos podem variar na duração de seu desenvolvimento, de 10 a 14 meses, para títulos em conjunto com filmes ou atualizações anuais de franquia de esportes; já um jogo original costuma ter ciclo "comum" de 18 a 24 meses. Aqui estão alguns exemplos de períodos de desenvolvimento de jogos para diferentes plataformas:

- 4–6 meses – para telefone móvel.
- 18–24 meses – para PlayStation 3 ou Xbox 360.
- 10–14 meses – para jogo licenciados de filme ou franquia anual de esportes.
- 12–18 meses – para Nintendo Wii ou de PI do PC.

Claro, existem projetos que constantemente empurram os limites em cada extremidade do espectro, como a sequência, de cinco anos, da Valve, *Half Life 2*. Quase todos os projetos compartilham os mesmos marcos descritos neste capítulo, e, geralmente, compartilham a mesma proporção de tempo em cada etapa. A Figura 7.3.1 mostra um prazo médio de 20 meses a partir da criação do documento de conceito até a duplicação.

Fase do marco	Mês 1-3	Mês 4-6	Mês 7-9	Mês 10-12	Mês 13-15	Mês 16-18	Mês 19-21
Pré-produção – documento de design principal Proposta plena de design Cronograma e custo do projeto	▓						
Documento de conceito		▓					
Fase alfa		▓▓▓▓▓▓▓▓▓▓▓▓▓▓▓▓▓▓▓▓▓▓▓▓					
Fase beta					▓▓▓▓▓▓▓▓		
Teste de qualidade				▓▓▓▓▓▓▓▓▓▓▓▓			
Gold Master						▓	
Produção e duplicação Testes específicos de plataforma							▓▓▓▓▓

Figura 7.3.1 Quantidade de tempo gasto em cada fase de marco do desenvolvimento do jogo.

Estágio alfa

A definição deste estágio varia de desenvolvedor para desenvolvedor, porém, em geral, e normalmente, significa que a "funcionalidade" do jogo está basicamente completa. Isso se traduz, em regra, com todos os recursos necessários do projeto já implementados, mas nem todos necessariamente funcionando exatamente da maneira desejada.

A parte mais longa do ciclo de desenvolvimento é esta, do início até atingir este estágio. É nela que geralmente acontecem alguns deslizes, como características que levam mais tempo para ser implementadas, ou a tecnologia escolhida não cumpre os requisitos necessários, ou exige mais trabalho para chegar ao estado esperado. É durante a fase alfa que os *feedbacks* sobre jogabilidade dos grupos focais (incluindo Qualidade), da equipe de design e da editora podem ser incorporados sem muito impacto no cronograma. Isso se dá principalmente em razão de os recursos de jogabilidade não estarem totalmente concluídos e, portanto, mais abertos a modificações e ajustes. No entanto, isso também pode ser uma faca de dois gumes, e precisa ser administrado diretamente pelo produtor a fim de garantir que o projeto seja mantido no caminho e não comecem a acontecer derrapagens por causa da grande quantidade de recursos (não planejados) que estão sendo adicionados ou alterados a partir da especificação do projeto original.

Durante o desenvolvimento alfa, alguns sons, localização de idioma, música e talento de voz (se aplicável) ainda podem consistir em espaços reservados temporários, com o teor final destas áreas sendo implementado na fase beta. No entanto, a arte deve estar amplamente finalizada durante esta fase, com todos os espaços reservados para gráficos removidos antes de beta. A fase alfa também pode ser um sistema para a equipe de design validar a mecânica de jogo, com o Departamento de Qualidade da editora podendo colaborar com testes de funcionalidade e *feedback*.

Tal medida pode ajudar a refinar os métodos de controle e a interface do usuário antes do teste formal de erros. Por vezes, é quando acontece de que o que estava ótimo no papel pode ser demasiado difícil ou não prático quando executado. Além disso, as ideias que foram anuladas durante o conceito ou na fase de proposta, porque pareciam muito difíceis, ou desinteressantes, de repente podem ser percebidas e incorporadas porque agora a tecnologia está funcionando.

Também é nesta fase que o mundo em geral vai começar a ouvir falar do jogo em maior detalhe, através de revistas e sites da internet, em artigos de "primeiras impressões", entrevistas, e como resultado do trabalho de relações públicas realizado pela editora.

Controle de Qualidade

O papel e a metodologia dos testes de qualidade variam de empresa para empresa; a maioria dos desenvolvedores não tem departamentos de qualidade em tempo integral, e conta com várias maneiras moderadas de correções de erros do seu próprio código, muitas vezes deixando a maior parte do déficit ou pequenos erros não críticos para os departamentos de qualidade da sua editora, a fim de que os corrijam durante a fase beta.

Durante esta fase e até a conclusão do projeto, o jogo estará em teste constante pelo Departamento de Qualidade da editora (ou cada vez mais por equipes de teste profissionais em empresas terceirizadas). A maioria dos *feedbacks* dados para a equipe virá sob a forma de falhas de jogabilidade, questões de dificuldade, e erros técnicos relacionados a gráficos, som ou incompatibilidade de hardware, o último destes particularmente importante para os produtos de PC.

Para os desenvolvedores de produtos para console, como os sistemas Xbox da Microsoft e o Playstation da Sony, haverá um nível adicional de qualidade no local do titular da plataforma (algumas vezes em vários e diferentes países), onde as novas diretrizes ou listas de *verificação de requisitos técnicos* (TRC: *technical requirement checklist*) são realizadas para garantir que o jogo segue as normas de controle de qualidade que o titular da plataforma pôs em prática.

Os procedimentos de teste para os produtos de console são muito mais apertados do que o desenvolvimento de qualquer outra plataforma, pois o sistema de atualização por *patch* é mais difícil em razão da conectividade *on-line* ainda limitada, enquanto os desenvolvedores para PC muitas vezes são forçados a deixar para corrigir pequenos erros até depois do lançamento, seguros no conhecimento de que podem sempre resolver o problema mais tarde. Isso geralmente é feito com um *download* adicional de um site de suporte ou especialista de jogos *on-line* e discos de capa de revista.

O cronograma de testes de plataforma TRC varia um pouco, mas a aprovação final da Sony (ou *submissão*, o jargão usado) demora entre quatro e seis semanas para ser concluída, somando-se mais duas a quatro semanas se o jogo não for aprovado na submissão e precisar ser corrigido/enviado de volta.

O produtor da editora e o externo atuarão como intermediários entre as equipes de qualidade e de desenvolvimento para garantir que não sejam inundados com relatos de erros casuais.

A maioria das empresas usa programas de monitoramento de erros, planilhas automatizadas ou sistemas de banco de dados Oracle para gerenciar e priorizar o *feedback* de erros. Membros principais da equipe também terão reuniões periódicas de atualização de erros para garantir que os que são corrigidos estejam sendo removidos do projeto, e os relatórios de controle de qualidade concentrando-se em áreas importantes.

Estágio beta

Este estágio ocorre efetivamente quando todos os recursos que foram entregues durante a fase alfa estão funcionando e são bloqueados para que nenhuma funcionalidade principal nesta fase seja alterada. Uma vez que toda a mecânica do jogo proposta e os recursos tecnológicos estão implementados, o departamento de teste está dedicando grande parte do seu tempo tentando "setorizar" o jogo e fornecer pequenos *feedbacks* de ajuste de jogabilidade em áreas como definições de dificuldade, pontuação ou sistemas de pontos e assim por diante. Durante o estágio beta, os efeitos sonoros finais, trilhas sonoras, talento de voz e localização são adicionados e concluídos, com testes e *feedback* constante de qualidade para assegurar que todo o conteúdo esteja à altura do padrão desejado e nos lugares certos. Essas tarefas normalmente são tratadas durante esta fase simplesmente porque os desenvolvedores conseguem se concentrar melhor em questões orientadas ao conteúdo, em vez das tarefas técnicas que dominam no estágio alfa.

Ainda durante esta fase, serão dadas à imprensa e ao público mais informações sobre o jogo sob a forma de características jogáveis, e, enquanto o jogo se aproxima da conclusão, relatórios de visualização do jogo.

Para títulos de PC com um componente *on-line* (e mesmo para alguns jogos de console), está se tornando cada vez mais comum para os desenvolvedores a liberação de compilações para "teste beta" com conteúdo reduzido do seu jogo para testes públicos controlados. Isso ajuda a diminuir as questões de compatibilidade de hardware exclusivas em títulos de PC, e dá à equipe de desenvolvimento *feedback* autêntico dos consumidores para completar o previsto pela qualidade. Testes públicos de beta também podem ajudar os desenvolvedores a ver seu conteúdo em um ambiente do mundo real, o que é impossível recriar na maioria dos departamentos corporativos de qualidade. Fatores como testes de estresse podem ser vistos como medidas apropriadas para corrigir os problemas antes do lançamento.

É também durante o estágio beta que os jogos estão sob maior ameaça de ser vazados ilegalmente para o público. Normalmente, isso acontece a partir de alguém de dentro da empresa (por exemplo, testadores de qualidade *free-lancers* inescrupulosos) ou por jornalistas desonestos, e às vezes, até mesmo, por parceiros de hardware. Na maioria dos casos, desenvolvedores e editoras têm procedimentos internos para ajudar a tentar evitar esta situação, como marca d'água digital, por exemplo, embora ainda existam inúmeras versões não autorizadas de código beta a cada trimestre, muitas vezes nos títulos de maior destaque.

Estágio *gold master*

O estágio *gold master* é assim nomeado por causa dos discos dourados de gravação originalmente usados para enviar os recursos finais de masterização do jogo para a editora visando à duplicação em massa.

É nesta fase final de desenvolvimento para títulos de PC que a proteção contra cópia é adicionada, a instalação do software é integrada e drivers de dispositivos podem ser adicionados ao jogo.

Depois de todos os erros críticos removidos do jogo e todas as partes estarem de acordo com os requisitos da definição beta, o jogo é declarado um candidato *gold* e enviado para duplicação.

É normalmente neste ponto que o trabalho será concluído, com uma demonstração específica para montagens de capas de revistas e distribuição *on-line*, embora cada vez mais as equipes estejam construindo conteúdos de demonstração e *visualizações* no cronograma original e repartição de custos, especialmente no caso de desenvolvedores de consoles, isto em razão dos prazos das revistas.

Resumo da produção

Durante esses processos existem muitos *minimarcos* regulares, e é muitas vezes necessário que os editores tenham alguma forma de assegurar que as metas estejam sendo atingidas e o projeto acompanhando a taxa indicada no cronograma e no orçamento; e para os desenvolvedores, isto geralmente dita seus pagamentos.

Em geral, esses minimarcos acontecem uma vez por mês na maioria das empresas, com a presença da administração sênior e dos membros principais da equipe. Ainda que essas presenças possam ser irritantes para a equipe de desenvolvimento, que praticamente só quer chegar lá e desenvolver seu jogo, estes profissionais são uma forma essencial para se certificar de que tudo está no caminho certo. Isso garante que todos os componentes da equipe estão se comunicando e que qualquer mudança no *status* do projeto seja conhecida ou que problemas sejam destacados e as medidas apropriadas sendo tomadas.

Projetos mal gerenciados, com reuniões de marco irregulares, muitas vezes perdem o ponto. Atrasos resultam em orçamentos superfaturados, por isso é vital que a gestão de desenvolvimento e os editores ou investidores envolvidos tenham um processo definido para ser utilizado, assim protegendo o investimento e assegurando que o projeto do jogo atinja seu alvo e venda.

≫ Resumo

Embora poucas pessoas fora da alta gerência precisem aplicar o conjunto de conhecimentos apresentados neste capítulo, independentemente de sua função ou do nível de desenvolvimento do qual você fará parte, de uma forma ou de outra ele representa a estrutura para o desenvolvimento do jogo em si. Quanto melhor for seu entendimento do processo como um todo, mais eficiente pode ser quando estiver trabalhando como parte de uma equipe envolvida nesta indústria difícil, mas, ocasionalmente, compensadora.

Ficou claro neste capítulo que o processo de desenvolvimento de jogos, especialmente o financiamento do projeto e o relacionamento desenvolvedores/editora, evoluiu consideravelmente durante a transição do mercado-nicho de passatempo para a indústria do entretenimento de massa. Os protótipos de jogos e o processo da proposta, como um todo, tornaram-se competências essenciais, críticas e dispendiosas para os desenvolvedores, e muitas empresas, lentas demais para acrescentar talentos em suas equipes criativas, independentemente dos já seus integrantes, pagaram o preço final.

No entanto, é importante lembrar também que esta evolução ainda está acontecendo. Os desenvolvedores mais proativas estão aprendendo a aproveitar este clima de mudança, desistindo de desenvolver novas PIs e focando no trabalho rápido e rentável, para contratar parcerias com editoras, desenvolvendo *portagens* e licenças, até o extremo oposto da escala de trabalho com fundos de investimento em estilo de filme, o que lhes permite financiar o desenvolvimento de seus novos títulos até sua conclusão e, portanto, mantendo os direitos de propriedade e maximizando sua cota de *royalties*. Alguns analistas também preveem movimento crescente para a produção de jogos no estilo de filmes, para os quais as equipes de desenvolvimento são montadas especificamente para cada título de acordo com suas respectivas competências, o que já está começando a acontecer em uma escala modesta.

Estamos também trabalhando numa indústria que nunca se acomoda. A cada nova geração de hardware, o prazo médio de desenvolvimento, orçamento e tamanho da equipe pode aumentar, colocando ainda mais pressão sobre os desenvolvedores independentes. No entanto, com os novos consoles portáteis, os telefones celulares e os *pads (Andoid e iPad)* aproximando-se rapidamente da fidelidade dos títulos de consoles da última geração, pequenos desenvolvedores, pelo menos, terão a oportunidade de transferir suas habilidades relevantes e comprovadas para estas plataformas, para não mencionar os crescentes canais de distribuição *on-line*, como *Steam*, *Xbox Live*, *PSN*, *WiiWare* e *DSiWare*. Felizmente, isso reforça a importância da leitura e da pesquisa em seu estudo e em qualquer papel que escolha para prosseguir no desenvolvimento de jogos. Os exercícios a seguir vão ajudar a lhe dar um entendimento mais prático dos temas abordados neste capítulo.

Exercícios

1. Utilize sua ideia de projeto de jogo ou a do seu jogo favorito e crie uma apresentação da proposta de jogo como descrita neste capítulo. Se estiver trabalhando com um jogo existente, use a internet para encontrar recursos de promoção, como conceito de arte, imagens, vídeos da jogabilidade, para adicionar substância à sua apresentação.
2. Usando o mesmo jogo, liste *as características-chave de jogabilidade* que precisam ser desenvolvidas para o protótipo convencer a editora da prova de conceito. Lembre-se, a fase de protótipo deve ser rápida e de baixo custo, por isso, não se empolgue! Pense realmente em que esse jogo se diferencia ou é melhor e o que precisaria ser colocado em uma demonstração jogável. Levando em conta a série *Halo* aqui mencionada, por exemplo, você pode listar:
    a. O sistema de vida e proteção recarregáveis.
    b. Empunhadura de duas armas.
    c. Detalhes do motor de gráfico de ponta, como *shaders* e mapeamento de *bump*.
    d. Um ou dois tipos de inimigos funcionais no jogo.
    e. Um ou dois tipos de armas.
    f. Uma área totalmente detalhada do ambiente mostrando o estilo visual.
    g. Algumas animações/físicas básicas, como correr, pular, atirar e recarregar.

3. Tendo um cronograma de desenvolvimento de 18 meses e um efetivo de 28 pessoas para um título de plataforma, use as informações na seção Marcos de desenvolvimento, bem como o resto deste livro e a internet, para dividir a equipe em departamentos relevantes, elaborar um cronograma básico e calcular um orçamento aproximado. O site www.igda.org é um bom lugar para começar a pesquisar os salários médios para os departamentos da indústria de jogos.
4. Usando as informações que você obteve no Exercício 3, formule um gráfico, como mostrado na Figura 7.3.1, indicando as etapas de desenvolvimento do jogo como uma porcentagem do tempo total do projeto.

7.4 Marketing

Neste capítulo

- Visão geral
- A promessa de marketing da editora
- Anúncios tradicionais
- Anúncios de varejo
- Sendo ouvido na mídia
- Oportunidades de publicidade para um jogo de console ou PC
- Contatando a mídia
- Marketing em feiras comerciais
- Cobertura da mídia do consumidor para jogos de console e PC
- Gerando publicidade para jogos casuais
- Anúncios *on-line*
- Relações públicas corporativas: como construir uma marca para a empresa
- Resumo
- Exercícios

〉 Visão geral

Desenvolvedores de jogos têm um grande número de ferramentas para promover suas empresas e os jogos que criam. Por um lado, o grande número de diferentes meios de mídia – impressa, transmissão broadcast e *on-line* – permite a comercialização em todos os níveis do espectro, a partir de anúncios de TV de alto orçamento até anúncios *on-line* de jogos.

Por outro, isso não inclui os milhares de sites que foram criados pelos próprios jogadores para discussões entre seus pares. Esses sites de "fãs" oferecem notícias e opiniões para o jogador *hardcore*, aconselhamento especializado em uma determinada, atual ou futura, plataforma ou título, ou pode se aprofundar em cada aspecto de jogabilidade de um único jogo.

Existem dezenas de maneiras de comercializar jogos, marcas, e até mesmo as próprias empresas para obter o máximo de visibilidade em um jogo. Este capítulo explica como cada um destes canais funciona e como podem ser aproveitados. Ser ouvido acima do barulho existente é difícil, especialmente com o grande número de jogos lançados a cada ano, mas aqui abordamos as formas tradicionais e inovadoras para que isto possa ser alcançado.

> A promessa de marketing da editora

Antes do advento da autopublicação, possibilitada pela internet, a maioria das atividades de marketing era realizada pela editora. Antes de um desenvolvedor assinar com uma editora, as condições para promover o jogo durante o desenvolvimento e após a conclusão devem ser claramente entendidas por ambas as partes e explicitadas no contrato. Ambos devem concordar com uma lista de atividades de marketing em conjunto, discriminando quem é o responsável por cada atividade. Embora algumas editoras possam não querer garantir tais atividades, é importante que cada lado compreenda claramente o que o outro pretende fazer para promover o jogo.

Em geral, as editoras têm programas "modelo" para seus títulos de terceiros. Um título AAA destinado ao público geral, bem como a jogadores – uma franquia grande como *Harry Potter*, por exemplo – pode ter apoio considerável: a promoção para a mídia dirigida ao consumidor, assim como os meios de comunicação especializados em jogos, incluindo um *tour* de imprensa e talvez mesmo um evento especializado para a promoção do lançamento do jogo é possível. Um jogo título B, que visa aos verdadeiros jogadores, pode conseguir somente um impulso completo para a mídia de jogos, incluindo um *minitour* de imprensa, mas talvez não seja preciso empreender muito esforço para obter a cobertura da mídia voltada ao consumidor. Finalmente, títulos C podem ter apenas um programa de crítica ou apresentação para repórteres e críticos de jogos. A seguir estão algumas perguntas que devem ser colocadas antes de um contrato de desenvolvimento ser assinado com uma editora.

- Quais atividades de relações públicas a editora vai realizar?
- A editora vai querer ou precisar da participação do desenvolvedor para entrevistas, em feiras e assim por diante?
- O desenvolvedor pode ser mencionado em todas as versões?
- O desenvolvedor será capaz de ver e checar comunicados à imprensa?
- Que tipo de anúncios (revista, comerciais de TV ou publicidade *on-line*) está previsto para o título?
- Como o título se compara com os outros jogos da editora que serão lançados durante o mesmo trimestre fiscal?
- O título será agrupado com outros jogos, ou promovido de forma independente?

Essas questões darão aos desenvolvedores um senso de onde estão e como seu título será comercializado. Mesmo que a editora não pretenda colocar muita força de marketing no título, existe muito que um desenvolvedor pode fazer para ajudar a promover o jogo, como discutido neste capítulo.

> Anúncios tradicionais

A indústria do videogame está no negócio de venda de produtos. Campanhas publicitárias e promocionais são válidas para atrair clientes, apesar de caras. Infelizmente, só aqueles jogos que as editoras sentem ser capazes de vender em grande quantidade terão esse tipo de apoio na comercialização. A publicidade tradicional consiste em comerciais de televisão, anúncios em revistas, displays em lojas, promoções no varejo, folhetos de anúncios e *tie-ins*[1] com outros produtos que se destinam ao público-alvo, tais como cereais e *fast-food*, ou promoções com celebridades, como músicos ou atores. Recentemente, a publicidade está começando a atuar em novas mídias, como smartfones, que permitem às editoras destinar suas mensagens mais diretamente e com mais força ainda.

Com o advento da internet, a publicidade está se movendo para o segmento *on-line*. Embora os custos estejam subindo, esse tipo de publicidade é muito menos dispendiosa do que a tradicional. As editoras podem selecionar os locais que oferecem uma grande audiência demográfica para seu produto e podem medir o tráfego e os "cliques" quando os visitantes visualizam seus *banners* e decidem abrir o anúncio para obter mais informações. As editoras promovem em seus sites os títulos que acreditam os jogadores estejam interessados com banners e às vezes, até mesmo, vídeos. Os comerciais de vídeo são postados em sites como o YouTube.

› Anúncios de varejo

Se um jogo de alto nível tem como alvo um determinado console, como o PS3, o fabricante deste console poderia estar interessado na promoção do título como forma de promover seu próprio console. Esses jogos de maior visibilidade são, então, colocados em quiosques dentro das lojas para demonstração. Muitas vezes, esses quiosques vão oferecer uma demonstração jogável ou um *preview* de um jogo novo, dependendo do que o desenvolvedor oferecer ao fabricante do console. Com milhares de quiosques em lojas de varejo, este pode ser um meio muito eficaz para obter os potenciais compradores para a amostragem de um jogo.

As editoras pagam uma boa quantia aos varejistas para garantir que seus jogos sejam anunciados em seus folhetos promocionais e bem visíveis dentro das lojas. Não é por acaso que os jogos particulares são agrupados nas extremidades inferiores das prateleiras dos corredores, conhecidas em marketing como *end caps*. Outro forma de apresentar os jogos de alto nível são os *standup displays* de papelão, que também custam dinheiro adicional. Até para colocar um jogo ao nível dos olhos em uma prateleira pode custar mais dinheiro em diversos varejistas. Outras publicidades no varejo podem ser vistas sob a forma de cartazes, cartões de promoções e grandes caixas vazias de um título futuro.

› Sendo ouvido na mídia

Para maximizar a visibilidade de um jogo, todos os meios de comunicação (mídias), bem como as categorias que não da mídia, devem ser avaliados e um plano deve ser criado para que se promova o jogo na hora certa. A mídia entusiasta consiste em várias categorias: publicações que se concentram no console de jogos, como *GamePro* e *Game Informer*; revistas que cobrem apenas PC e títulos *on-line*, como *Maximum PC*, *PC Gamer* e *PC World*; sites que têm como público os fãs de jogo, como GameSpot, IGN.com e Adrenaline Vault; e os canais a cabo, que apresentam jogos

---

[1] N. R. T.: Um *tie-ins* é o licenciamento realizado conjuntamente com um outro produto, por exemplo, quando temos uma determinada marca de cereal vendendo uma caixa que tem um super-herói, uma miniatura ou mesmo uma versão de game deste herói conjuntamente na caixa.

o tempo todo ou em conjunto com cobertura de hardware e software para os jogadores precoces: como o G4. Algumas rádios nos Estados Unidos cobrem jogos, como o programa sindicalizado de David Graveline, *Into Tomorrow*. Há também um programa de rádio no Online Gaming Network e ambas as C/Net Radio e CNN Radio têm segmentos de jogo.

Além de mídias dirigidas por jornalistas, relações públicas podem tirar vantagem de sites operados pelos próprios jogadores. Estes são frequentemente fãs apaixonados que decidem seguir o progresso de certos gêneros de jogos, ou mesmo um único jogo, a partir do momento em que o tempo de desenvolvimento é anunciado, durante o período beta, e mesmo após o lançamento. Quando um jogo é lançado, grupos de jogadores que formam "guildas" para jogar jogos multijogador são muitas vezes bastante ativos na operação de sites.

A mídia dos entusiastas e "fãs" oferecem aos desenvolvedores e editoras uma das melhores maneiras de despertar o interesse precoce por um título para os chamados jogadores *hardcore* ou os aficionados. Esse processo pode ser iniciado até dois anos antes do lançamento de um jogo multijogador, ou MMO.

No Brasil, desde o começo da informática, revistas dedicaram espaços especializados para o tema dos jogos. Atualmente, a editora Europa mantém as edições da *Playstation Revista Oficial – Brasil*[2] dedicada aos jogos da plataforma da *Sony*, com mais de 165 números editados, a *XBOX360*[3], a qual ultrapassou a edição de número 70, a revista *OLD!Gamer*[4], dedicada a jogos antigos e preciosidades. A *Tambor Digital* é responsável pelas edições da *EGW: Entertainment & Game World*[5], *Nintendo World*[6]. Sites dedicados ao tema são: o *Game Reporter* (www.gamereporter.uol.br), o *UOL jogos* (jogos.uol.com.br), o *Nintendo Blast* (www.nintendoblast.com.br), o *Arena IG* (www.arena.ig.com.br), o *PodQuest* (www.thepodquest.com), o *Abrindo o Jogo* (www.abrindoojogo.com.br), somente para citar alguns e a cada dia novos *blogs* e sites surgem, seja como ação organizada de profissionais, instituições de ensino ou como livre iniciativa de fãs.

Telefone e e-mail versus visitas pessoais

A qualidade de um jogo é responsável por cerca de dois terços da razão de um título ser coberto. O outro terço é baseado em um RP ou profissional de marketing com conhecimentos na área, criatividade, conhecimento e persistência.

O e-mail funciona, no início, como um meio de contato para encontrar os repórteres/críticos e os Web mestres de sites de fãs interessados. Os comunicados à imprensa podem ser enviados por e-mails. Logo, textos breves e amigáveis que apresentam rapidamente o jogo (geralmente descritos como cartas de promoção) devem acompanhá-los.

Se o jogo estiver indo muito bem, é melhor ter um encontro cara a cara com os repórteres/críticos para demonstrá-lo e deixá-los experimentar (é o teste de redação). Isso envolve a solicitação do encontro, preparar as reuniões, e, depois, viagens a escritórios da editora, normalmente referidas como "*tour* de mídia". Nos Estados Unidos, a maioria dos escritores para entusiastas da mídia está na área da Baía de São Francisco, Los Angeles, ou Nova York. Mineapolis, Richmond e Vermont

---

[2] N. R. T.: O site da *Playstation Revista Oficial – Brasil* é: http://www.europanet.com.br/site/index.php?cat_id=31.
[3] N. R. T.: O site da revista *XBOX360* é: http://www.europanet.com.br/site/index.php?cat_id=977.
[4] N. R. T.: O site da revista *OLD!Gamer* é: http://www.europanet.com.br/site/index.php?cat_id=1438.
[5] N. R. T.: O site da revista *EGW: Entertainment & Game World* é: http://www.tambordigital.com.br/revista_egw.html.
[6] N. R. T.: O site da revista *Nintendo World* é: http://www.tambordigital.com.br/revista_nintendo.html.

também seriam paradas obrigatórias durante uma abordagem aprofundada. Infelizmente, é praticamente impossível visitar "fãs" on-line, porque podem estar localizados em qualquer parte do mundo, e raramente revelam sua localização exata.

Trabalhando com sites de fãs

Uma das maneiras mais interessantes para gerar interesse nos títulos de jogos é através dos sites de fãs. Com o crescimento da internet, esse fãs têm encontrado uma voz, construindo seus próprios locais onde as regras são notícias sem fim, boatos, discussões.

Os jogadores, em particular, parecem amar o envolvimento na discussão sobre títulos antecipados e no debate sobre cada aspecto de um jogo publicado, até estratégias sobre como passar de um nível complicado ou completar uma missão em um jogo. Como resultado, surgiram milhares de quadros de avisos e sites onde os fãs podem discutir.

Com alguma pesquisa, comunidades específicas de jogos ou sites focados nesta categoria (por exemplo, jogos de tiro em primeira pessoa (FPS) ou jogos de RPG em massa on-line (MMORPG)) podem ser localizados.

Os sites de fãs mais dedicados postarão histórias que a maioria das mídias tradicionais de jogos não considera interessantes. Por exemplo, alterações de *patch*, *status* de servidor on-line, concursos, e assim por diante, dando ao pessoal do marketing oportunidade para visibilidade constante.

Esses sites podem definitivamente ajudar a espalhar o boato, mas ser ainda mais úteis quando dispõem de material gratuito como retorno. Por exemplo, talvez o desenvolvedor ou editora tenha produzido brindes (camisetas, *mouse pads*, chaveiros, pôsteres ou mercadorias de marca ou outros) para o jogo. Esses brindes podem gerar muita cobertura em um site de fãs. Os colaboradores dos sites de fãs fazem suas próprias críticas, e por isso recebem *cópias beta* e *ouro* (ou assinaturas gratuitas para um MMORPG). No entanto, os principais meios de comunicação devem ser atendidos primeiro. Se há bastante brindes, vários itens, ou outros brindes para dar de presente, banners ou outras promoções para o jogo podem ser igualmente negociados em lugar das cópias e assinaturas.

Enquanto os sites de fãs são uma grande publicidade gratuita, jogos com os fãs especialmente dedicados precisam de um funcionário exclusivamente designado para lidar com suas perguntas. Títulos de FPS e jogos de MMORPG atraem comunidades fanáticas, cujas investigações e perguntas precisam ser respondidas.

❯ Oportunidades de publicidade para um jogo de console ou PC

O trabalho de relações públicas para um jogo de console ou PC deve começar muito cedo e aproveitar cada fase do desenvolvimento. As informações a seguir descrevem a maioria das oportunidades para a promoção de um jogo.

Anunciar o produto em desenvolvimento: Este seria um comunicado para a imprensa geral, mencionando o desenvolvedor (e a editora, se conhecida). Se o designer-líder é uma personalidade conhecida, deve ser mencionado, bem como os jogos anteriores que concebeu. O comunicado deve terminar com um parágrafo dedicado ao desenvolvedor e à editora; ou seja, é uma descrição geral da empresa – conhecido como "clichê", porque, uma vez desenvolvido, é usado em todos os comunicados –, e, portanto, deve ser bem pensado.

Fornecer imagens iniciais: Uma vez que o desenvolvimento está em curso, a equipe desenvolvedora/editora pode querer distribuir capturas de tela para a mídia de divulgação de jogos[7].

Enviar mais imagens e artes dos personagens: Se o título estiver bem encaminhado, o desenvolvedor será capaz de fornecer mais imagens, e talvez a arte dos personagens. Recomenda-se criar um "Calendário de Recursos" que liste os itens passíveis de ser distribuídos entre os meios de comunicação. Tudo não deve ser dado a todos. Selecione as melhores telas e artes e as ofereça em regime de exclusividade para as melhores revistas e sites. Tenha um grupo de recursos que possa ser enviado para todos os outros. As ofertas devem ser espaçadas para que a melhor mídia esteja continuamente recebendo um novo material a ser usado para promover o jogo.

Promover as "primeiras imagens" quando o jogo está em beta: Alerte os repórteres/críticos; destaque características do jogo e envie qualquer coisa que eles precisem ver ou jogar. Também é fundamental para estimular a continuidade, a fim de garantir que eles estejam tendo uma boa experiência. Nesse processo, será necessário ter um especialista técnico da equipe para falar com esses repórteres/críticos sobre quaisquer aspectos ou problemas.

Oferecer sessões de perguntas e respostas do desenvolvedor: Os fãs estão sempre interessados nas histórias por trás do jogo, qualquer coisa particularmente interessante ou incomum. Para vários tipos de mídias selecionadas deve ser oferecida uma entrevista sobre um tema único.

As resenhas críticas: As resenhas críticas do jogo são o *pão com manteiga* da indústria. Os jornalistas especializados devem ser consultados ocasionalmente para se ter certeza de que tudo está indo bem.

Dicas e truques: Após o título ser lançado, os fãs estão interessados nas mais diversas formas de completar e vencer o jogo. Sites de jogos e de fãs postarão dicas e truques, oferecidos exclusivamente.

Promover qualquer prêmio que o jogo ganhe: Um comunicado curto, não muito comercial, também pode ser emitido se um jogo recebeu a publicação de um site ou prêmio de um varejista. O ícone do prêmio deve ser distribuído apenas para os sites de fãs, e também também pode ser postado no site promocional do jogo e no do desenvolvedor.

› Contatando a mídia

A maior parte da visibilidade alcançada para o título virá através das relações com a mídia.

Crie uma base de dados da editora

Uma agência de RP especializada em jogos pode ser contratada, ou o desenvolvedor pode comprar uma base de dados de mídia da Cision ou Vocus, os dois maiores recursos da indústria. Mas cada recurso deve ser complementado por pesquisas, pois a indústria de jogos é bastante especializada. As listas também precisam ser atualizadas regularmente, porque as editorias e veículos especializados geralmente mudam ritmos, ou tarefas, e se modificam entre publicações. Seções ou colunas

---

[7] N. R. T.: São as famosas *screen shots* pesquisadas e colecionadas fervorosamente pelos fãs e aficionados em games e que começam a circular nas listas dos grupos, blogs e e-mails, com generosos comentários.

nas publicações também são eliminadas ou adicionadas rapidamente. Novos veículos especializados surgem e muitas vezes logo depois desaparecem.

Com uma lista de editoras especializadas e meios de comunicação em mãos, algumas pesquisas na internet devem ser feitas sobre elas. É importante saber quem faz críticas de gêneros em particular. Eventualmente, os veículos de comunicação especializados devem ser separados em categorias. Por exemplo, é melhor separar a imprensa entusiasta daquela geral, focada no consumidor. Também pode ser útil especificar os veículos pelo gênero do jogo, a mídia tradicional *versus* sites de fãs e assim por diante.

Releases sobre novidades

A forma padrão para a distribuição de informação aos jornalistas é um *news release*[8] (um comunicado para a imprensa), o que implica conter algo "novo" ou "novidades". É importante saber que a notícia é geralmente feita quando é anunciada. Portanto, se a "nova" informação é conhecida apenas internamente, pode-se planejar quando liberá-la (controlada apenas pelos regulamentos de *Security and Exchange* [SEC] se a empresa for pública).

Os comunicados estão ficando cada vez mais formatados, consistindo em um parágrafo principal com 35 palavras, ou menos, anunciando a "notícia", seguido de pequenos parágrafos dando informações mais detalhadas (isso é chamado de formato da pirâmide invertida). Em geral, uma citação ou duas são também incluídas. Este é o lugar – e o único – para uma opinião. O resto do comunicado deve ser factual.

Sentenças curtas declarativas com verbos ativos são as melhores. Sem uma adequada formação em jornalismo, o melhor a fazer é encontrar um concorrente digno e copiar o estilo dos seus comunicados. Também vale a pena pegar uma cópia de um livro de estilo de composição emitido anualmente pela Associated Press (AP), porque escrita jornalística pede capitalizações específicas e abreviações que não são ensinadas na faculdade[9].

É importante aprender o estilo jornalístico e não ser muito comercial. O objetivo deve ser escrever um texto genial do qual grande parte seja usada, palavra por palavra. Uma avaliação do que resultou com os *releases* anteriores é muitas vezes uma boa lição de casa de como melhorá-los.

É uma boa ideia ter espaço entre as notícias, cerca de 4 a 6 semanas. Os meios de comunicação mais fervorosos provavelmente não aceitarão mais notícias do que isso, preferindo dar a outras empresas a chance de espaço na sua publicação. Os sites de fãs podem ser uma exceção, especialmente quando se trabalha em um produto excepcionalmente quente.

Cartas de promoção

Os *releases* para a imprensa normalmente são enviados por e-mail e acompanhados por um texto de apresentação ou um texto promocional que resume os principais pontos da forma mais sucinta. A linha de assunto deve dar uma dica sobre o assunto para fazer os repórteres/críticos abrir

---

[8] N. R. T.: O termo inglês *news release* foi dicionarizado pelo Houaiss (2007) e é amplamente utilizado nos meios de comunicação profissionais do Brasil como um termo técnico específico da área. Um *release*, também chamado de *press--release*, consiste em uma comunicação para os órgãos de imprensa ou meios de comunicação. Do ponto de vista do jornalismo, um *news release* se constitui em um comunicado que é emitido antes da notícia completa.

[9] N. R. T.: Para mais detalhes deste tipo especial de redação em nosso meio, os estudantes e pesquisadores de jogos brasileiros podem consultar, por exemplo: (1) Pereira Junior, Luiz Costa. *Guia para a edição jornalística*. Petrópolis: Vozes, 2006 e (2) Blikstein, Izidoro. *Técnicas de comunicação escrita*. São Paulo: Ática, 2006.

o *e-mail*. Colocar algo inteligente nela é bom, contanto que transmita uma mensagem breve; por exemplo "Novo título de *Harry Potter* terá novas tecnologias", ou "Título de *Harry Potter* aprimora sistema de magias do jogo".

Após uma saudação simples, o *e-mail* deve imediatamente listar o que diferencia o título (a maioria dos repórteres/críticos só lê o primeiro parágrafo). Para repórteres/críticos importantes, as promoções devem ser pessoais, talvez referenciando outras histórias ou críticas que eles escreveram. Todo mundo se sente lisonjeado de saber que alguém prestou a atenção no seu trabalho.

O comunicado deve estar em forma de texto no corpo do e-mail. Repórteres/críticos preferem não receber anexos. Telas e arte devem ser oferecidas diretamente, em vez de anexadas ao e-mail. Uma opção é usar uma linha de assunto como "Clique Aqui para obter novas telas de Harry Potter".

Um telefonema de acompanhamento deve ser dado três ou quatro dias após o e-mail ser enviado para verificar se foi recebido. Apenas uma mensagem (mesmo que várias chamadas forem feitas) deve ser deixada e um e-mail enviado. Se não houver resposta, assumimos que o repórter/crítico não está interessado. Esteja pronto para fazer a "promoção" novamente ao telefone, em vez de estupidamente perguntar: "Você recebeu meu e-mail?". Repórteres/críticos recebem dezenas, senão centenas de e-mails por dia. Se um deles responder com um "Não, obrigado", não adianta discutir. A melhor resposta é a pergunta: "Pode me dizer o que preciso fazer para tornar nossos lançamentos mais atraentes para você?". Alguns repórteres/críticos terão a amabilidade de ajudar a determinar como obter sua atenção no futuro. Ler sobre o repórter/crítico antes da chamada pode melhorar a taxa de sucesso drasticamente.

Tours de mídia

Reuniões pessoais com repórteres/críticos são melhores para a construção de relacionamentos; por isso, quando há algo realmente importante para dar, talvez valha a pena recorrer ao orçamento para viagens. Felizmente para a indústria de games, no caso dos Estados Unidos, cada vez mais integrantes da principal imprensa entusiasta estão localizados em São Francisco ou Los Angeles, o que significa menos dias na estrada, especialmente se os compromissos forem agendados. Em geral, cerca de 45 minutos devem ser concedidos para cada reunião. (Restrinja a demonstração para 10 minutos e use o resto do tempo para deixar a imprensa jogar e fazer perguntas.) Se o título não está pronto o suficiente, explique isso no início da conversa. No final da reunião, é uma boa ideia deixar uma apresentação em PowerPoint que dê informações básicas sobre a empresa. Alugar um carro é melhor para se locomover rapidamente de um escritório para outro.

Críticas

Críticas positivas de jogos são, naturalmente, o principal objetivo de qualquer desenvolvedor/editora. Não é possível controlar o que o crítico pensa, mas ajuda a dirigir a atenção para as áreas do jogo que se sobressaem.

Guias explicativos para um jogo complicado podem ser necessários. Estes são projetados para sugerir como o repórter/crítico pode abordar a crítica. O guia deve destacar alguns aspectos do jogo e sugere como este profissional pode conseguir mais prazer na jogabilidade, e pode ser útil para evitar alguma confusão inicial se o título for mais complicado.

Uma empresa de MMORPG pode oferecer "visitas virtuais" aos críticos, com chance de andar junto com um mestre do jogo enquanto galopa invisivelmente através do jogo/trama. Essa é uma ótima maneira para os novos jogadores e críticos, que não têm tempo para brincar com os gêneros de MMORPG extremamente complicados, saberem mais sobre o título. O escritor e mestre do jogo (que o visita frequentemente durante todo o dia para acompanhar a jogabilidade) pode ser conectado através de uma linha telefônica com o editor em seu próprio PC.

Além das críticas: histórias de promoções

Esta técnica avançada de relações públicas oferece uma maneira de obter ainda mais cobertura. A ideia é dar ao repórter/crítico um novo ângulo. No entanto, os recursos devem ser oferecidos em regime de exclusividade. Um repórter/crítico não irá se dar ao trabalho de desenvolver um texto mais longo só para descobrir que seu concorrente tem a mesma história. Se isso ocorrer, ele vai cortar relações para sempre com quem está fazendo a divulgação.

Para a imprensa entusiasta, importa ver como o título poderia ser o avanço da indústria ou se faz parte de uma tendência. Por exemplo, quando empresas de videogames começaram a contratar celebridades de Hollywood para estrelar seus jogos, a indústria dos veículos menos expressivos e a mídia em geral passaram a cobrir este segmento com mais força e frequência. Quando a *claymation*[10] foi usada pela primeira vez para os jogos (e filmes), ela recebeu cobertura tanto ampla quanto os títulos recebiam. As principais questões são: O que é exclusivo no jogo ou no seu desenvolvimento? Existe um bom ângulo de "bastidores" para o título?

Capas, *teasers* e manchetes

Capas de revistas são difíceis de obter, e o número de publicações impressas dedicadas aos jogos está diminuindo; o jogo tem de ser uma licença grande ou ainda um *blockbuster* para ser considerado. *Teasers* nas capas são uma aposta melhor se você tiver um título que os editores reconheçam que seja o avanço da indústria, e, claro, as ideias para uma característica maior que lhes interesse promover. Por exemplo, a tecnologia desenvolvida para o jogo vai ter um impacto sobre os futuros títulos do gênero? O desenvolvedor "possui" um grande designer cujas observações sobre o futuro dos jogos valeria uma entrevista? A chave é enfatizar o que é diferente em um jogo.

Se você realmente acha que tem um título digno de capa, comece promovendo seu jogo um mínimo de seis a nove meses antes de sua data de lançamento. Evite, se puder, os meses de outubro a dezembro, uma vez que esses são os mais competitivos. Gere seguidores das comunidades para demonstrar à revista-alvo que os jogadores estão propensos a comprar sua publicação se o título estiver na capa.

〉 Marketing em feiras comerciais

Os estúdios podem gerar visibilidade para seus jogos em feiras para a indústria de jogos. Duas importantes são a *Game Developers Conference* (GDC), realizada em São Francisco, em março, e a *Electronic Entertainment Expo*, mais conhecida como E3, realizada em Los Angeles em um mês do verão. A mídia de jogos cobre as duas feiras. Compradores de grandes varejistas, como Wal-Mart, Toys "R" Us e GameStop, participam da E3.

---

[10] N. R. T.: A *claymation* ou *clay animation* consiste em uma técnica de animação (*stop motion*) baseada em modelos de barro ou material similar produzido especialmente, similar a plasticina. Como uma variante da *stop motion,* cada objeto ou personagem é esculpido no material nas diversas poses necessárias para as animações.

A melhor maneira de promover um jogo aos editores das mídias que participam delas é ter um estande ou fazer parte de um. Por exemplo, uma empresa de MMORPG desconhecida foi capaz de conseguir 125 entrevistas por ficar em um grande estande numa edição da E3. Os veículos da mídia interessados se inscreverão para ver os jogos nos quais estão interessados. Comece a fazer reservas com seis semanas de antecedência.

Também para os estúdios de desenvolvimento, os produtores, o desenvolvedor *indie*, as editoras e os pesquisadores de games no Brasil, as feiras e eventos são fundamentais. Atualmente temos a crescente formação de feiras dedicadas a jogos, como a *Brasil Game Show*[11]. Ainda, a *Tambor Digital*[12] promove os seguintes eventos: *Game World Expo*, uma exposição dedicada aos jogadores, a *Game World Busines*, uma feira e evento dedicada à indústria de games, *Game World Awards*, um evento dedicado a premiação de jogos nacionais e a *Video Games Live*, dedicada ao tema do áudio e música nos games com a participação dos autores das trilhas sonoras, orquestras etc. Existem ainda eventos como o *Anime Friends*[13] com duas edições em São Paulo (2011 e 2012), a *SALEX 2012: a 23ª Exposição Sul-americana da Indústria de Diversão*[14] e a *ABRIN, a Feira Brasileira de Brinquedos*[15], na sua 30ª edição que incorpora também jogos eletrônicos. Em 2011 estava prevista uma edição da Electronic Game Show[16] - EGS 2011 no Brasil, que infelizmente foi cancelada[17].

❯ Cobertura da mídia do consumidor para jogos de console e PC

Revistas dirigidas ao consumidor, com seus longos tempos de espera, têm de competir com a mídia *on-line*, que pode ter informações postadas em minutos, e, por isso, não seguem o progresso do desenvolvimento de jogos. Trata-se principalmente de escrever sobre jogos no ou após o lançamento, e focar uma história que ninguém mais fez. Um editor pode estar intrigado com uma história mais ampla de como um determinado título sacode o panorama atual dos games rompendo o convencional ou como uma característica interessante ou elemento de tecnologia é usado, como reconhecimento de voz, por exemplo. As revistas dirigidas ao leitor do sexo masculino, como a *Wired* (e seu site www.wired.com), *Playboy, Rolling Stone, Maxim*, cobrem um pequeno número de grandes jogos para PC e console, mas o espaço é limitado.

Uma das melhores estratégias para gerar cobertura por este tipo de mídia é promover um editor apresentando diversos jogos novos em uma "mesa-redonda" dentro de uma determinada categoria. Por exemplo, hoje, os Estados Unidos podem fazer um apanhado sobre os novos jogos baseados em filmes ou uma história sobre os títulos para as crianças K-8 (crianças do ensino fundamental

---

[11] N. R. T.: Com seu site em: http://www.brasilgameshow.com.br/.
[12] N. R. T.: Todos os produtos e eventos mantidos pela *Tambor digital* podem ser vistos em seu site: http://www.tambor-digital.com.br/.
[13] N. R. T.: Com seu site em: http://www.anifriends.com.br/.
[14] N. R. T.: Com seu site em: http://www.salex.com.br/index_p.html.
[15] N. R. T.: Com seu site em: http://www.abrin.com.br/2012/pt-br/index.asp.
[16] N. R. T.: Com seu site em: http://electronicgameshow.com/pt/.
[17] N. R. T.: Fique atento: mudanças podem acontecer e certamente acontecem nesta área. Como os games se mostram uma clara tendência de produção e consumo no Brasil, teremos boas novidades em termos de eventos e feiras dedicadas acontecendo em território nacional nos próximos anos.

e médio). Destaque o que faz com que o título seja diferente, ou como ele se encaixa em uma tendência, e, em seguida, desenvolva uma promoção atraente para um único repórter/crítico.

Nesse restrito nicho existem o *Newsweek*, *Time* e os *U.S. News & World Report*, e os maiores jornais diários, como *The New York Times*, *USA Today* e *Los Angeles Times*[18].

Outra ótima maneira de gerar visibilidade para a audiência em massa é conseguir acesso a um repórter que cubra os jogos para o sindicato de jornais, como Gannett ou Knight Ritter, ou, melhor ainda, uma agência de notícias, como AP ou Reuters. Se tiver sucesso, a história será executada em dezenas, ou mesmo centenas, de jornais de uma só vez.

O fundamental para qualquer repórter/crítico, mais especialmente para aqueles voltados ao consumidor, é sublinhar o que diferencia um título especial:

- É o primeiro título para ...?
- É baseado em um novo motor/tecnologia avançados?
- É uma franquia importante?
- Tem a participação de celebridades: atores, dubladores?
- Tem alguma história incomum?
- Tem personagem original e extraordinário?

Ao trabalhar com repórteres/críticos dos veículos dirigidos ao consumidor, independentemente de quais sejam, ofereça sempre uma grande arte. Arte de alta qualidade faz a diferença para gerar uma boa cobertura; no entanto, é melhor fornecer uma arte conceitual do jogo, em vez de telas do jogo. Enquanto as imagens fornecem precisamente um quadro único do jogo, em geral não transmitem muito bem a ação, excitação ou personagens. O repórter/crítico pode também estar interessado em fotos de celebridades envolvidas com o jogo.

A cobertura de rádio e televisão é mais complicada, mas vale a pena o esforço, porque a TV proporciona a oportunidade para exposição em massa. Como um meio visual, a televisão também traz o jogo para o dia a dia das pessoas.

A emissora deve receber o *B-Roll*[19] (filmagem profissional) do estúdio de desenvolvimento, mostrando às pessoas o trabalho e o desenvolvimento do jogo. Além disso, algumas tomadas com o designer de jogos também devem ser filmadas. Disponibilize um porta-voz articulado, como bom enquadre e fala, para entrevistas no estúdio. Pense no visual, cabeças falantes são chatas; sugira um suporte – um periférico, como um volante ou jaqueta de aviador que represente o ramo militar em um título de aviação e combate, por exemplo.

Idealmente, o repórter deve se envolver com a demonstração, por isso é fundamental informá-lo previamente sobre as características do jogo. Chegue ao estúdio cedo o suficiente para conversar e cobrir os pontos principais do jogo. Envie antes ao produtor uma lista de algumas boas perguntas que o repórter pode querer fazer sobre o jogo. Descubra os interesses do próprio jornalista e seu conhecimento e interesses em jogos, a fim de dizer alguma coisa de especial que o cative.

---

[18] N. R. T.: Observe que no caso do Brasil, ainda que tenhamos jornais que tenham uma certa abrangência nacional, como a *Folha*, o *Estadão*, o *Globo* etc., a força dos jornais estaduais e regionais não deve ser subestimada nunca. No caso, uma opção é consultar a lista dos jornais pela ANJ, Associação Nacional de Jornais, no site http://www.anj.org.br, setorizadamente.

[19] N. R. T.: *B-Roll*, *rolo B*, ou *Broll* é a filmagem complementar ou alternativa intercalada com a cena principal em uma entrevista ou documentário.

Eventos: gerando um mix de cobertura da mídia e comentários

Os eventos podem ser caros; escolha com cuidado os títulos que deseja promover. Como exemplo, um evento encenado em Nova York no Central Park para um título do Game Boy Advance estrelado pelo Pernalonga ajudou a Atari a ganhar a licença de PC para os títulos dos *Looney Tunes* da Warner Bros.

Escolha uma mídia situada numa grande capital para gerar mais participantes. Nova York é o melhor para uma maior cobertura de mídia direcionada ao consumidor. Por outro lado, São Francisco e Los Angeles tornaram-se centros adequados para a imprensa de jogos. Como alternativa, faça seu evento em uma cidade pequena e envie *B-Roll* para outros mercados.

Promovendo suas próprias relações públicas quando a editora falha em concretizá-las

Muitos desenvolvedores lamentam que sua editora, depois das promessas em contrário, não menciona os jogos na divulgação, ou que o jogo não está recebendo muita cobertura, porque a editora tem outros títulos considerados mais importantes para promover.

Uma solução é o desenvolvedor contratar sua própria agência de relações públicas, e utilizá-la para complementar os esforços do editor. Já que, em geral, a equipe de relações públicas da editora não tem orçamento ou tempo para fazer mais do que críticas com o grupo central de entusiastas da mídia (fãs clubes, sites de fãs etc.), a agência de relações públicas suplementar pode encontrar outras oportunidades junto à mídia periférica.

Uma agência de relações públicas do desenvolvedor pode:

- Ajudar a expandir os contatos feitos pela equipe da editora no momento do lançamento.
- Identificar pontos fracos no esforço do editor e se oferecer para fazer algumas ligações aos repórteres/críticos que o pessoal da editora não conhece ou não foi capaz de fazê-los se interessar pelo título.
- Ajudar a editar materiais de imprensa apresentados pelo repórter/crítico e verificar se ele está dando o crédito do desenvolvedor em todos os materiais.
- Apoiar a editora nos eventos de imprensa. Contatos extras podem ser somados às listas de imprensa utilizadas pela editora, no momento do lançamentos, aumentando assim a presença.

Outra forma de complementar as atividades da editora para o desenvolvedor é manter contato com repórteres/críticos que recusam convites para eventos, checando se têm tempo para um compromisso num outro dia. Infelizmente, alguns repórteres/críticos raramente participam de eventos fora do seu local. Como exemplo, a Vicarious Visions, uma desenvolvedora, foi capaz de programar um conjunto de entrevistas no escritório da editora no dia seguinte a um evento por ela promovido. Isso deu à Vicarious Visions toda a atenção dos repórteres/críticos da mídia. Tal fato não teria acontecido se o responsável pelo trabalho de divulgação da editora se baseasse unicamente nos seus contatos já estabelecidos.

› Gerando publicidade para jogos casuais

Com a introdução dos sites *free-to-play*, serviços *streaming* de jogo, e, mais recentemente, o Nintendo DS e o jogo de plataformas Wii, o mercado de jogos tem se expandido. Estúdios agora produzem títulos que apelam aos consumidores que gostam de jogos, mas não querem jogar por horas e horas. No geral, esses consumidores não se envolvem com jogos durante o desenvolvimento, pois não acompanham a mídia especializada, mas, sim, revistas e jornais de interesse geral; também podem ser uma parte de grupos especializados atuantes que seguem seus próprios interesses; podem até escrever ou comentar nos sites. Seu interesse se dirige a jogos, mas apenas quando estão acabados e disponíveis para compra.

Se um estúdio está desenvolvendo jogos para este tipo de consumidor, oportunidades existem para promovê-lo, mas o plano de relações públicas parece muito diferente. O esforço principal começa alguns meses antes do lançamento e se concentra em gerar vendas ou *downloads* mais rapidamente.

As melhores oportunidades geralmente estão no mundo *on-line*. Muitas publicações impressas para esses consumidores têm acrescentado colunas de jogos. O *USA Today*, por exemplo, tem uma que aborda jogos para adolescentes e adultos, e um colunista *on-line* que apenas fala sobre jogos para crianças. Siga as mesmas orientações gerais sobre como abordar os repórteres/críticos da mídia geral, tal como sugerido para jogos não casuais.

Além de gerar críticas dos repórteres/críticos de jogo, os responsáveis por relações públicas muitas vezes conseguem identificar comunidades *on-line* que possam estar interessadas em um determinado título. Por exemplo, as mamães blogueiras podem estar interessadas em jogos infantis. Sites e blogueiros focados em nutrição podem estar interessados em um jogo educativo que ensine valiosas informações sobre dietas. O benefício de explorar a mídia *on-line* é que muitos dos seus integrantes incluem seções de rede social onde os visitantes colocam *links* de site para outros locais na internet, expondo mais e mais pessoas ao seu produto.

〉 Anúncios *on-line*

Para a maioria dos desenvolvedores, a publicidade nas mídias impressas, especializadas ou não, está fora de questão, por causa do alto custo. No entanto, fazê-la nos sites de jogadores ainda é relativamente barato em termos de quantas pessoas podem ser alcançadas. Uma boa maneira de obter publicidade é o "intercâmbio", ou seja, oferecer algo em troca de espaço.

Os sites de fãs são um lugar particularmente bom para iniciar. Muitos deles são controlados por amantes de jogo em seu tempo livre. Os *webmasters* podem aceitar vários tipos de suporte, incluindo pequenas taxas ou mesmo produtos gratuitos que possam doar, assim ajudando a atrair tráfego.

〉 Relações públicas corporativas: como construir uma marca para a empresa

Quando um desenvolvedor ganha certa estatura na indústria (geralmente depois de ter terminado alguns contratos ou vendido seu primeiro título original), é natural que comece a se preocupar com a construção da reputação da sua empresa. Vários sites frequentados por profissionais de jogos publicam notícias sobre empresas.

Primeiro, há os veículos de comunicação especificamente relacionados a temas de desenvolvimento. Nesse meio, a líder é a revista *Game Developer* e seu site de notícias sempre atualizado, gamasutra.com[20]. Se o desenvolvedor tem fortes habilidades artísticas e bom relacionamento com os *webmasters*, estes também podem apelar para *Computer Graphics World* ou para a revista *Animation*.

Vários boletins especializados também surgiram nos últimos anos: *GameDaily BIZ* e *GameDaily*.

Quando um desenvolvedor é abordado nessas publicações comerciais, elas colocam seu nome na comunidade. Isto pode ajudá-lo a ficar conhecido como um inovador ou como uma empresa importante, e também obter parcerias, atrair os melhores talentos, ou que alguém se interesse em adquirir sua empresa. Os estúdios também podem procurar as revistas de negócios locais, que informam sobre as empresas, especialmente se estiverem contratando.

No topo da "cadeia alimentar" estão as publicações de negócios: *Fortune*, *Forbes* e *BusinessWeek*. Estas estão à procura de histórias que apelem à gestão superior. Novamente, os sites podem oferecer a melhor oportunidade.

Discussão de posicionamento

Antes de o desenvolvedor investir dinheiro em um esforço de relações públicas corporativas, precisa estabelecer o posicionamento da empresa ou as mensagens diferenciadas, o que geralmente envolve uma discussão de um dia inteiro, conduzida por um profissional de relações públicas sênior, designado para ajudar a articular o que é único sobre a empresa e as prioridades para alavancar a reputação da organização. Nesse tipo de reunião, os seguintes pontos devem ser considerados:

- Qual é o melhor modo de descrever a empresa? Todos na equipe executiva têm o mesmo diálogo? A empresa é descrita da mesma maneira por vários públicos?
- Quais são os públicos-alvo que a empresa precisa alcançar e influenciar para fazer progresso? Apenas editoras? Editoras específicas?
- Quão importante é a reputação da empresa na indústria? É importante para seus integrantes reconhecer os talentos da empresa?
- O público da empresa associa sua reputação a um ou a poucos indivíduos? Este é um problema, ou algo a construir?
- Alguns outros públicos são importantes na construção do negócio da empresa?
- O que diferencia o trabalho da empresa do de outros desenvolvedores?
- Os públicos-alvo geralmente associam fatores diferenciadores à empresa?
- Onde a empresa estará daqui a cinco anos? Esse cenário desenhado vai requerer mudanças internas?
- Considerando tudo isso, quais são as mensagens principais que a empresa quer passar para seus públicos-alvo?

Empresas de relações públicas, como a The Bohle Company, normalmente oferecem uma reunião de posicionamento de um dia que faz todo mundo pensar e coloca todos os executivos alinhados e no mesmo nível. Um plano de relações públicas corporativo pode ser estruturado com esses objetivos em mente.

A seguir, temos algumas atividades táticas corporativas que podem ser consideradas.

---

[20] N. R. T.: No Brasil, uma alternativa são os sites dedicados a divulgação, crítica e análise de jogos, como, por exemplo, o GameReporter: www.gamereporter.com.br.

Oportunidades para palestras

Os desenvolvedores de jogos podem aumentar a visibilidade da sua empresa aproveitando essas oportunidades. Entre a comunidade de desenvolvedores, o lugar de maior prestígio é a Game Developers Conference (GDC), quando desenvolvedores e editores de toda a América do Norte vão para a grande área de São Francisco geralmente durante o mês de março (www.gdconf.com). Obter uma oportunidade para ministrar uma palestra na GDC exige a construção de um currículo que liste programas menores ou encontros regionais, como a Austin Game Conference (www.gameconference.com); Casual Connect (www.casualconnect.com), LOGIN.com, ou uma das Independent Game Conferences, eventos promovidos pela Game Path (www.gamepath.com). Oportunidades também são encontradas nos encontros mensais periódicos do IGDA em todo o mundo (www.igda.org). Para a exposição aos editores e compradores de varejo, vale estar presente na Electronic Entertainment Expo (E3 – www.e3expo.com), mas, então, novamente, passar pelos juízes selecionadores será mais difícil.

As grandes conferências abrem suas reservas para inscrição com um mínimo de nove meses de antecedência. Ser aceito não é garantido, mas um grande resumo é a chave. Se o palestrante é um respeitado especialista da indústria, ou o desenvolvedor lançou um jogo de sucesso, uma apresentação de uma hora pode ser melhor. Caso contrário, o mais aconselhável seria a promoção de um painel, no qual um porta-voz da empresa seria um das participantes[21].

Gerando divulgação de negócios

Enquanto a imprensa nacional de negócios se concentra em grandes empresas públicas, as oportunidades existem para a pequena empresa com uma forma inteligente de fazer negócios.

Para obter a atenção de um repórter de negócios, histórias que tenham um negócio ou viés econômico devem ser propostas. Os repórteres precisam ser informados sobre o que é diferente na forma como uma empresa opera ou o que foi feito para torná-la um sucesso que possa ser útil para outras pequenas empresas. Essas histórias também devem ser oferecidas exclusivamente, já que essas revistas são altamente competitivas.

---

[21] N. R. T.: No Brasil tem crescido o número de eventos dedicados ao tema dos games. O maior e mais importante, que reúne a discussão dos games sob vários enfoques, tais como *cultura, arte e design, computação, indústria, games for change* e *tutoriais*, é o *SBGames*, da *Sociedade Brasileira de Computação* (www.sbgames.org), que ocorre desde 2002. Podemos citar também o *Game Pad, Seminário de pesquisadores, desenvolvedores e indústria de games* (www.feevale.br/gamepad), na FEEVALE-RS, e o Seminário Jogos Eletrônicos, Educação e Comunicação da UNEB-Bahia, o qual é organizado pelo grupo de pesquisa *Comunidades Virtuais* (www.comunidadesvirtuais.pro.br), dois encontros anuais ligados a universidades. Além deles, outros na forma de encontros, simpósios e feiras (veja acima) têm se firmado nesses últimos anos, sejam eles promovidos por universidades, empresas de entretenimento ou grupos de aficionados. Geralmente os eventos aceitam a inscrição de artigos e apresentações ligadas aos games já desenvolvidos ou em desenvolvimento.

Resumo

Como visto neste capítulo, uma estratégia eficaz de marketing para os jogos dirigidos ao jogador sério é uma teia abrangente para reunir as pessoas certas, ver e falar sobre o título na hora certa. Ela começa quando tem início o processo de desenvolvimento, através da alavancagem de rumores nos sites de jogos *on-line* e de amadores e fãs entusiastas. Em seguida, avança para demonstrações jogáveis, feiras, revistas e outras mídias. E, nesse processo, ajuda a promover a empresa e as pessoas que desenvolvem o jogo, obtendo a cobertura da mídia adicional no segmento afim. Próximo do término do jogo, as rodadas devem ser feitas com os editores para obter opiniões e publicidade nas revistas. Finalmente, a mídia tradicional se inicia com anúncios em revistas, publicidade em televisão e promoções em lojas. Então, para manter o ritmo quando o jogo for lançado, os sites de fãs e entusiastas devem ser atendidos.

Para jogos casuais, grande parte do esforço é adiado até estar próximo o lançamento, e, em seguida, deve ser estreitamente coordenado para conseguir o efeito máximo em um período de poucos meses. Visibilidade *on-line* é extremamente importante, e deve-se levar em consideração as comunidades afins, que podem abranger uma grande variedade de outros produtos, que não jogos, para o público.

Exercícios

1. Escolha um jogo de alto perfil, como o *Madden NFL 09 da EA*, de esporte, e pesquise na internet todos os comunicados de imprensa distribuídos pela editora. Por exemplo, a Electronic Arts tem um banco de dados de seus comunicados para imprensa em http://news.ea.com/portal/site/ea/. Para cada um que você encontrar, a que propósito ele serve?
2. Visite uma loja de jogos e faça um inventário de que tipos de promoções de jogos estão sendo exibidos na loja. Que jogos são armazenados nas extremidades inferiores das prateleiras dos corredores (*end caps*) e nos *stand-up displays*? Que cartazes ou outro material promocional existem? Quais quiosques de demonstração estão presentes, e que demonstrações/filmes estão neles disponíveis? Dada cada plataforma de jogo, qual a porcentagem de espaço de prateleira que cada um tem?
3. Vá ao site da E3 (http://www.e3expo.com) e obtenha os planos dos expositores para a próxima conferência. Com base no exame dos planos e as empresas listadas, quais duas salas são as mais desejáveis? Nomeie as cinco maiores empresas que provavelmente gastarão mais em seu espaço.
4. Escolha um jogo MMORPG de alto perfil, como o *World of Warcraft*, da Blizzard, e crie uma lista de sites de fãs na internet. Que porcentagem desses sites tem publicidade, bem como cópias geradas por escritores? Que produtos estão sendo anunciados? Por quê?
5. Faça uma busca por "jogos para crianças" no Google e escreva todos os locais diferentes em que encontrar relatórios sobre este tópico.

7.5 Conteúdo de propriedade intelectual, lei e prática

Neste capítulo

- Visão geral
- Categorias de proteção de PI
- Conteúdo da PI dos jogos
- Patentes
- Direitos autorais
- Marcas registradas
- Segredos comerciais
- Transferência de direitos de PI
- Evitando infração de PI
- Resumo
- Exercícios
- Referências

> Visão geral

Para os níveis criativo, tecnológico, gerencial e financeiro dos estudos de jogos acrescente outro: a lei de propriedade intelectual. Onde jogador vê a jogabilidade interativa perfeita na tela, e o desenvolvedor personagens originais, arte, experiências, histórias, música, diálogo e sons trazidos à vida pelos motores de jogos e ferramentas, um advogado vê um amálgama de patentes, direitos autorais, direitos de publicidade, direitos morais, marcas registradas e segredos comerciais. Cada vez mais, as escolhas dos jogos para desenvolvimento, e, finalmente, o que aparece na tela do jogador, são moldadas pela teia de direitos e recursos que o sistema jurídico reúne sob o título de propriedade intelectual, muitas vezes abreviada, PI, designação esta que aqui será usada.

Uma definição funcional de propriedade intelectual é o conjunto de direitos para as criações imateriais e invenções do intelecto humano.

É útil pensar em direitos de propriedade intelectual como um pacote, pois é possível dividi-los com base em fatores, tais como uso, duração, exclusividade, transferência e alcance geográfico. Os direitos de propriedade intelectual têm partes que se complementam: o de explorar e o de controlar a exploração por outros. Por exemplo, o direito de um desenvolvedor para impedir que outros reproduzam um jogo é fundamental para o direito de o desenvolvedor ser compensado pela atribuição da PI do jogo a uma editora. PI é intangível; não é o livro ou o CD, mas, sim, direitos de propriedade sobre a expressão escrita contida no livro ou o registro audiovisual no CD. Livro e CD podem ser possuídos fisicamente, e têm presença finita. A expressão escrita ou gravação audiovisual pode ser percebida através de uma variedade crescente de tecnologias, incluindo a internet. Por consequência, podem ter uma presença praticamente ilimitada. Essa combinação de fatores, a natureza intangível dos direitos de PI e os avanços tecnológicos na reprodução e distribuição de PI apresentam o grande desafio para a aplicação desses direitos atualmente.

A alocação e a aplicação dos direitos de propriedade intelectual são regidas por leis nacionais e locais, agências governamentais e tratados internacionais, que dizem respeito a patentes, direitos autorais, marcas registradas e segredos comerciais. Essas leis, principalmente as de propriedade intelectual dos Estados Unidos, são o foco deste capítulo, cuja ênfase será dada à PI de jogos. Contudo, a aplicação dessas leis estende-se muito mais, para todas as maneiras de criações, descobertas e invenções comerciais, artísticas, literárias, tecnológicas e científicas.

Este capítulo é uma destilação do que são leis e princípios de PI complexos e em evolução. Observe que a descrição da legislação específica e princípios pode ser objeto de qualificações não declaradas ou omissões. Leis e princípios de PI podem e devem mudar, e podem variar significativamente entre diferentes jurisdições. Este capítulo não constitui aconselhamento legal, que deve ser obtido através de uma consulta com um advogado no contexto de fatos específicos.

> Categorias de proteção de PI

É útil iniciar com uma introdução dos princípios que governam as melhores formas de proteção de PI e considerar sua interrelação.

A patente protege determinadas invenções novas, úteis, não óbvias, contendo uma função utilitária.

O proprietário de uma patente nos Estados Unidos tem direitos superiores a todos os inventores posteriores, mas por um prazo limitado, que corresponde atualmente a 20 anos. Os direitos de uma invenção não estão protegidos contra o uso de outros, a menos que uma patente seja obtida a partir do United States Patent and Trademark Office (USPTO). Em troca dos direitos de monopólio de PI concedido ao titular da patente, durante o prazo desta o titular deve fazer uma divulgação integral pública da invenção e do pedido de patente, que pode ser livremente explorada por qualquer pessoa depois da sua expiração. As patentes permeiam a tecnologia de hardware no qual os jogos são reproduzidos. Chamadas de patentes de método, são utilizadas para garantir um monopólio na forma particular de jogabilidade ou funcionalidades do software, embora, como já discutido, tais patentes de método sejam objeto de críticas crescentes e limitação judicial.

Ao contrário do prazo de 20 anos de patentes, direitos exclusivos de PI para uma invenção, descoberta, ou outras informações confidenciais e comercialmente valiosas podem ser mantidas indefinidamente como um segredo comercial. O proprietário de um segredo comercial pode impedir a divulgação de informações não públicas que podem ter sido obtidas diretamente dele. No entanto, ao contrário do titular da patente, o dono de um segredo comercial não pode fazer cessar a descoberta e uso independente de tais informações. Uma patente não protege ideias, somente a sua personificação funcional ou sua implementação em um novo dispositivo ou método útil. Um segredo comercial pode ser usado para proteger a própria ideia do uso por outros. A proteção dos segredos comerciais é uma questão de leis federais e estaduais, estas últimas muitas vezes modeladas segundo o Uniform Trade Secrets Act[1].

O direito autoral protege a expressão criativa em qualquer meio fixo, como livros, filmes, CDs, vídeos, discos, e discos rígidos de computador. Tal como acontece com as patentes, esses direitos não protegem ideias, apenas sua expressão. Essa limitação aplica-se às chamadas *scenes a´faire*[2] – dispositivos literários, como tramas, incidentes, cenas e personagens. No campo dos jogos, este conceito é capturado no termo "gênero", que permite jogos similares, como *Street Fighter, Virtua Fighter* e *Mortal Kombat*, conviverem sem violação de direitos autorais. Direitos autorais compreendem apenas contracópia real; portanto, outra pessoa pode reivindicar direitos de expressão idêntica, contanto que não seja cópia.

Teoricamente, duas pessoas trabalhando sem o conhecimento de outra poderiam pintar a mesma imagem, escrever o mesmo software, ou tirar a mesma fotografia. Cada autor poderá requerer os direitos autorais de seu trabalho criativo. O conceito de "expressão" em direito autoral não inclui palavras, nomes ou títulos individuais. Assim, o título de um jogo, como *Halo*, não pode ser por ele protegido. No entanto, pode ser registrado se servir para identificação da origem do jogo pelos consumidores. A duração dos direitos autorais, atualmente, é a vida para autor/artista e, mais 70 anos, ou um período fixo, como discutido abaixo, para autores anônimos ou corporativos[3]. Não é necessário registrar um direito autoral, embora os benefícios importantes da sua aplicação sejam conferidos por fazê-lo. O registro de direitos autorais é de responsabilidade legal da Biblioteca do Congresso dos Estados Unidos, no caso dos Estados Unidos. Já no Brasil,

---

[1] N. R. T.: A *Uniform Trade Secrets Act* (UTSA), *ato de segredos comercias,* é um modelo de lei elaborado pela *National Conference of Commissioners on Uniform State Laws,* Conferência Nacional dos Comissários de Leis Estaduais Uniformes. Ela tem por objetivo definir melhor os direitos e complementar a lei ordinária em relação aos direitos comerciais quanto aos sigilos comerciais e segredos inerentes. Nos Estados Unidos ela foi adotada por 46 Estados, contando ainda o Distrito de Colúmbia, as Ilhas Virgens. Massachusetts, New Jersey, New York e Texas não adotaram a lei. Segundo temos na IT Law Wiki (itlaw.wikia.com/wiki/Uniform_Trade_Secrets_Act), alguns destes estados continuam a aplicar a lei comum a segredos comerciais, e outros adotam leis estaduais distintas. Para mais informações e links sobre a *Union Trade Secrets Act,* consulte wiki: http://en.wikipedia.org/wiki/Uniform_Trade_Secrets_Act.

[2] N. R. T.: O termo inglês *scenes a ´faire* deriva do francês, *scène à faire,* que significa *cena a ser feita,* ou ainda, *cena que deve ser feita (realizada).* Uma *scene a´faire* consiste em uma cena em um livro ou filme que é simplesmente obrigatória para um determinado gênero de seu tipo, algo que se tornou um padrão de linguagem, por assim se dizer. Nos Estados Unidos este termo também se refere a um princípio de direito de autor, em que determinados elementos de um dado trabalho criativo são realizados para não serem protegidos quando são tomados como habituais no seu gênero. Assim, um romance de espionagem pode conter em si elementos tais como *contas numeradas de bancos suíços,* uma *mulher fatal, aparelhos de espionagem* em *relógios de pulso* ou outro acessório ou lugar, tais como *cintos (de utilidades)* etc. Esses elementos não se encontram protegidos pelo *copyright,* ainda que algumas sequências específicas e composições com os mesmos elementos possam ser protegidas.

[3] N. R. T.: No Brasil, a Lei 9.610/98 fixa em 70 anos o prazo para que uma obra caia em domínio público, pondo fim à vitaliciedade do direito garantido ao cônjuge sobrevivente. Segundo alguns pontos de vista, esse dispositivo facilita a médio e longo prazos a publicação de obras literárias e a maior divulgação das obras de artes plásticas. A mesma Lei também disciplina, de forma diversa da norma anterior, a transferência da titularidade dos direitos autorais, introduzindo os conceitos de licenciamento e concessão regidos por normas específicas e de cunho visivelmente restrito (Cf. a resenha de Braga, A nova Lei de Direitos Autorais no Brasil: www.jus.com.br/revista/texto/617/a-nova-lei-de-direitos-autorais-no-brasil). Outra referência interessante é a leitura do então Ministro da Cultura, Gilberto Gil, *O Direito Autoral no Brasil hoje,* disponível em: www.cultura.gov.br/site/2008/06/23/o-direito-autoral-no-brasil-hoje. Esse artigo trata da questão do autor, da autoria, enfatizando o artista como o autor de uma obra, e serviu de início para os debates no Brasil sobre o tema.

quem cuida desta parte é a Fundação da Biblioteca Nacional, no seu Escritório de Direitos Autorais (EDA), o qual está em funcionamento desde 1898. Ela é considerada pela Unesco umas das oito maiores e mais importantes Bibliotecas Nacionais do mundo. Na América ela ocupa o segundo lugar em tamanho e importância, ficando a Biblioteca do Congresso dos Estados Unidos em primeiro. É ela que cuida no Brasil da questão dos direitos de autor e direitos autorais. Nela é que se pode registar a autoria de um jogo[4]. Seus dados para contato são:

Sede do Escritório de Direitos Autorais – EDA/FBN:
Rua da Imprensa, nº. 16 – 12º andar
Castelo – Rio de Janeiro – RJ – CEP: 20030-120
Endereço eletrônico: www.bn.br/portal/index.jsp?nu_pagina=25

Vários Estados brasileiros, infelizmente nem todos ainda, possuem *Postos Estaduais* do EDA. Você poderá acessar a lista deles em: www.bn.br/portal/index.jsp?nu_pagina=30, ou pelo link geral do portal.

Por outro lado, o órgão federal brasileiro responsável pelo registro de programas e softwares, pois o jogo pode e deve ser entendido como tal igualmente, é o Inpi, o *Instituto Nacional da Propriedade Industrial*, com site em: www.inpi.gov.br. O registro no Inpi é reconhecido internacionalmente em todos os países que fazem parte da OMC e seguem a convenção de Berna. Assim, em todos os países-membros da convenção, você terá garantias de seus direitos comerciais para seu jogo. De modo geral, o registro irá cobrir tanto o código como o seu "software" resultante, e o seu título, pois ele o identifica como uma *marca comercial*.

Marca registrada, ou marca, é qualquer palavra, símbolo ou dispositivo que serve para identificar a fonte ou origem de determinados bens ou serviços. INSOMNIAC GAMES, GRAND THEFT AUTO e PLAYSTATION são exemplos de marcas famosas da Insomniac Games, Inc., Take-Two Interactive Software, Inc., e Sony Computer Entertainment Inc., respectivamente. O clássico design gráfico de personagem do "Sonic the Hedgehog" da Sega Corporation e o igualmente famoso do "Mario Bros, o encanador" da Nintendo of America Inc. são exemplos de marcas de design amplamente reconhecidas. As letras estilizadas brancas e vermelhas do letreiro da GAMESTOP são uma combinação de palavra e design de marca da Gamestop, Inc. A roupagem de comércio não funcional de um produto – a "imagem global" do produto – também é capaz de servir como marca registrada. Exemplo é o caso do Xbox 360 da Microsoft. Ao contrário de um direito autoral, uma marca registrada pode ser obtida por uma palavra ou título, contanto que estes signifiquem a origem do produto ou serviço. Por exemplo, as expressões "star wars" e "Harry Potter" podem não ser protegidas como o título de um único livro ou filme, mas podem servir como uma marca para uma série de livros ou filmes e produtos a eles relacionados que provêm de uma fonte. Além disso, o conteúdo

---

[4] N. R. T.: Você deve atentar para o fato de que, apesar da Lei nº 9.610, de 19 de fevereiro de 1998, no seu Art. 8º, Parágrafo I, dizer que: "os esquemas, planos ou regras para realizar atos mentais, jogos ou negócios" não são objeto da lei, o produto jogo e seu nome (marca) podem e devem ser registrados se você pretende transformá-los em um produto comercial. Enquanto legislador, o EDA aceitará o registro de "ideias, procedimentos normativos, sistemas, métodos, projetos ou conceitos matemáticos como tais; os esquemas, planos ou regras para realizar atos mentais, jogos ou negócios; os formulários em branco para serem preenchidos por qualquer tipo de informação, científica ou não, e suas instruções; os textos de tratados ou convenções, leis, decretos, regulamentos, decisões judiciais e demais atos oficiais; as informações de uso comum tais como calendários, agendas, cadastros ou legendas; os nomes e títulos isolados; o aproveitamento industrial ou comercial das ideias contidas nas obras". Caso tenha alguma dúvida, entre em contato com o EDA e peça orientação.

criativo das histórias de *Star Wars* e *Harry Potter*, incluindo o texto ou roteiro e subcomponentes, tais como personagens, figurinos, diálogos, cenas e enredo, é protegido por direitos autorais.

A propriedade de uma marca é estabelecida pelo primeiro uso. Não é necessário registrar uma marca para garantir os direitos exclusivos, mas, como com um direito autoral, este registro confere benefícios significativos. O USPTO[5] registra marcas, como fazem os Estados por si mesmos. A lei federal de marca é conhecida como Lanham Act[6]. A duração de uma marca é potencialmente perpétua; ou seja, permanece enquanto estiver em uso para identificar a origem de produtos ou serviços. Uma marca registrada, no nível federal, é renovável a cada dez anos, enquanto continuar em uso no comércio interestadual[7].

As categorias de PI acima mencionadas não são de forma alguma mutuamente exclusivas. Tomemos, por exemplo, um controle de jogos chamado WIGLI com um design excepcionalmente modelado que incorpora um novo sensor de movimento. WIGLI serve como uma marca que identifica o criador do controle como vendedor. O criador do WIGLI também pode reivindicar a proteção de direitos autorais na forma do controle como um modelo, solicitar uma patente de projeto para proteger as características ornamentais do controle, e aplicar para uma patente de utilidade sobre a invenção de sensor de movimento. Ao longo do tempo, se o público associar o design distinto do controle com a fonte do controle, como associou a forma arredondada da garrafa de vidro da Coca-Cola com o líquido refrigerante proveniente da Coca-Cola Company, então, a forma do controle pode ser reclamada separadamente, como uma marca registrada. Esta sobreposição de PI é bem ilustrada no contexto dos jogos.

〉 Conteúdo da PI dos jogos

Um jogo típico é protegido por muitas patentes, direitos autorais, marcas registradas e segredos comerciais que podem ser detidos por partes diferentes. Como o direito autoral aborda a expressão criativa fixada em um meio tangível, é a forma mais prevalente de proteção à PI para videogames. Software sob a forma de motores de jogos e ferramentas, documentação de software, arte, história, origens, personagens, figurinos, armas, texto, diálogos, efeitos sonoros e música estão entre as formas de expressão de que podem ser protegidas por direitos autorais nos jogos. A propriedade de direito autoral origina-se com o autor ou criador. Este pode ser o funcionário que faz a obra de arte ou um contratado independente que faz a música. Pelos princípios do "trabalho contratado" discutidos adiante, as contribuições dos trabalhadores, por força de lei, em geral se tornam propriedade do empregador. Da mesma forma, empresas terceirizadas devem ceder seus direitos em um acordo escrito para a parte que encomendou o trabalho. Os direitos autorais são

---

[5] N. R. T.: USPTO, *Unided States Patent and Trademark Office*, uma agência do *Departamento de Comércio dos Estados Unidos*. Seu site é: www.uspto.gov/.

[6] N. R. T.: Detalhes sobre a chamada *Lanham Act* podem ser conhecidos em www.bitlaw.com/source/15usc/ e também em www.uspto.gov/trademarks/law/tmlaw.pdf.

[7] N. R. T.: No caso brasileiro, o registro de uma marca deverá ser renovado dentro do último ano de sua vigência, assim, durante o 9º ano, trimestralmente é emitido um aviso informando sobre a necessidade de providências, visando à manutenção do registro. Informações simplificadas e que podem ser um bom ponto de partida podem ser vistas no *SPIMarcas*, uma das várias empresas que prestam serviço na área: http://www.spimarcas.com.br/marcas.php#oquee. Lá existe também um banco de dados que pode ser consultado para verificar a existência ou não de um nome ou marca que você pretenda registrar.

objeto de transferência através de cessão ou licença. Esta cessão transmite todos os direitos de PI protegidos por direito autoral. Uma licença transmite menos direitos; por exemplo, o direito não exclusivo, intransferível e perpétuo para vender o trabalho protegido por direitos autorais na América do Norte, por exemplo. Os desenvolvedores independentes costumam atribuir direitos às partes do jogo que são vivenciadas por um jogador para a editora que financia o desenvolvimento do jogo. Eles concedem uma licença irrevogável e não exclusiva para a Editora permitindo a fim de que o software seja executado como jogo. O jogo pode ser baseado em uma licença de direitos autorais, como quando um filme, livro ou história em quadrinhos é transformado em jogo.

As patentes aplicam-se à tecnologia incorporada ao hardware no qual o jogo é reproduzido, à mídia (disquete, cartucho, CD, disco rígido) em que é gravado, e ao software que permite ao jogo executar funções específicas. Patentes de hardware são de propriedade ou licenciadas pelo fabricante, que também pode ser a editora, como no caso da Sony, Microsoft e Nintendo, e às vezes, também o desenvolvedor do jogo. Como patentes são caras de adquirir e fazer cumprir, raramente são procuradas por desenvolvedores independentes.

Os videogames também proporcionam um ambiente fértil para marcas comerciais. A editora e o desenvolvedor do jogo, muitas vezes em separado, podem cada um registrar seu nome comercial como marca nominativa e criar um design, como letras estilizadas ou um gráfico como uma fonte adicional de sua identificação. O título do jogo pode ser objeto de proteção de marca registrada. Se uma característica particular também atua como designação da origem do jogo, pode funcionar como uma marca registrada. Como já mencionado, a adoção do *Sonic the Hedgehog* pela Sega como mascote corporativo, a exibição semelhante de *Mario Bros, o encanador* pela Nintendo, e o uso de *Crash Bandicoot* como mascote da Sony em conexão com os jogos do PlayStation original têm servido como marcas amplamente conhecidas dessas empresas.

Finalmente, os aspectos confidenciais do *know-how*[8] utilizado para programar o jogo, os orçamentos e demonstrações financeiras, e os termos dos acordos entre o desenvolvedor e a editora, seus funcionários e seus fornecedores independentes podem ser protegidos como segredos comerciais contra o uso de outros. Antes do lançamento de um jogo muito esperado pelo público, todo seu conteúdo pode ser mantido como um segredo comercial para criar interesse e impedir imitações de libertação simultânea.

⟩ Patentes

A lei americana de patentes é baseada na Constituição dos Estados Unidos e em um estatuto federal, a Lei de Patentes e suas alterações. Não há lei estadual aplicável[9].

---

[8] N. R. T.: O termo inglês *know-how* é análogo ao termo francês *savoir-faire*. Geralmente ele é traduzido pela ideia do *saber fazer*, ou de *conhecimento prático*. Ele designa um tipo especial de conhecimento que é processual e prático, ligado diretamente a atividades. Ele difere do conhecimento proposicional tradicional, principalmente pelo fato de que tende a ser diretamente aplicável a uma tarefa específica. Uma reflexão mais profunda deste tipo de conhecimento, o qual correlaciona mão e cérebro, pode ser encontrada em: Sennett, Richard. *O artífice*. Tradução Clóvis Marques. Rio de Janeiro: Record, 2009.

[9] N. R. T.: No Brasil temos a questão das patentes e da propriedade industrial, a cargo do Inpi, *Instituto Nacional da Propriedade Industrial* (www.inpi.gov.br). Em nosso território temos a Lei de número 9.279 (14/05/1996), que regula os direitos e obrigações relativos à propriedade industrial (www.planalto.gov.br/ccivil_03/leis/l9279.htm). Ela norteia os trabalhos do Inpi. Ainda é importante saber que o Brasil segue, desde 1880, a *Convenção da União de Paris* para a proteção da propriedade industrial (mais detalhes em: www.inpi.gov.br/images/stories/CUP.pdf).

Trabalhos protegidos

A lei de patentes protege invenções e processos (patentes de "utilidade") e designs ornamentais (patentes de "design"). A seção de número 101 do Código de Patentes dos Estados Unidos prevê que as invenções e processos protegidos por patentes de utilidade podem ser "qualquer processo novo e útil, máquina, fabricação ou composição de matéria, ou de qualquer melhoria nova e útil...". Em geral, as leis da natureza (E = mc²), fenômenos físicos (movimento das marés), e as ideias abstratas (movimento perpétuo), mesmo quando aparecem na forma de "processo", não são patenteáveis. Respondendo ao alto custo e longo período de tempo, muitas vezes necessários para garantir uma patente de utilidade, o Congresso autorizou um processo abreviado, conhecido como pedido provisório de patente, que constitui um registro oficial da data e do conteúdo da invenção. Esse pedido não resultará na emissão de uma patente, mas pode ser convertido para um aplicativo de utilidade dentro de um ano da sua apresentação.

A questão da patenteabilidade, no caso de uma invenção que se refira a matéria patenteável, é tão antiga quanto as próprias leis de patentes. Mais recentemente, tem havido muito debate sobre se a proteção da patente faz e deve estender a metodologia simples ou um conceito para a realização de um determinado resultado, quando o método ou o conceito em si não é combinado com uma das bases legais de patenteabilidade: o processo, a máquina, a manufatura, ou a composição da matéria. O debate se intensificou com a prática dos chamados *patent trolls*[10], que protegem patentes de métodos amplamente formulados sem a intenção de colocar a tecnologia em prática. Ao contrário, são acusados de mentir durante a espera (como o *troll* dos contos de fadas debaixo de uma ponte) da confirmação da patente para uma empresa para que comece a praticar a invenção sem saber da emissão da patente. Para maior clareza, os detentores de patentes veem a questão de forma bastante diferente. Afirmam que um dos pilares da proteção da patente é o direito de excluir os outros ou conceder licenças, independentemente do fato de se a utilização da mesma tecnologia por parte de outros foi o resultado de uma descoberta independente.

No setor de videogames, em geral as disputas em relação à violação de patentes giram em torno de assuntos daquelas convencionais, ou seja, "máquinas", como um controlador de jogo, tela sensível ao toque ou dispositivo sem fio. No entanto, isso nem sempre é verdade. A Sega of America processou a Fox Interactive, Radical Games e Electronic Arts por violação de patente nos Estados Unidos no processo nº 6.200.138, intitulado "Método de visualização de jogo, Movimento direcional que indica o método, Aparato de jogo e Aparato de simulação de drive". A Sega reivindicou que sua patente abrange a jogabilidade em *Crazy Taxi*, no qual o jogador dirige seu táxi em torno dos obstáculos e pedestres e despenca de uma estrada de trajeto tortuoso para entregar seu passageiro o mais rápido possível. Os réus são o concedente, desenvolvedor e editor do *Simpson's Road Rage*, que a Sega afirma envolver muito a jogabilidade do seu jogo. Nesse caso, a Sega praticou a jogabilidade em si, de modo que não era no modo "*trolling*".

Os réus afirmaram que a patente da Sega era inválida e ineficaz, porque o jogo em causa era "óbvio" e sem a criatividade necessária. Tal como acontece com a maioria dos processos de patentes, extremamente caros para a acusação, as partes acordaram nesse processo sem a determinação de validade da patente ou qualquer infração.

---

[10] N. R. T.: O termo *patent troll* foi utilizado em 1993 para descrever um termo pejorativo no qual uma pessoa ou empresa impõe suas patentes com um ou mais indivíduos ou empresas, de forma agressiva ou mesmo oportunista sem, contudo, a intenção de fabricar ou comercializar quaisquer produtos que são objeto da patente. (Para mais detalhes, veja a revisão da Wiki: en.wikipedia.org/wiki/Patent_troll.)

A Sega não está sozinha na busca de patentes do jogo. Entre as patentes de jogabilidade emitidas para a Nintendo of America Inc. existe uma que reivindica um "sistema de jogo e programa de jogo para sua disponibilização a multijogador" através de telas separadas unidas por um monitor comum. Recentemente, a Nintendo se candidatou para patentear um método de jogo que permite aos jogadores pularem entre as ações à vontade, sem ter de jogar submetidos a uma progressão prescrita. Incluída na carteira de patentes de jogo da Sony Computer Entertainment Inc. está uma assim descrita: "um método para fornecer características afetivas para um avatar gerado por computador durante o jogo". As patentes de jogabilidade da Microsoft Corporation incluem uma envolvendo "comunicação e jogabilidade de multijogador em rede através de plataformas cruzadas seguras".

O Tribunal de Apelações para o Circuito Federal dos Estados Unidos, que tem a competência exclusiva para intermediação de apelação em casos de patente, é comumente visto como se tivesse aberto as portas para as patentes de método, tais como as de jogabilidade, por sua decisão na State Street Bank & Trust Co. contra a Signature Financial Group, Inc., decidida em 1998 (149 F.3d 1368). No entanto, depois de lutar para diferenciar métodos de patente elegíveis a partir da miríade de conceitos abstratos para os quais as patentes também eram procuradas, o mesmo tribunal de apelações reduziu significativamente o âmbito das patentes de método admissíveis uma década mais tarde, em *In re Bilski* (545 F.3d 943), atualmente em recurso para o Supremo Tribunal. Como *State Street*, *Bilski* envolveu um método aplicado para transações comerciais; neste caso, um método para a cobertura de riscos na comercialização de *commodities*. *State Street* determinou que uma invenção de processo podia ser patenteada, desde que envolvesse alguma aplicação prática e "produzisse um resultado útil, concreto e tangível". *Bilski*[11] exigiu mais, anulando o "teste de resultado concreto, útil, tangível" do *State Street* em favor de um padrão de que o método esteja ou vinculado a uma determinada máquina ou equipamento, ou transformar um determinado artigo em estado ou coisa diferente. O parecer de *Bilski* não declara categoricamente que os métodos de negócios são patentes inelegíveis, mas não esclarece as condições que satisfazem a patenteabilidade. Mais significativamente para a eficácia contínua das patentes de jogabilidade, o parecer não elabora o significado da máquina ou aparelho em "particular", deixando essa análise para decisões futuras. É suficiente que um método de jogabilidade seja implementado por um computador, ou, mais estritamente, um console dedicado a jogos? Em *State Street*, o método de negócio acolhido foi permitido por um computador. Porém, ainda não está claro se seu método de negócio, e de outros que empregam computadores, podem ser patenteados na sequência de *Bilski*.

A elegibilidade de patente para programas de computador, composta por "algoritmos matemáticos", tem sido considerada resolvida, *status* este que é menos certo seguindo-se *Bilski*. Um algoritmo matemático nunca foi matéria patenteável, na medida em que é apenas a personificação de

---

[11] N. R. T.: O chamado *In re Bilski*. Em 1997 Bernard L. Bilski e Rand Varsóvia entraram com um pedido de patente para um método de cobertura dos riscos no comércio de *commodities*. O Tribunal Federal rejeitou esse pedido, bem como o chamado *teste de máquina ou transformação* ou, ainda, *teste de máquina*, que significaria na prática que, se implementado em uma determinada máquina, devidamente concebido e adaptado para realizar o processo de uma forma segura e eficaz, deveria ser válido para as demais. Informações interessantes podem ser vistas na Wiki: (a) *in re Bilski*: en.wikipedia.org/wiki/In_re_Bilski; (b) *máquina ou transformação de teste*: http://en.wikipedia.org/wiki/Machine-or-transformation_test.

uma ideia abstrata[12]. No entanto, sua aplicação prática para conseguir um resultado útil, concreto e tangível é convencionalmente vista como matéria patenteável. O teste de "máquina ou transformação" de *Bilski* deixa em aberto se a implementação de algoritmos por um computador padrão, quando o resultado gera um método ou processo, agora seja suficiente. O software que permite a um processador converter dados em figuras de animação em uma tela – por exemplo, um motor de jogo –, indiscutivelmente é mais do que um método ou processo devido à sua característica de transformação. Assim, figura-se para conter matéria patenteável sob a "transformação" alternativa do teste de *Bilski*. Mas mesmo isso está em dúvida no momento. A decisão de *Bilski* define transformação restrita, dizendo significar a transformação de objetos físicos ou substâncias, e não meros dados. São os dados processados em uma imagem na tela suficientemente tangíveis no âmbito desta análise? Ambos os tribunais e o Congresso são suscetíveis de desempenhar um papel na resolução de muitas questões não respondidas no caso *Bilski*.

Isso autoriza observar que, no momento em que os Estados Unidos podem estar restringindo a patente de elegibilidade do programa, o Reino Unido está entrando em uma prorrogação judicial de proteção de patentes a programas de computador. As leis de outras nações desenvolvidas caem em algum lugar entre as dos Estados Unidos e do Reino Unido. Como as ramificações do parecer de *Bilski* se tornam conhecidas, pode ser que a visão americana de acomodar a patenteabilidade do software convergirá com as posições mais restritivas de outros países.

A Lei de Patentes também abrange o design. Em contraste com as patentes de utilidade, patentes de design cobrem apenas os aspectos não funcionais de um objeto tangível, tais como as características de figuras de ação baseadas nos personagens e roupagens que aparecem em um jogo.

Padronizações

Para qualificar uma patente de utilidade, além de um objeto elegível, como descrito na seção anterior, uma invenção deve ser (1) nova (2), útil, e (3) não óbvia para uma pessoa de habilidade comum na arte da categoria de invenção a que pertence. Para satisfazer a novidade, a invenção não deve ter sido conhecida ou utilizada por outras pessoas no país antes de o requerente tê-la inventado, assim como não deve ter sido patenteada ou descrita em uma publicação impressa nos Estados Unidos ou outro país[13]. O critério da utilidade é facilmente satisfeito. A invenção deve ter algum uso prático e não ser meramente frívola. Esforços para garantir uma patente para a máquina de movimento perpétuo, sempre ilusória, falham porque ainda têm de alcançar este movimento.

Para cumprir a exigência de não ser óbvia, a invenção deve ser suficientemente diferente da tecnologia e conhecimentos já existentes para que, no momento em que é descoberta, a invenção, como um todo, não tenha sido óbvia para uma pessoa ter habilidade comum nesse campo. A expressão "atividade inventiva" é usada em outras nações, como Alemanha e Reino Unido, e sob a Convenção da Patente Europeia, usa-se "não óbvia"; entretanto, o conceito geral é semelhante. Em uma decisão histórica em 2007, nominada por *KSR International Co. v. Teleflex Inc.* (EUA 550

---

[12] N. R. T.: E, na medida em que, algoritmos diferentes podem expressar a mesma ideia abstrata, a situação se complexifica. O caso mais famoso na história do pensamento ocidental é o processo que Newton impetrou contra Leibniz na questão do cálculo infinitesimal. Ainda que o primeiro tenha sido favorecido no processo, a história mostrou que ambos os métodos eram visceralmente diferentes e visavam a objetos díspares. Para detalhes dessa história, veja o texto de Babini, J. (org.). *El cálculo Infinitesimal*. Buenos Aires: Editorial Universitaria, 1977.

[13] N. R. T.: Aqui você pode perceber que todas aquelas coisas que pertencem ao domínio público ou ao senso comum situam-se fora da possibilidade de patentear-se.

398), a Suprema Corte dos Estados Unidos reforçou o padrão de não obviedade, resultando então que os inventores agora enfrentam uma carga maior para mostrar a patenteabilidade. A chamada "arte prévia", na forma de patentes existentes, publicações ou outro ensinamento, não precisa mais explicitar precisamente o objeto específico da invenção para torná-la óbvia. Além disso, a hipotética "pessoa com habilidade comum na arte" contra a qual a evidência é medida é agora assumida tendo um sentido mais comum e abordagem mais abrangente para resolver problemas, explorando a arte fora da área específica. A decisão KSR e aquela antes discutida em *Bilski* refletem uma contenção da tendência de décadas passadas, favorecendo os direitos de inventores e detentores de patentes.

Tanto o caráter de novidade quanto o de não obviedade muitas vezes são o eixo central se a invenção reivindicada é divulgada em um ou uma combinação de divulgações de arte anteriores, tais como patentes anteriormente concedidas. Por essa razão, um parecer de patenteabilidade do advogado especializado com base em uma pesquisa completa e análise de patentes anteriores é normalmente o primeiro passo para determinar se o pedido de patente deve ir adiante.

Procedimento

A proteção das patentes é obtida pela demonstração de uma petição apresentada pelo USPTO declarando que a invenção reivindicada cumpre as normas rigorosas para a concessão de uma patente. Mesmo que uma invenção ou processo pareça satisfazer os requisitos de novidade, utilidade e não obviedade, a patente não será concedida se a invenção já foi patenteada, descrita em uma publicação impressa nos Estados Unidos ou no exterior, ou esteve em uso antes da data de aplicação. Isso é verdadeiro mesmo se o inventor não teve conhecimento da publicação ou do uso. De acordo com a *"on sale* bar"[14], se a invenção está pronta para a patente e em uso público ou à venda nos Estados Unidos há mais de um ano antes da data de aplicação, torna-se inelegível.

A partir dessa composição, é comum que um pedido de patente leve mais de dois anos para ser processado pelo USPTO. O custo, compreendido por taxas de processamento e legais, para a patente típica de software ultrapassa os $ 10 mil, e pode facilmente ultrapassar este valor várias vezes dependendo da sua complexidade. Em contrapartida, o processo de inscrição de patente provisória pode custar de um quarto a um terço desse valor. As taxas de aplicação provisória também são inferiores a um pedido formal, e estão sujeitas a uma revisão menos rigorosa pelo USPTO. Existem limitações para a aplicação provisória que devem ser entendidas antes que seja realizada. Uma desvantagem de um pedido desse é que o âmbito de divulgação não pode ser expandido mais tarde para reivindicar assunto adicional da matéria.

Propriedade

Em geral, o inventor é o dono da patente. Pode haver vários inventores, cada um deles devendo ser identificado como coinventor do pedido de patente. A participação de funcionários na propriedade de uma invenção levanta uma série de questões. Um empregado pode ser o dono absoluto de uma invenção patenteável se esta ocorrer fora do escopo de trabalho e no tempo particular do funcionário, e não envolva o uso de segredos comerciais, propriedade ou instalações do empregador. A invenção patenteável criada por um funcionário no âmbito do seu empregador

---

[14] N. R. T.: A *on sale bar*, um período de carência, no qual se permite que inventores coloquem seus inventos à venda por meio de uma comercialização limitada, a fim de avaliarem o valor de seus inventos e ideias. É dentro deste período que o processo de patentear o invento deve ser iniciado. Mais detalhes sobre a *on sale bar* em: *Revisiting the On-Sale Bar After Pfaff*, de Stephen Bruce Lindholm da Stanford Law School (papers.ssrn.com/sol3/papers.cfm?abstract_id=656243).

ainda é "propriedade" daquele para fins de anúncio sobre a patente. Entretanto, este funcionário pode ter a obrigação legal de transferir a propriedade total, através de cessão para o empregador, quando, a doutrina da lei de patentes define: "contratado para inventar". Na ausência de um contrato que especifique os respectivos direitos do empregador e do funcionário às invenções empreendidas pelo funcionário no âmbito do emprego, este pode ter a obrigação legal de ceder todos os direitos ao empregador se foi contratado para o fim específico de criação da invenção. Numa segunda categoria estão os empregados contratados por suas habilidades criativas ou inventivas gerais, mas não especificamente para criar uma invenção. Desde que as competências e funções sejam suficientemente relacionadas com a invenção, os tribunais acolhem a obrigação de ceder os direitos de invenção para o empregador. Em uma terceira categoria encontra-se o trabalhador cujas funções não estão relacionadas à invenção. Esse funcionário não tem obrigação de atribuir direitos de invenções para o empregador. No entanto, este último pode ter direito a uma licença livre de *royalty*, não exclusiva e intransferível para utilizar a invenção se ela foi criada no tempo dedicado à entidade patronal e usando a propriedade e instalações do empregador. Isso é comumente referido como "direito da loja"[15]. Tendo em vista a interpretação incerta, o tribunal pode dar aos fatos interpretação particular, como, por exemplo, para a questão da apropriação das invenções do empregado, bem como a propriedade de outras formas de PI, devendo, para tanto, ser entregue, quando do processo, um contrato de trabalho escrito e assinado pelo empregado desde seu ingresso na empresa. Em Estados como a Califórnia, os empregadores estão legalmente limitados à renúncia a direitos de invenção, mas poderão exigi-la dos seus funcionários por contrato.

Os inventores usam uma variedade de dispositivos, a fim de não terem de incorrer em despesas para um pedido de patente formal, para estabelecer a data de prioridade de sua invenção. Comuns são cadernos e diários autenticados. A prática ineficaz de enviar um envelope selado com a descrição da invenção para obter o carimbo com a data do correio continua popular. Como mencionado, o pedido provisório de patente permite que um inventor reivindique como data de apresentação de um pedido formal apresentado como sendo a do pedido provisório, desde que divulgue o assunto devidamente.

Direitos exclusivos

O titular da patente tem o direito de impedir terceiros de fabricar, usar ou vender a invenção patenteada, ou o design, nos Estados Unidos durante sua vigência. Uma pessoa pode infringir a patente, mesmo que não copie a invenção patenteada ou, mesmo, nada saiba sobre ela. A patente de utilidade abrange não só a exata invenção reivindicada, mas também seu equivalente funcional que atinja o mesmo resultado por meios comparáveis. Já a de design abarca os projetos que são substancialmente similares ao design patenteado.

Duração

Uma patente de utilidade é concedida por 20 anos a contar da data do seu pedido arquivado[16]. O prazo anterior era de 17 anos a contar da data que o pedido tivesse concedido a patentes emitidas

---

[15] N. R. T.: *Shop right, direito da loja* seria o correspondente em português. Trata-se de um termo da lei de licenças e patentes dos Estados Unidos.

[16] N. R. T.: No Brasil as patentes têm uma duração de 20 anos, contando a data de seu pedido, os modelo de utilidade possuem 6 anos, podendo ser prorrogados até 10 anos. Desenhos ou modelos (design) têm uma duração de 5 anos, podendo ser renovados por períodos iguais (quinquênios) até o limite de 25 anos. Marcas e outros sinais distintivos têm uma duração de 10 anos, contados da data da concessão, sendo este período renovável.

antes de 8 de junho de 1995. Existem disposições legais para estender a duração de uma patente para aplicações cuja aprovação seja adiada por alguma ação do USPTO ou da *Food and Drug Administration* (no caso de produtos farmacêuticos). A patente de *design* é concedida por 14 anos. Uma vez a patente expirada, qualquer um é livre para fazer, usar ou vender a invenção ou o *design*. Além disso, a patente fornece uma descrição detalhada da invenção, facilitando sua cópia legítima depois de expirada.

Aviso

O aviso de uma patente deve ser exibido em um produto sempre que possível a fim de garantir indenização no caso de infrações. Essa exibição é satisfeita com a declaração de que o produto é patenteado, ou pela impressão do número da patente e data no artigo ou rótulo de aposto. Não há símbolo de aviso oficial de patente para este fim.

Lei internacional de patente

O tratado internacional mais antigo e mais importante para propriedade intelectual é a Convenção Internacional para a Proteção da Propriedade Industrial, assinada em Paris em 1883 (Convenção de Paris)[17]. Essa Convenção abrange as patentes, *designs* industriais, marcas, nomes comerciais e concorrência desleal. Exige que cada país signatário proteja a PI de estrangeiros da mesma forma e sob as mesmas condições que protege a dos seus cidadãos naturais. Prevê, ainda, regras de prioridade que permitem que um pedido de patente se relacione com outro feito em outro país. O Tratado de Cooperação de Patentes vai mais longe, e cria um sistema de pedido internacional em que patentes depositadas em escritórios nacionais e alguns regionais[18] podem, eventualmente, maturar em patentes em qualquer um ou mais de um país signatário. A Convenção da Patente Europeia estabelece um *Escritório Europeu de Patentes* como o único local para depositar pedidos de patentes aos países membros[19].

> Direitos autorais

A lei americana de direitos autorais é baseada na Constituição dos Estados Unidos e em um estatuto federal, a Lei de Direitos Autorais de 1976 e suas alterações. Não há lei estadual aplicável.

Trabalhos protegidos

Quase toda expressão original pode ser objeto de proteção de direitos autorais. A Lei de Direitos Autorais refere-se a "autoria de obras originais", especificamente incluindo obras literárias; musicais, inclusive as letras de acompanhamento; trabalhos teatrais, abrangendo qualquer acompanhamento musical, pantomimas e coreografias; pictóricas, gráficas e esculturais; gravações de som; e arquitetônicas. Códigos de software são considerados obra de autoria. O objeto do direito autoral inclui compilações e trabalhos derivados. Esse direito protege trabalhos de multimídia, como jogos, sob as categorias de direitos autorais de obras audiovisuais, compilações ou trabalhos

---

[17] N. R. T.: Veja a nota 9 deste capítulo, na qual fala-se que o Brasil foi um dos signatários originais da *Convenção de Paris*.
[18] N. R. T.: Como o nosso EDA e seus Postos Estaduais, já comentado no tópico *Categorias de proteção de PI*.
[19] N. R. T.: Informações sobre o EPO, *European Patent Office*, podem ser encontradas em: www.epo.org.

derivados, ou uma combinação destes. A música original em um jogo pode ser publicada separadamente e protegida como obra musical. A proteção de direitos autorais estende-se até o software subjacente que implementa um trabalho multimídia, bem como a "aparência" da interface do usuário neste tipo de trabalho.

Igualmente significativo é o que o direito autoral não protege. A Lei de Direitos Autorais declara expressamente: "Em nenhum caso, a proteção de direitos autorais de uma obra de autoria original abrange qualquer procedimento, ideia, processo, sistema e método de operação, conceito, princípio, ou descoberta...". A linha entre uma ideia não protegida e uma expressão que pode obter direito autoral pode ser ilusória. Uma série de opiniões jurídicas que emergiram a partir do desenvolvimento de jogos de fliperama, como *Pac-Man*, *Space Invaders*, *Asteroids* e *Scramble*, terminou por identificar os contornos da expressão protegida. Os conceitos gerais do jogo, como a perseguição no labirinto e placar de pontuação em *Pac-Man*, foram tidos como ideias não passíveis de proteção, abertas ao uso geral. As características originais de *Pac-Man*, o comilão e os fantasmas, e os efeitos sonoros foram tidas como expressão protegida. Os recursos protegidos não eram essenciais para um jogo de perseguição em labirinto, mas envolveu criatividade suficiente, embora mínima, para satisfazer os requisitos legais de direitos autorais.

Títulos e nomes sozinhos não são passíveis de direito autoral. Mesmo aqueles de renome como "Star Wars" e "O Mágico de Oz", não estão sujeitos a essa proteção. Também é impossível estender o direito autoral aos fatos além da expressão original. Por exemplo, números de telefone são "fatos" que não podem ser protegidos separadamente. Uma lista de números de telefone disposta em ordem alfabética pelo nome do cliente não pode ser protegida pela razão adicional de que carece de originalidade. Mas a uma lista similar em uma nova forma, que exija um esforço para criar, talvez organizada pela idade do cliente, nacionalidade ou tipo de moradia, pode ser concedida a proteção (leve) de direitos autorais, por conta da disposição dos números de telefone de uma nova maneira, sem, contudo, abranger os números de telefone ("fatos") em si.

Padronizações

Existem dois critérios que devem ser observados para a proteção de direitos autorais: originalidade e "fixação de uma forma tangível". O limiar da originalidade é baixo. A obra deve ser produto somente do próprio trabalho do autor, e não pode ser copiada. Um tribunal federal de apelações determinou que o "mínimo de criatividade", consubstanciado no clássico jogo *Breakout*, no qual os jogadores movem uma "pá" para bater numa "bola" contra um "muro" de linhas retangulares, foi suficiente para justificar a emissão do registro de direitos autorais.

Para satisfazer a exigência de fixação deve haver uma incorporação física da obra. A prova de fixação é cumprida mesmo que as imagens necessitem de um dispositivo para ser vistas, tal como um computador ou CD. Obras não fixas, como uma transmissão ao vivo, não estão sujeitas à proteção de direitos autorais federal. O discurso de Martin Luther King, "I Have a Dream", foi protegido porque escrito com antecedência. Seu texto (performance) tem direitos autorais independentes do filme e, ainda, separadamente da sua gravação realizada na época[20]. Se não tivesse sido fixado em um filme, o texto do discurso não poderia ser protegido por direitos autorais. As publicações e os discursos oficiais de funcionários do governo são obras públicas que não podem

---

[20] N. R. T.: O discurso de Martin Luther King, *Eu tenho um sonho*, vale a pena ser lido. Uma nota histórica, bem como uma versão em português, pode ser encontrada em: arqnet.pt/portal/discursos/agosto05.html.

ser protegidas por direitos autorais. Assim, o presidente Lincoln não podia ter o direito autoral sobre "O Discurso de Gettysburg"[21].

Procedimento

Se uma obra atende ao requisito mínimo de originalidade e é fixada em meio tangível, ou perceptível (ocorrendo então a sua incorporação física), é automaticamente tema para a proteção dos direitos autorais. Atualmente já não é necessário obter um registro de direitos autorais da Biblioteca do Congresso a fim de reivindicar esta proteção. No entanto, o processo para fazer cumprir os direitos autorais através de liminar e recuperação de danos não pode ser impetrado até que estes direitos sejam registrados.

O registro também permite que o detentor dos direitos autorais busque indenização em lugar da prova de danos reais. O alcance de tal indenização é de $ 200 por trabalho por violação inocente, até $ 150 mil por trabalho por violação dolosa, a critério do tribunal. Se a infração não é nem inocente nem intencional, a faixa de indenização não será inferior a $ 750 nem superior a $ 30 mil para cada obra infratora que o tribunal determinar justa. Honorários advocatícios e despesas judiciais podem ser concedidos ao litigante, se autor ou réu, a critério do tribunal.

O registro exige o preenchimento completo de um formulário próprio, juntamente com uma pequena taxa de inscrição e duas cópias do trabalho. Estão previstas sanções penais em casos de infração dolosa interposta pelo governo. Vale ressaltar que as editoras de software estão se unindo para impetrar ações de execução contra grandes e pequenas empresas que usam seus softwares sem licenças válidas. Um registro de direitos autorais pode ser apresentado ao *United States Customs Bureau*[22], a fim de obter proteção contra a importação de cópias ilegais.

Propriedade

A propriedade dos direitos autorais inicialmente pertence ao autor ou autores do trabalho. "Autor" é, geralmente, o indivíduo que criou a obra, mas há exceção para as obras realizadas mediante solicitação contratual ou encomenda. O autor de um trabalho realizado sob encomenda é o empregador ou contratante para quem o trabalho é preparado. Uma obra criada por um empregado no âmbito do seu emprego é um dos tipos sob encomenda ou solicitação contratual. Se estiver fora do âmbito do emprego, o autor é o trabalhador, a menos que haja um acordo escrito dando os direitos ao empregador. Para uma obra especialmente encomendada ou comissionada, criada por uma entidade independente, a parte contratante é o autor apenas se houver um acordo escrito prevendo expressamente que o trabalho se insere numa das oito categorias especiais de obras encomendadas (por exemplo, traduções, compilações, parte de um filme ou outro trabalho audiovisual). Onde há dois ou mais autores, e na ausência de um acordo escrito, cada um é coproprietário e pode utilizar ou licenciar a obra sem o consentimento do proprietário, desde que o uso não destrua o valor da obra.

---

[21] N. R. T.: Este importante discurso da história dos Estados Unidos vale a pena ser lido. Uma nota histórica sobre ele, bem como uma versão em português, pode ser encontrada em: arqnet.pt/portal/discursos/novembro01.html.

[22] N. R. T.: Sobre o USCB, veja em: www.cbp.gov. Eles cuidam da pirataria no âmbito dos Estados Unidos e mantêm relações com outros países. No Brasil temos, por exemplo, o Conselho Nacional de Combate à Pirataria do Ministério da Justiça, o qual iniciou as suas atividades em 2004. Mais detalhes na página do Ministério da Justiça reservada ao CNSP: portal.mj.gov.br/data/Pages/MJ7111CEC5PTBRNN.htm.

Direitos exclusivos

O proprietário dos direitos autorais tem cinco direitos exclusivos sobre a obra: de reprodução (copiar, duplicar ou imitar); de modificação; de distribuição; de performance pública; e de exibição pública. O direito moral do artista visual de se opor à atribuição indevida de autoria e exigir que outros respeitem a integridade do trabalho é reconhecido no Visual Artists Rights Act de 1990[23]. Direitos morais são colocados com destaque consideravelmente maior nos países europeus, onde esses direitos não podem ser cedidos ou vendidos. Artistas não visuais, incluindo criadores de obras literárias, musicais e audiovisuais, não são abrangidos por esta lei. Eles devem encontrar proteção através de outros meios, tais como contratos. O uso justo de uma obra, incluindo aquele para fins de crítica, comentário, reportagem, ensino, estudo ou investigação, não constitui violação dos direitos autorais. Uso justo também pode ocorrer quando uma imagem existente, como uma fotografia, é digitalmente "transformada" em um trabalho diferente para um público diferente. O padrão de transformação continua a evoluir. A paródia de um trabalho protegido, como retratar personagens de desenhos animados para crianças, para o entretenimento de adultos também não constitui infração. O que seja um uso justo ou paródia legítima depende da ponderação dos fatores aplicados aos fatos de cada caso. Outra exceção à violação de direitos autorais é o que a doutrina chama de primeira venda, que põe fim ao direito autoral do autor, como em uma modalidade específica de trabalho, um livro, por exemplo, sobre a venda inicial do trabalho. O novo proprietário é livre para, no futuro, usar, emprestar, mostrar ou vender o trabalho. O *Uniform Computer Information Transactions Act*[24] (UCITA), que se refere ao licenciamento de software de computador, limita significativamente a doutrina de primeira venda, permitindo proprietários dos direitos autorais restringir os direitos transferidos para uma "licença" revogável, em vez de venda direta. Agora, parece que o UCITA será de efeito limitado, porque muito mais Estados têm a ele se oposto, em dissonância aos dois (Maryland e Virgínia) que até agora o tinham adotado.

Os direitos de publicação eletrônica e de compartilhar direitos autorais de obras *on-line* são muito debatidos e objeto de maior atenção do Congresso e do Judiciário. Uma linha comum em decisões judiciais é que a proteção de direitos autorais convencional não é perdida simplesmente porque o meio pode ser de transmissão pela internet em vez de um texto concreto ou gravação. O Congresso tentou atualizar a Lei de Direitos Autorais para acompanhar os avanços tecnológicos, principalmente com o *Digital Millennium Copyright Act*[25] (DMCA) em 1998, e, mais recentemente, com a *Lei de Priorização de Recursos e Organização da Propriedade*

---

[23] N. R. T.: O *Visual Artists Rights Act (1990), Ato dos Direitos dos Artistas Visuais*, conhecido também pela sigla VARA, é a lei que protege os direitos dos artistas nos Estados Unidos. Você pode conhecer o seu texto, no site da *Cornell University Law School*: law.cornell.edu/uscode/text/17/106A. Em Portugal existe a GDA, *Gestão dos Direitos dos Artistas, Intérpretes ou Executantes* (www.gda.pt), uma associação que cuida dos direitos dos artistas. No Brasil, o CBEC, *Conselho Brasileiro de Entidades Culturais*, em julho de 2010 apresentou no *Ministério da Cultura* uma proposta de direitos e licenças de usos para os artistas em geral (conselhodecultura.com.br).

[24] N. R. T.: A *Uniform Computer Information Transactions Act (UCITA)* pode ser conhecida no seu endereço *on-line*: ucitaonline.com.

[25] N. R. T.: A *Digital Millennium Copyright Act* (DMCA), *Lei dos Direitos Autorias no Milênio Digital*, é uma lei de direito autoral dos Estados Unidos, a qual criminaliza não somente a infração de direito autoral em si, mas também a produção e distribuição que permitam burlar os direitos autorais no âmbito digital. Para saber mais sobre essa lei, consulte o link da *Livraria do Congresso*: thomas.loc.gov/cgi-bin/query/z?c105:H.R.2281: .

Intelectual[26] (PRO-IP) em 2008. O DMCA trouxe mudanças significativas na legislação dos Estados Unidos, afetando as práticas e negócios relacionados com a internet e as proibições de evasão das medidas tecnológicas empregadas para prevenir a violação. Os detentores de direitos autorais estão agora centrados no desenvolvimento de tais medidas tecnológicas em todos os setores da indústria. Processos bem divulgados foram arquivados para impedir o *download* de músicas não autorizadas. A Sony impetrou processos em vários países buscando impedir a proliferação dos chamados *"mod chips"*[27], que permitem que um console de jogos seja executado em um hardware não autorizado. A Lei PRO-IP estabelece um "PI Czar" para coordenar os esforços dos Estados Unidos para proteger os titulares de direitos autorais americanos nacional e internacionalmente.

Duração

A duração do direito de autor depende da data em que o direito autoral foi criado, porque as mudanças legais ao longo dos anos criaram regras diferentes. Sob a lei atual, o termo dos direitos autorais de obras criadas por um indivíduo em ou após 1º de janeiro de 1978, é a vida do autor mais 70 anos. Trabalhos anônimos e obras realizadas sob encomenda têm prazo de 95 anos a contar da data da primeira publicação, ou 120 anos a partir da data da sua criação, o que ocorrer primeiro. A trabalhos pré-1978, em seu primeiro termo de direito autoral sob o estatuto anterior, é concedido um período de 75 anos a partir da data de registro da obra. Os atuais períodos de duração foram confirmados recentemente pelo Supremo Tribunal Federal, contra a alegação de que os havia estendido para além do "tempo limitado" constitucionalmente admissível.

Aviso

O uso do aviso de direitos autorais é opcional para trabalhos distribuídos após 1º de março de 1989. Este aviso é benéfico para demonstrar a violação dolosa, e pode tomar qualquer uma destas três formas: ©, seguido da data e nome do proprietário; "direitos reservados", seguido por data e nome; ou "copr.", seguido por data e nome. Também é costume, mas não exigido, adicionar palavras como "todos os direitos reservados".

Lei internacional de direito autoral

Os Estados Unidos são membro da *Convenção de Berna para a Proteção de Obras Literárias e Artísticas*[28], um tratado de direitos autorais internacionais para a proteção de obras administradas pela Organização Mundial de Propriedade Intelectual da UN (OMPI).

---

[26] N. R. T.: A *Lei de Priorização de Recursos e Organização da Propriedade Intelectual* (*Prioritizing Resources and Organization for Intellectual Property Act*), de 2008, é outra lei dos Estados Unidos que aumenta as penalidades civis e criminais para a violação de patentes quanto aos direitos autorais e marcas. Ela foi muito criticada durante a administração Regan, pois permitiu que o Departamento de Justiça dos Estados Unidos realizasse ações civis contra titulares de direitos autorais. Você pode ter acesso a ela pelo link da Livraria do Congresso: thomas.loc.gov/cgi-bin/bdquery/z?d110:H.R.4279:.

[27] N. R. T.: O termo *modchip* é uma abreviação de *modification chip*. Consiste geralmente em um microchip adicionado a equipamentos, geralmente consoles de jogos, o qual permite que jogos piratas e outros softwares possam ser executados no equipamento. O console com o *mod chip* é chamado de *destravado* ou *desbloqueado*.

[28] N. R. T.: O Brasil também é membro da *Convenção de Berna para a Proteção de Obras Literárias e Artísticas*. No Decreto nº 75.699, de 6/5/1975, o Ministério da Cultura promulgou a Convenção de Berna para a Proteção das Obras Literárias e Artísticas, de 9 de setembro de 1886, que foi revista em Paris, em 24 de julho de 1971. Você pode consultar o texto na íntegra pelo link: www.cultura.gov.br/site/wp-content/uploads/2007/10/decreto-75699.pdf.

A Convenção de Berna baseia-se em princípios de tratamento nacional, resultando o registro de direitos autorais a ser feito em uma base de acordo com cada país. Atualmente, os Estados Unidos são o único membro do tratado que exige registro de direitos autorais como condição para o início de uma ação por violação. Nações signatárias dessa convenção concordam em defender os direitos autorais de autores estrangeiros, observando-se as respectivas leis nacionais. No entanto, o vigor da aplicação varia consideravelmente entre os países-membros. O *Tratado Norte-Americano de Livre Comércio*[29] (Nafta) proporciona proteção de direitos autorais multilaterais entre os Estados Unidos, Canadá e México.

› Marcas registradas

A lei de marcas americanas baseia-se no direito (proclamado pelo juiz) comum, na Lei Lanham, federal, e nas várias leis estaduais.

Trabalhos protegidos

Qualquer palavra, símbolo, *slogan*, fotografia, *design*, formato, cor, som ou cheiro que sirva para identificar a fonte ou origem dos produtos ou serviços pode ser uma marca registrada. Na verdade, existem quatro tipos de marcas. Marca registrada (marca, logotipo) é aquela usada em bens (por exemplo, NINTENDO DS para o dispositivo portátil de jogos da Nintendo of America). Marca de serviço é simplesmente aquela usada em conexão com os serviços (por exemplo, GOOGLE como a marca de serviço para um motor de busca na internet). Marca de certificação é utilizada pelo proprietário para certificar qualidades ou características dos produtos ou serviços de terceiros (por exemplo, os logos de classificação de jogos: C/INFANTIL, E/TODOS, E10+/TODOS 10+, T/ADOLESCENTES, M/ADULTO e AO/APENAS ADULTOS da Entertainment Software Rating Board[30]). Marca de associação coletiva é utilizada pelo proprietário para evidenciar que pertence a um grupo ou organização (por exemplo, motoristas de um sindicato). Apenas marcas registradas e de serviço são consideradas aqui, e, seguindo o uso convencional, são referidas coletivamente como marcas registradas.

Padronizações

Palavra, nome, símbolo ou dispositivo que deve ser capaz de distinguir os produtos ou serviços de proprietário dos de outros. As marcas registradas são comumente classificadas com base no grau de proteção que lhes é concedido. Em ordem decrescente da força de execução, são elas:

Arbitrárias ou criadas: Um termo que não tem qualquer relação com o produto ou serviço, e muitas vezes nem outro significado, senão como denominação de origem do produto, como, por exemplo, NAUGHTY DOG, POP CAP, EIDOS e READY AT DAWN para jogos; KODAK, para câmeras e filmes; e EXXON, para gasolina.

---

[29] N. R. T.: O site do Nafta é: www.nafta-sec-alena.org.
[30] N. R. T.: No Brasil, conforme já mostrado no Capítulo 7.1 deste volume, a *classificação de jogos* é realizada pela DEJUS: www.portal.mj.gov.br.

Sugestivas: Termo que sutilmente sugere algo sobre o produto, como ELECTRONIC ARTS, 3D REALMS para jogos; GAMECUBE e PLAYSTATION, para consoles de jogos; STAPLES, para lojas de materiais de escritório; e FEDERAL EXPRESS, para prestação de serviços de entregas nacionais urgentes.

Descritivas: Termo que descreve algo sobre o produto, como RENDERWARE, para renderização de software; ELECTRONIC ENTERTAINMENT EXPO (E3), para a exposição anual de jogos; VISION CENTER, para clínicas óticas e lojas de óculos; e QUIK PRINT, para rápida impressão e duplicação de serviços.

Genéricas: Nome comum para o tipo de produto, como Greatest Hits, Handheld e ThreeDee, para jogos, Super Glue, para colagem forte e rápida, e Lo-cal, para alimentos e bebidas com reduzido teor calórico.

Marcas arbitrárias e sugestivas podem funcionar como marca registrada imediatamente após o uso. Já a descritiva pode sê-lo após um período de uso exclusivo em que a marca adquire um "significado secundário" na mente dos consumidores, além de sua conotação descritiva. É nessa base que a marca altamente descritiva TV GUIDE qualifica-se para o registro de uma publicação de programas de televisão. Termos genéricos não podem servir como marca, sem importar o tempo de uso exclusivo. Exemplo é a tentativa frustrada da empresa Miller Brewing Co. registrar "Lite" como marca registrada para sua cerveja de baixa caloria. Quando a Microsoft Corporation, proprietária da marca WINDOWS para um sistema de interface de usuário, processou a Lindows.com, proprietária da marca LINDOWS para um sistema operacional do computador, a defesa apresentada foi a de que "WINDOWS" era um termo genérico no momento da adoção da Microsoft, e não podia ser transformado pelo uso em uma marca registrada. Depois de anos de litígio, a Microsoft fez um acordo com a Lindows.com, comprometendo-se a pagar uma grande quantia para que esta última abandonasse a sua marca. Por outro lado, um termo originalmente válido como marca pode se tornar genérico através do uso público indiscriminado.

Celofane, nylon, aspirina, garrafa térmica, yo-yo, cama de Murphy, refrigerador e escadas rolantes estão entre os exemplos de marcas famosas perdidas em razão da "generalização", ou seja, a transformação de uma marca através do uso indiscriminado do público para o nome comum de um produto ou serviço. XEROX, FEDEX e FRIGIDAIRE até agora evitaram esse destino por meio de um esforço promocional extensivo.

Procedimento

Direitos de marca registrada são criados por adoção e utilização de uma marca ou uma marca distintiva. A proteção mais eficaz da marca registrada é obtida mediante a apresentação de um pedido de registro no USPTO[31]. A lei federal também protege marcas não registradas, mas tal proteção é limitada à área geográfica em que são utilizadas. Para se qualificar à proteção federal, a marca deve ser usada no comércio interestadual. O Registro Federal não está disponível apenas

---

[31] N.T.R.: Você deve levar em consideração que o registro na USPTO é para os produtos americanos e em casos de você precisar de um registro também nos Estados Unidos. Existem vários produtos brasileiros lá registrados, e a iniciativa visou à possibilidade da ocorrência de conflitos comerciais. No Brasil, conforme já mostrado anteriormente, o registro da *marca* deve ser realizado no EDA. No caso de código e outros elementos tecnológicos, ele também pode ser feito no Inpi. Uma consulta ao EDA central ou a um de seus escritórios regionais, no sentido de buscar um aconselhamento e orientação, é um excelente ponto de partida quando você quer proteger o seu desenvolvimento ou negócio de jogos.

para as marcas de uso corrente no comércio interestadual, mas também para aquelas cujos proprietários têm boa-fé e intenção de utilizá-la no comércio em uma data futura. O registro não será concedido até que a marca esteja em uso real. A taxa atual de registro federal para cada categoria (classe) de bens ou serviços varia, dependendo se a apresentação escrita é feita pelo correio (atualmente $ 375) ou *on-line* (atualmente $ 275 ou $ 325, dependendo da complexidade). A proteção do Estado para com a marca registrada existe no direito comum, e se dá simplesmente pela adoção e uso. A proteção é limitada à área de utilização efetiva dentro do Estado. O registro legal estadual também está disponível nos Estados Unidos.

Propriedade

A marca é propriedade da primeira parte para usá-la em relação a mercadorias ou serviços, ou do primeiro a aplicá-la para registrá-la sob o procedimento federal de intenção de uso se a marca assim já estava anteriormente. A regra americana de primeiro uso difere de muitas outras nações, nas quais o princípio é o primeiro a registrar.

Direitos exclusivos

Lei de marcas registradas em geral, federais ou estaduais, protegem a identidade comercial, o proprietário da marca (boa vontade, reputação e investimento em publicidade) dando a este o direito exclusivo de uso da marca em relação a bens ou serviços específicos. Qualquer pessoa que mais tarde use a mesma marca ou similar em relação às mercadorias ou serviços em qualquer forma que seja suscetível de causar confusão ou enganar é um infrator. Da mesma forma, a lei prevê o direito de ação contra a "concorrência desleal", a fim de o proprietário se proteger contra uma grande variedade de práticas comerciais enganosas, que causam confusão de produtos ou serviços; as duas mais comuns sendo falsa designação de origem (violação de marca ou identidade visual) e descrição ou representação falsa (propaganda enganosa). O teste geral para a probabilidade de confusão é baseado em como um consumidor comum, exercendo o devido cuidado, dadas as circunstâncias, é provável que ache que um produto ou serviço com marca registrada seja proveniente da mesma fonte que o produto ou serviço da marca contestada. Entre os fatores que os tribunais consideram ao fazer esta determinação são: (1) o grau de semelhança em termos de aparência entre as marcas, a pronúncia das palavras usadas, o significado e a impressão geral; (2) a futura intenção do usuário ao adotar a marca, provas, incluindo a intenção de comércio em relação à boa vontade do usuário anterior; (3) parentesco dos bens ou serviços; (4) as semelhanças em marketing e canais de distribuição; (5) evidência de confusão real; (6) consciência pública ou "fama" da marca anterior; e (7) o grau de atenção provavelmente dado pelos compradores. A aplicação do teste é, de fato, inevitavelmente subjetiva e específica. Apenas como exemplo, a pronúncia semelhante de marcas com grafias diferentes pode ser um fator significativo quando elas são utilizadas em associação com os bens que estão ordenados verbalmente no balcão, tais como cigarros, mas pode ser insignificante quando usado em produtos vendidos exclusivamente através de postos de autosserviço, como doces vendidos em máquinas automáticas. A probabilidade de confusão é aplicada não só pelos tribunais para determinar infração e concorrência desleal, mas também pelo USPTO, para determinar se a concessão do registro de uma aplicação que é considerada semelhante a uma marca registada existente ou uma marca para a qual uma aplicação anterior está pendente.

Em caso de violação comprovada, o proprietário da marca pode obter uma medida cautelar e danos contra o infrator. Se a marca não é registrada, em seguida verifica-se a área geográfica de exclusividade, aquela real de uso e qualquer área adjacente de expansão natural. Uma das principais vantagens do registro federal é que ela amplia a área geográfica de proteção nacional, independentemente da área de utilização efetiva. O registro estadual estende as fronteiras da proteção ao Estado como um todo. O registro federal confirma vantagens de recursos adicionais de execução, incluindo até três vezes danos reais e honorários advocatícios em casos apropriados. Um registro federal da marca pode ser arquivado no *Customs Bureau* para se proteger contra a importação de bens falsificados. O Congresso aprovou a *AntiCybersquatter Consumer Protection Act*[32] em 1999 para proteger os proprietários de marcas do registro de má-fé desta ou similar denominação como um nome de domínio.

Como dito, as ações de violação de marca e concorrência desleal exigem prova do risco de confusão. A Lanham Act foi alterada pela *Lei Federal de Diluição de Marcas*[33] de 1995, para prever um direito de ação federal para a diluição da marca. Donos de marcas "famosas" agora podem processar aqueles que usam uma que "causa diluição da qualidade distintiva da marca", sem a exigência de demonstrar um risco de confusão entre as marcas. O foco de uma ação de diluição não é proteger os consumidores de confusão, mas, sim, o investimento dos proprietários de marcas famosas por ter suas marcas "borradas" ou depreciadas por outras empresas. Em uma recente decisão da Suprema Corte, um vendedor de *lingerie*, livros para adultos e presentes, usando a marca VICTOR'S LITTLE SECRET, foi julgado como não tendo diluído a famosa marca registrada VICTORIA'S SECRET de lingeries. Embora os consumidores possam "mentalmente associar" VICTOR'S LITTLE SECRET com VICTORIA'S SECRET, em 2003 o Supremo Tribunal Federal determinou, em Mosely *v.* V Secret Catalogue, Inc. (537 U.S 418), que não havia provas de que o proprietário da marca VICTORIA'S SECRET tivesse perdido qualquer capacidade de distinção entre os seus produtos daqueles vendidos por outros. Em parte, reagindo ao parecer de VICTOR'S LITTLE SECRET, o Congresso aprovou a *Lei de Revisão de Diluição de Marcas Registradas*[34] em 2006, para reenfatizar a proibição da "diluição por ofuscamento ou depreciação de marca famosa, independente da presença ou ausência de confusão real ou potencial".

Ações tendo com fulcro diluição de marca registrada também são estabelecidas sob lei estadual. O padrão para provar diluição varia de Estado para Estado[35].

---

[32] N. R. T.: A *Anticybersquatting Consumer Protection Act* (ACPA), 15 USC § 1125 (d), é uma lei americana promulgada em 1999, que estabelece uma causa de ação para o registro, o tráfico, ou o uso de um nome de domínio confusamente similar, ou diluidor de uma marca ou nome pessoal. A lei foi concebida para impedir "cybersquatters", que registram nomes de domínio na internet que contêm marcas comerciais, sem intenção de criar um site legítimo, mas com o intuito de vender o nome do domínio ao proprietário da marca registrada ou a um terceiro. Os críticos da ACPA reclamam sobre o escopo não global da lei e seu potencial para a restrição da liberdade de expressão. Você pode ter acesso à lei pelo link da Biblioteca do Congresso em: thomas.loc.gov/cgi-bin/query/z?c106:S.1255.IS:= .

[33] N. R. T.: A *Federal Trademark Dilution Act* de 1995 (EUA) é uma lei federal que protege as marcas comerciais famosas de sua diluição indistinta. Você pode consultar sobre essa lei em: www.commdocs.house.gov/committees/judiciary/hju77698.000/hju77698_0f.htm. Essa lei foi posteriormente suplantada por outra de maior abrangência, a *Trademark Dilution Revision Act* of 2006 (TDRA), que você pode acessar em formato PDF: www.gpo.gov/fdsys/pkg/PLAW-109publ312/pdf/PLAW-109publ312.pdf.

[34] N. R. T.: A *Trademark Dilution Revision Act* of 2006 (EUA), conforme a nota anterior.

[35] N. R. T.: No Brasil a questão da diluição de marcas está englobada na Lei da Propriedade Industrial, dentro de seu artigo 130, inciso III, no qual se diz: "Art. 130. Ao titular da marca ou ao depositante é ainda assegurado o direito de: (...) III – zelar pela sua integridade material ou reputação". A Lei nº 9.279, de 14 de maio de 1996, intitulada *Lei da Propriedade Industrial,* pode ser acessada no formato PDF em: www.s.conjur.com.br/dl/lei-propriedade-industrial.pdf.

Duração

Uma marca registrada se mantém enquanto estiver em uso. Registros federais são objetos de renovação a cada dez anos a partir da data de emissão. Nos Estados Unidos, a duração dos registros estaduais de marca registrada varia de Estado para Estado[36].

Aviso

O aviso de propriedade de marca não é necessário, mas é aconselhável e ajuda o estabelecimento de violação de boa vontade. Apenas uma marca registrada para a qual o registro federal foi emitido pode usar o símbolo ®. Todas as outras, incluindo marcas registradas pelo Estado, usam as letras sobrescritas "TM" para marcas registradas e "SM" para as de serviço[37].

Lei internacional de marca registrada

Os Estados Unidos se tornaram signatários do *Acordo de Madri Relativo ao Registro Internacional de Marcas Registradas*[38] (Protocolo de Madri) em 2 de novembro de 2003, tornando-se o 59º país membro. O Protocolo de Madri promete realizar uma grande mudança na viabilidade dos registros internacionais para proprietários de marcas americanas. Resumidamente, o proprietário de um pedido ou registro no USPTO pode apresentar a esta mesma entidade um pedido internacional. O aplicativo permite a designação das nações-membros do Protocolo de Madri para as quais ele será aplicado. O USPTO analisa o pedido internacional em sua conformidade e o encaminha para o *International Bureau of WIPO*[39] (Organização Mundial da Propriedade Intelectual), uma agência das Nações Unidas. Após resolver todas as deficiências, o WIPO emite um registro internacional com data de registro e número e, em seguida, encaminha o registro e os "pedidos de prorrogação" para o escritório da marca registrada em cada uma das nações designadas pelo requerente. O pedido de prorrogação está sujeito a exame em cada um dos países designados. Se nenhuma recusa

---

[36] N. R. T.: Como já visto anteriormente, no caso brasileiro, da mesma forma que nos Estados Unidos, o registro de marca vigorará pelo prazo de dez anos, contados da data da concessão do registro, prorrogáveis por períodos iguais e sucessivos. O pedido de prorrogação deverá ser formulado durante o último ano de vigência do registro.

[37] N. R. T.: No Brasil não existe nenhuma obrigatoriedade do uso de tais símbolos marcários (®, MR, SR ou outro). O Brasil participa da *Convenção da União de Paris*, e no seu artigo 5º se diz que não há a necessidade no produto de nenhuma marca, sinal ou menção ao registro da marca para que os direitos do titular desta sejam reconhecidos. A *Lei da Propriedade Industrial (LPI, Lei 9.279/96)* também não faz referência ao uso do símbolo ® ou qualquer outro. Mas isso não significa que a proteção não seja exercida, nem que uma marca registrada não possa ser acompanhada dos símbolos marcários e dos avisos. Uma leitura do livro de Barbosa, Denis Borges (2010), *Uma introdução à propriedade Intelectual*, que possui possibilidade de acesso *on-line (no modo creative commons)*, pode ajudar muito a conhecer mais acerca da questão do direito de marca e da propriedade intelectual em nosso contexto brasileiro. O livro pode ser acessado em: www.denisbarbosa.addr.com/arquivos/livros/umaintro2.pdf. De acordo com esse jurista, tais símbolos peculiares ao sistema americano inexistem nos demais países e devem ser evitados, pois podem, de acordo com o contexto, constituir concorrência desleal, isto por se utilizarem de elementos distintivos que o usuário não tem direito, levando o público ao engano.

[38] N. R. T.: O *Madrid Protocol* (2003) pode ser consultado no site da USPTO em: www.uspto.gov/trademarks/law/madrid/index.jsp. O Brasil não faz parte desse protocolo. Segundo informações do Inpi, o Protocolo possui a vantagem da simplificação de procedimentos e o barateamento dos custos; a desvantagem é de que a adesão ao Protocolo de Madri exigirá adaptações na legislação brasileira. Nessas matérias existem os que são a favor e os que são contra a adesão do Brasil ao Protocolo. Do ponto de vista do jogos e de sua localização, a adesão do Brasil ao Protocolo de Madri seria algo muito útil para a indústria brasileira de jogos. Existem ainda outras questões importantes que são cobertas pela Wiki: http://pt.wikipedia.org/wiki/Protocolo_de_Madrid.

[39] N. R. T.: O site da *International Bureau of WIPO* é: www.wipo.int/portal/index.html.en.

é manifestada dentro de determinado prazo, a marca é registrada automaticamente no país membro. Além de permitir um depósito no país de origem, o procedimento simplificado, e das taxas de depósito, o Protocolo de Madrid prevê um ciclo de renovação uniforme de dez anos. Para os produtos transnacionais, como jogos de videogame, muitas vezes localizados nos mercados americano e asiático, a ratificação deste Protocolo pelos Estados Unidos é um grande avanço. Além deste, a Convenção de Paris tem tempo previsto de tratamento recíproco de marcas e datas de apresentação de prioridade entre os países signatários, incluindo os Estados Unidos. No entanto, é necessário solicitar o registro da marca em cada país em que ela está em uso, a um custo típico de vários milhares de dólares para um deles. Como proposição geral, um pedido de marca única pode ser enviado para a União Europeia e, se aprovado, é eficiente dentro dos países membros da União Europeia. O Tratado Norte-Americano de Livre Comércio (Nafta) proporciona proteção multilateral da marca registrada entre os Estados Unidos, Canadá e México.

> Segredos comerciais

A lei de segredos comerciais é governada pelos Estados individualmente. Um número crescente de Estados tem versões aprovadas do Uniform Trade Secrets Act.

Trabalhos protegidos

O Uniform Trade Secrets Act (UTSA) define "segredo comercial" como:

> informação, incluindo, mas não limitada a, uma fórmula padrão, compilação, programa, dispositivo, método, técnica ou processo, que:
>
> 1. deriva valor econômico independente, real ou potencial, por não ser de conhecimento geral nem facilmente determinável, por meios apropriados, outras pessoas que podem obter o valor econômico da sua divulgação ou uso, e
> 2. é objeto de esforços que são razoáveis nas circunstâncias para manter sua confidencialidade.

Alguns Estados que não adotaram o UTSA normalmente aplicam a definição aparecendo na Reincidência de Delitos:

> Um segredo comercial pode consistir de qualquer fórmula, padrão, dispositivo ou compilação de informações que é usado no próprio negócio, e que lhe dá a oportunidade de obter uma vantagem sobre os concorrentes que não o conhecem ou não usam. Pode ser uma fórmula de um composto químico, um processo de fabricação, tratamento ou conservação de materiais, um padrão para uma máquina, ou outro dispositivo, ou uma lista de clientes.

Padronizações

Segundo a definição do UTSA, informações economicamente valiosas em qualquer formato podem ser segredo comercial. Ao contrário do autor, não há exigência de que a informação exista de alguma forma "fixa" para ser um segredo comercial protegido. Nem o segredo comercial tem de ser novo, original ou criativo. Em vez de novidade, as informações devem ser secretas. O segredo é o determinante na maioria dos casos, enquanto o valor comercial é um requisito mínimo. Mais claramente, as informações geralmente conhecidas do público não têm direito à proteção de segredos comerciais. A experiência de negócios em geral, memória e habilidade que reverterão a um indivíduo ao longo do seu emprego também não podem ser reivindicadas como segredo comercial. Os funcionários que adquirirem tais conhecimentos no curso de seu trabalho em uma empresa de jogos normalmente são livres para utilizar a experiência quando saem. Assuntos que são completamente divulgados pela natureza dos bens ou serviços não são considerados segredo se determináveis com inspeção. Listas de clientes apresentam um caso especial. Elas são suscetíveis de constituir segredos comerciais em situações em que o proprietário do segredo comercial pode demonstrar que os clientes não são geralmente conhecidos e que sua lista não é do tipo que pode ser facilmente compilado a partir de uma lista telefônica, lista de membros do comércio, associações ou outras disponíveis como documentos públicos.

O proprietário de um segredo comercial poderá divulgá-lo aos outros, desde que a divulgação seja acompanhada por uma promessa aplicável de sigilo. O teste de sigilo tem duas pontas: (1) se a informação é normalmente conhecida ou disponível, e (2) se o proprietário do segredo comercial toma medidas afirmativas para garantir a confidencialidade das informações.

Empresas que utilizam esta proteção devem adotar um plano de proteção de segredos comerciais; colocar a política de sigilo por escrito, e tê-lo reconhecido por todos os funcionários, identificar claramente a informação como segredo, e possibilitar o armazenamento seguro e acesso restrito. O envio de segredos comerciais sem criptografia através da internet apresenta riscos particulares de intercepção ou desorientação, e deve ser evitado.

Procedimento
Não há registro ou outro regulamento direto do governo sobre informações de segredos comerciais.

Propriedade
Um empregador ou uma parte envolvida na contratação geralmente possui segredos comerciais desenvolvidos pelos funcionários e pelos contratantes independentes que são contratados para inventar ou criar essa informação determinada. Uma linguagem explícita para proteger segredos comerciais do empregador nos contratos de trabalho é altamente recomendável. Divulgação de informações confidenciais para terceiros que possam ser necessárias para uma apresentação podem ser garantidas por um *acordo de confidencialidade*[40] (NDA) que protege informações confidenciais e informações comerciais secretas da divulgação e/ou uso não autorizado pela outra parte.

Direitos exclusivos
O UTSA protege os segredos comerciais da "apropriação indébita", definida na lei para situações nas quais a informação é de conhecimento adquirido, publicada ou utilizada de forma irregular. "Indébita" significa que não é definida no UTSA, mas incluiria ação sem o consentimento do proprietário do segredo comercial e utilização das informações de forma adversa aos interesses deste. Processos alegando apropriação indébita impetrados no UTSA devem ser interpostos pelo

---

[40] N. R. T.: O NDA, *non-disclosure agreement*, acordo de não divulgação ou *acordo de confidencialidade, acordo de segredo* etc. Trata-se de um acordo por escrito no qual as partes, ou ao menos uma delas, concordam em não divulgar qualquer informação coberta pelo acordo. Ele é utilizado no sentido de preservar direitos comerciais e outros.

proprietário do segredo comercial no prazo de três anos do descobrimento real ou de uma obrigação de conhecer devido às circunstâncias.

Duração
Um segredo comercial dura o tempo que satisfaça o critério de definição. O UTSA prevê um estatuto de três anos de limitações para se processar por apropriação indébita.

Aviso
Não há prática de aviso em vista da natureza secreta do segredo comercial. Procedimentos internos dentro da organização para garantir manutenção do tratamento do segredo comercial são aconselháveis, como carimbo de documentos e restrição de acesso.

Lei internacional de segredo comercial
Não há tratados ou acordos multinacionais especificamente relacionados à lei de segredos comerciais.

> Transferência de direitos de PI

O valor inerente de PI é descrito como a habilidade de transferir uma parte ou a totalidade dos direitos de propriedade intelectual para outros. A contratação por parte da editora com um desenvolvedor independente provavelmente irá desejar que a própria PI do desenvolvedor do jogo esteja livre das reivindicações de outros a fim de que o jogo possa ser vendido para usuários finais. O desenvolvedor não deve apenas transmitir título para dentro da PI, mas também representar formalmente que a PI envolvida no jogo não viola patentes, direitos autorais, marcas registradas e segredos comerciais de quaisquer terceiros envolvidos.

Funcionários do desenvolvedor ou contratados independentes podem registrar reivindicações de PI com base em suas contribuições para o jogo[41]. O desenvolvedor deve capturar esses direitos por meio de contratos de trabalho, a fim de solidificar seus próprios direitos e satisfazer à demanda da editora para a posse completa da PI. Essa transferência de direitos de funcionários e contratados para o desenvolvedor é uma parte implícita da remuneração, estabelecida para o caso de que eles não são susceptíveis de serem contratados como funcionários. Se o jogo incorpora PI de terceiros, como softwares, personagens, história ou música, o desenvolvedor ou o editor devem obter licenças que os assegurem ou liberar estes da exigência da vinculação da PI. Os terceiros percebem o valor de sua propriedade intelectual através da concessão de tais direitos em troca de comissões, *royalties* ou taxas.

O proprietário da PI tem direito de transferir todos os direitos por cessão, ou uma parte por licença. Os direitos podem ser colocados em domínio público, quer intencionalmente, pelo uso indevido ou negligência da PI, ou como resultado de vencimento de um registro. O proprietário pode optar por não fazer uso dos direitos da PI ou proibir os outros de usá-la. Tem havido

---

[41] N. R. T.: Por exemplo, no caso de um artista independente que esteja trabalhando na produção de recurso de arte ou do programador independente que esteja desenvolvendo qualquer atividade de código. Ambos podem vir a ser convidados a assinarem um contrato, no qual se explicite um *acordo de confidencialidade* e a transferência da PI na qual a captura dos direitos se dá. Em nenhum momento este expediente invalida a autoria deles no processo do jogo; deve-se sempre assegurar os seus devidos créditos e direitos.

manifestações de que algumas patentes são adquiridas não para proteger o uso do proprietário, mas para evitar o uso da invenção por parte dos concorrentes.

Existem três questões a ser resolvidas para a avaliação da transferência de direitos de PI: identificação do proprietário, a natureza dos direitos transferidos, e a forma de transferência.

A lei presume que a pessoa que cria a PI é o proprietário. Como várias pessoas podem contribuir para esta criação, como é norma no desenvolvimento de jogos, faz-se necessário analisar quem realizou uma contribuição e quanto contribuiu. No caso de uma canção popular, por exemplo, compositor, vocalista, letrista, e músicos podem ser pessoas diferentes, todos eles podendo reivindicar uma parte do conjunto de direitos da música. Compositor e letrista não têm direitos sobre o desempenho do vocalista e dos músicos, a menos que os contratem com esses direitos estabelecidos no contrato. Por outro lado, os artistas não possuem a música nem a letra. Além disso, uma ou mais dessas partes pode ter cedido ou licenciado seus direitos a outros. Rastrear todos os detentores de direitos pode ser uma tarefa árdua, especialmente se um grande número de proprietários está envolvido e tempo considerável tiver decorrido. Como comprador da PI criada por outros, o criador do jogo deve estar em condições de avaliá-la e assegurar que todos os direitos necessários estão sendo transferidos.

Cessão é o dispositivo contratual utilizado para transferência irrevogável de todos os direitos sobre PI. Qualquer transferência que represente menos de todos os direitos é considerada uma licença. A concedente, a pessoa que concede a licença, mantém um ou mais direitos sobre a PI, como o direito de outros de licenciar ou usar a PI própria, aprovar a qualidade, a quantidade limite para restringir a área geográfica, a fim de cobrar os *royalties* ou readquirir os direitos na rescisão da licença. Na maioria dos casos, a cessão não é executória (obrigatória), salvo se por escrito. No caso das patentes, direitos autorais e marcas comerciais, listados nos registros do governo, uma atribuição relevante pode ser enviada à agência do governo para inscrição. Uma atribuição registrada serve como aviso para os futuros compradores de que os direitos de propriedade foram transferidos.

A maioria das transferências de direitos de PI assume a forma de um acordo escrito. Em alguns contextos de trabalho, os direitos de propriedade intelectual podem ser transferidos por força da lei. Isso é verdadeiro para os limitados direitos adquiridos da empresa por um empregador para a patenteável invenção de um funcionário e os direitos autorais adquiridos por um empregador quando da prestação de serviços para outros, por parte de seus funcionários.

Direitos de propriedade intelectual também são capazes de serem transferidos, por herança, quando o direito é de propriedade de um indivíduo. A herança ocupa um importante lugar na transferência dos direitos autorais. Por exemplo, o período de proteção de direitos autorais de obras criadas a partir de 1978 estende-se por 70 anos para além da vida do autor individual ou artista. Isso requer diligência especial quando a empresa identifica a propriedade dos direitos autorais de longa data. Direitos de propriedade intelectual podem ser transferidos do controle privado para o domínio público por intenção do proprietário, desatenção ou erro. Existem muitas oportunidades para que isso ocorra, como, por exemplo, a falta de arquivo de um pedido de patente antes do final do período de venda, falha na execução de uma marca contra os usuários infratores, incapacidade de manter a confidencialidade das informações comerciais secretas, e a falha em assegurar a propriedade dos direitos autorais nos contratos do editor ou do funcionário. Os serviços de um advogado especializado em direito de PI é complemento necessário à posse da PI para evitar estas e muitas outras armadilhas.

> Evitando infração de PI

A grande quantidade de PIs que é criada torna inevitável que os direitos de dois ou mais criadores irão se sobrepor. Qualquer um que tenha procurado dar um nome para empresa ou jogo, conseguir um nome de domínio, ou criar personagens originais, histórias ou jogabilidade, experimentou a frustração de descobrir que alguém chegou lá primeiro. Ainda pior é investir esforços e recursos para criar PI apenas para aprender, lá na frente, e talvez sob a forma de uma denúncia de danos significativos, que o que foi pensado para ser original, de fato, claramente viola uma patente de outra pessoa, direitos autorais ou segredos comerciais. Essa revelação é muito comum na indústria de jogos e em outras partes nos campos do entretenimento e tecnologia. Com uma ação judicial de violação de patente custando, para cada lado, um milhão de dólares em taxas legais, por si só este é um risco que deve ser evitado. E com algum esforço, pode sê-lo.

Por sua natureza, as marcas são a forma mais visível de PI; segredos comerciais são menos visíveis. Hoje, a internet fornece um meio para procurar registros de marca federais e aplicações através do site oficial do USPTO (uspto.gov). A Microsoft estaria melhor se tivesse compreendido antes que seu título *Mythica*, proposto para fazer um jogo multijogador *on-line* (MMO), era muito semelhante à marca registrada MYTHIC ENTERTAINMENT. Essa empresa, agora uma subsidiária da Electronic Arts, já tinha desenvolvido o MMO *Dark Age of Camelot*. A Microsoft enfrentou um processo por violação de marca registrada interposto pela Mythic Entertainment e, finalmente, abandonou seu MMO. Registros de nomes de domínio também são pesquisados. Muitas empresas de jogos mantêm sites ou podem ser localizadas através de motores de busca da internet. Os serviços comerciais estão disponíveis, e realizarão pesquisas de marca própria e pública, nome da empresa e bancos de dados de nomes de domínio por uma taxa. Por conseguinte, antes de adotar uma marca, é possível e prudente realizar uma pesquisa para saber se a mesma marca ou uma semelhante é utilizada em conexão com praticamente os mesmos bens ou serviços. Para ilustrar, pense na possibilidade de adotar a marca "Hims" para um jogo de estratégia no qual os personagens masculinos interagem em atividades cotidianas "de meninos" seria produzir ruídos jurídicos na Electronic Arts, proprietária da marca registrada THE SIMS para um jogo de estratégia. A violação intencional leva a sanções reforçadas. Nos casos em que as semelhanças das marcas não estejam livre de dúvida, um advogado familiarizado com as práticas comerciais deve ser consultado. A apuração de um advogado pode evitar a exposição aos laços danosos da violação dolosa.

Os segredos comerciais podem não ser investigados, mas a violação ocorre em contextos bastante previsíveis. Lembre-se de que os segredos comerciais são violados apenas se forem desviados. Conhecimento independente de uma fonte não contaminada é uma defesa completa. Os trabalhadores podem ser transmissores de conhecimento ou inconscientes de segredos comerciais infectados quando mudar de emprego. A nova empresa deve tomar medidas para bloquear o uso de segredos comerciais da política e do contrato previamente adquiridos pelo empregado por escrito. Em muitos casos de apropriação indébita a caminho do tribunal, o funcionário foi contratado justamente por causa dos segredos comerciais valiosos adquiridos de uma empresa rival. A nova empresa vai ter dificuldade para montar uma defesa. E editores e desenvolvedores enfrentam um outro lado desta questão. Para iniciar um jogo, este último deve lançar mão de conceitos e ideias confidenciais, e quer todas essas informações tão amplamente interpretadas como possível, e que sejam tratados como segredos comerciais. A editora quer ouvir o tom, mas não quer ser impedida de considerar conceitos similares e as ideias dos outros se um acordo não for atingido. Um acordo de não divulgação bem elaborado[42] (NDA) é a solução, mas as partes podem ter dificuldades com o escopo de informações protegidas e os usos permitidos da editora. As editoras têm, em geral, maior influência na negociação de um NDA. Desenvolvedores podem ser colocados diante da escolha entre uma proteção completa pela não divulgação e, portanto, nenhum negócio, ou ter chances divulgando suas ideias criativas com uma proteção que não é a ideal.

Direitos autorais, como marcas registradas, podem ser pesquisados em um registro do governo, neste caso, mantido pela Biblioteca do Congresso dos Estados Unidos (www.loc.gov). O dilema apresentado pela análise de violação de direitos autorais é que o infrator acusado só é responsável se houver cópia de uma parte comercialmente significativa do trabalho protegido. A ignorância, quando não sorte ou acaso, pode ser perfeitamente uma defesa eficaz. Por outro lado, deve-se saber que a violação de uma obra protegida sujeita o infrator a substanciais sanções reforçadas e às despesas se processado. Nos casos em que um trabalho protegido foi "influência" ou "inspiração" para o novo trabalho, é importante evitar copiar partes do material, e ser prudente para evitar qualquer duplicação. O que foi uma cola na escola pode ser um processo caro no desenvolvimento do jogo[43]. Se um trabalho prévio com direitos autorais é a base conhecida de um novo trabalho, e uma licença ou permissão não for requerida, o autor ou artista deve ou garantir que o novo trabalho seja visto como criação original, ou que satisfaça o uso justo ou exceções de paródia à aplicação de direitos autorais, ou que depende de as partes dos trabalhos anteriores que constituem ideias não passíveis de direitos autorais ou *scenes a `faire*[44]. As sanções legais impostas por violação de direitos autorais são suficientemente graves para tornar qualquer grau de cópia de uma obra protegida temerário. Recentemente, Robert Crais, autor do romance *best-seller L.A. Requiem*, processou a Activision após o designer chefe do jogo *best-seller, True Crime: Streets of LA*, voluntariamente, dizer que foi "inspirado" pelo livro de Crais.

Como para os direitos autorais e marcas comerciais, o governo federal mantém um registro de patentes pesquisáveis (uspto.gov). Outros sites, principalmente o banco de dados mantido pelo Google (google.com/patents) e o da IBM (patent.womplex.ibm.com), contêm uma base pesquisável de patentes e recursos muito úteis. Além disso, como em relação a direitos autorais e marcas comerciais, saber da violação de uma patente submete o infrator a um maior prejuízo. Mas, ao contrário do direito autoral, a ausência de uma cópia não serve como defesa à violação do assunto patenteado. Isso levanta o dilema de realizar uma busca prévia de patentes para determinar se a invenção proposta é tema de patentes em vigor. Uma linha de pensamento aconselha contra a não empreender essa busca, a fim de evitar a cobrança posterior da intencionalidade causal se uma patente é descoberta e, em seguida, ignorada. Outra linha aconselha realizar uma pesquisa para

---

[42] N. R. T.: Veja a nota 40 deste capítulo.
[43] N. R. T.: O problema da cópia incide em questões que estão além da pirataria comercial. Ela envolve o não reconhecimento do outro, da alteridade, condição essencial para a constituição da civilização ocidental. Trata-se do eterno problema da citação das fontes. Trabalhos que são livres para cópia mediante referência (citação nos créditos) podem ser copiados sem a devida preocupação de dar os créditos devidos. Uma forma de resolver esse problema foi elaborada pelo licenciamento de trabalhos, ideias, projetos, arte e código no modelo do *Creative Commons*, que possui uma seção no Brasil (www.creativecommons.org.br/). Por exemplo, quando se utiliza uma porção ou a totalidade de um código de uma Wiki mantida pela comunidade de um determinado motor de jogo, a ética e a formação acadêmica dizem que devemos citar essa fonte de pesquisa nos créditos do jogo. Além de evitar futuras confusões e dores de cabeça com possíveis reclamações e possibilidade de processos, nos coloca em um patamar acima no que diz respeito à forma com a qual lidamos com a questão do conhecimento, a razão, a autoria e a produção humanas.
[44] N. R. T.: Veja a nota 2 deste capítulo sobre as *scenes a `faire*.

entender que as patentes podem apresentar um problema e trabalhar em torno dele. De fato, o conhecimento geral obtido a partir de patentes pode facilitar o esforço de invenção. A sobreposição dessas abordagens conflitantes se dá pelo fato de que as buscas por infração de patente são difíceis de conduzir e podem ser inconclusivas no que diz respeito ao resultado. O parecer de um advogado especializado em relação a uma invenção que não infrinja patentes de técnicas anteriores pode ser utilizado para se ter uma carga deliberada em uma ação no futuro, mas esses pareceres podem custar milhares de dólares, dependendo da complexidade do assunto. Além disso, para algo maior do que direitos autorais e marcas comerciais, patentes são sujeitas a desafio. No caso das patentes de método, um número substancial delas deixa de ser acolhido pelos tribunais. Tal como acontece com outros campos da lei de PI, a sensibilidade para a possibilidade de violação é essencial. O cuidado em evitar as oportunidades mais óbvias de infração é crucial para o êxito do desenvolvimento de jogos.

Resumo

Como combinações de multimídia dos esforços criativos e inventivos de diversos colaboradores, os jogos são um estudo de caso na natureza e escopo da propriedade intelectual. Jogos são entretenimento. Mas não seriam realizados, especialmente com enormes orçamentos necessários, não fosse pelo fato de que a posse da PI pode ser adquirida e aplicada, os direitos transferidos e o valor recebido. O impacto de leis que organizem PIs com eficácia pode ser visto no estado de desenvolvimento tecnológico nos países que honram os direitos de PI e naqueles que não honram. Não é por acaso que um dos mercados mais fortes do mundo para criação e venda de videogames são os da América do Norte, Europa/Austrália e Japão. Todas nações com longa tradição de registro de direitos e de execução de PI tem isso como máxima.

Exercícios

1. Um desenvolvedor de jogos tem uma ideia para um jogo de tiro em primeira pessoa (FPS) que acredita envolver personagens originais membros de gangues. O título do jogo, os nomes e a aparência dos personagens principais, um documento de concepção do esboço preliminar do enredo e os primeiros níveis, além de várias telas de arte de computador foram criados. O desenvolvedor está preocupado em proteger a propriedade de suas ideias, com apenas algumas delas incorporadas em seus documentos e obras de arte quando faz apresentações para os editores em potencial. Que proteções estão disponíveis para o desenvolvedor sob as leis de PI?
2. O jogo FPS da primeira questão está situado em uma cidade fictícia norte-americana que tem arranha-céus, prédios de apartamentos, parques públicos, um sistema de metrô, táxis e outras características de uma grande cidade. Outro jogo FPS muito popular, envolvendo membros de gangues, tem como cenário uma cidade fictícia com arranha-céus americanos, prédios, parques públicos, sistemas de metrô e táxis, tudo altamente semelhante. É admissível para o desenvolvedor incluir no seu jogo características semelhantes da cidade grande como estão presentes nos jogos FPS existentes?

3. O desenvolvedor citado na primeira questão já obteve contrato com uma editora. Nele, o desenvolvedor atribui "todos os seus direitos de propriedade intelectual para o jogo" para a editora. Pelo fato de ser o criador do jogo, ele pode futuramente vender os direitos do filme para o jogo para um produtor de cinema?
4. Este mesmo desenvolvedor está prestes a contratar seu primeiro funcionário. Quais direitos de PI pertencentes ao funcionário deve o desenvolvedor garantir no contrato de trabalho?
5. Imediatamente após o lançamento do jogo, este desenvolvedor recebe uma carta alegando que a jogabilidade de RPG infringe a patente do autor que assina a carta. Com que base o desenvolvedor pode contestar a validade da patente?
6. Quando o jogo é lançado, este mesmo desenvolvedor nota que não há nenhuma menção a ele na caixa do jogo, somente aparecem o nome da editora e o logo. O contrato de edição é omisso sobre a questão dos créditos ao desenvolvedor. Será que ele tem o direito de estar listado na caixa?
7. Procure no banco de dados de patentes (uspto.gov) pelo título *Sanity System for Video Game*[45], em inglês, que está atualmente no banco de dados das "Aplicações Publicadas". Leia a aplicação completa e determine o jogo e a empresa a que se aplica. (Dica: use palavras--chave pertinentes no google.com, utilize o mobygames.com para localizar jogos em que as pessoas trabalharam, e/ou o gamespot.com para rastrear críticas).
8. Procure no banco de dados de marcas registradas federal (uspto.gov) pelo título do jogo "Dead Ringer". De acordo com sua pesquisa, *Dead Ringer* está disponível para uso como título de jogo? Que pesquisas adicionais você poderia realizar antes de determinar esta disponibilidade?

Referências

[ALI95] Restatement of the Law Third: Unfair Competition, American Law Institute, ALI, 1995.
[CopyrightAct76] Copyright Act of 1976, as amended, 17 U.S.C. §§ 101–810, 1001–1010; 1101; 1201–1205; 1301–1332 [United States].
[Hirtle04] Hirtle, Peter B., Copyright Term and the Public Domain In the United States, available online at www.copyright.cornell.edu/training/Hirtle_Public_Domain.htm.
[IGDA03a] Contract Walk-Through, Business Committee, International Game Developers' Association, 2003, available online at www.igda.org/biz/contract_walkthrough.php.
[IGDA03b] Game Submission Guide, Business Committee, International Game Developers' Association, 1st ed., 2003, available online at www.igda.org/biz/submission_guide.php.
[IGDA03c] White Paper, Intellectual Property Rights Committee, International Game Developers' Association, Final Draft, 2003, available online at www.igda.org/biz/ipr_paper.php.
[PatentAct] Patent Act, as amended, 35 U.S.C. §§ 1–136 [United States].
[TrademarkAct46] Trademark Act of 1946 ("Lanham Act"), as amended, 15 U.S.C. §§ 1–46 [United States].
[ULC85] Uniform Trade Secrets Act, Uniform Conference of Commissioners on Uniform State Laws, www.nccusl.org (Final Acts and Legislation).

---

[45] N. R. T.: *Sanity System for Video Game, Sistema de Sanidade Mental para Jogo*. Uma das ocorrências é particularmente interessante e está patenteada. Dica: sempre clique no número da patente e use o link a seguir para uma pesquisa mais adequada: patft.uspto.gov/netahtml/PTO/search-bool.html.

7.6 Regulação de conteúdo

Neste capítulo

- Visão geral
- Uma breve história da censura na América
- O Congresso dá uma primeira olhada nos jogos de videogame
- O advento da autorregulação na indústria
- Críticas ao programa de classificação da ESRB
- Regulação do conteúdo dos jogos nos tribunais
- Regulação do conteúdo em outros países
- Resumo
- Exercícios
- Referências

› Visão geral

Os videogames passaram por muitas etapas em seu caminho para se tornar um grande centro financeiro e cultural da indústria do entretenimento. Em algum lugar entre o *Pong* e os últimos jogos de console, a tecnologia e a criatividade combinaram-se para permitir que os jogos atingissem um nível de realismo e expressividade que é tão envolvente e tão popular quanto seus antecedentes, livros, peças de teatro, cinema e televisão. Exatamente quando este marco foi atingido é difícil de identificar. Jogos de fliperama sem dúvida direcionaram o caminho, mas PCs cada vez mais poderosos no início de 1980, seguidos de consoles de jogos no final dessa década, estabeleceram os jogos como um meio atraente e interativo para retratar personagens e histórias.

Até o início de 1990, a Nintendo e a Sega estavam lutando pelo mercado em massa com os bonitinhos e fofinhos jogos Mario e Sonic. O meio estava agora situado, logo seguido por esforços para controlá-lo. Em 1993, o realismo e o sangue de *Mortal Kombat* se tornaram uma sensação do dia para a noite. Então, um jogo para PC que tinha vampiros e mulheres com pouca roupa, chamado *Night Trap*, foi alardeado por seus elementos, o que fez a sociedade se dedicar a extirpar o que, por razões próprias, era uma expressão ofensiva, obscena, indecente, degenerada, um sacrilégio, e subversiva. A batalha sobre o conteúdo dos videogame tinha começado.

> Uma breve história da censura na América

Os videogames são apenas o mais recente meio de expressão a ser objeto de protestos públicos por regulamentação, senão censura direta. A batalha sobre o conteúdo de jogos está sendo travada em uma arena jurídica cujas regras refletem mais de dois séculos de alteração de costumes públicos e atitudes em evolução em relação ao controle do governo. A pedra de toque da análise, a Primeira Emenda da Constituição dos Estados Unidos, juntamente com as outras nove "Bill of Rights", foi ratificada pelos Estados em 1791. Como se relaciona à repressão do discurso, prevê onze palavras multiformes: "O Congresso não fará nenhuma lei... cerceando a liberdade de expressão...". A Décima Quarta Emenda estendeu essa proibição para o cerceamento de discursos dos governos estaduais e locais em 1868[1].

A noção de liberdade de expressão está enraizada na filosofia política americana. Mas a implementação da proteção aparentemente absoluta da Primeira Emenda pelos tribunais, e mais particularmente pela Suprema Corte dos Estados Unidos, não tem sido nada absoluta, ou mesmo consistente. De fato, na maior parte da história da Emenda, apenas as formas convencionais de expressão política foram consideradas constitucionalmente protegidas, muitas outras formas de discurso foram consideradas além do escudo protetor da Primeira Emenda. Isso incluiu sedição (discurso destinado a minar o governo), palavras de luta que incitem a violência, difamação (calúnia e difamação), difamação racial (discurso do ódio) e obscenidade. Livros, peças de teatro e filmes para uma boa parte da história da nação eram verdadeiramente "proibidos em Boston" e em outras jurisdições, grandes e pequenas, em todo o país. Os líderes da Igreja estavam muitas vezes na vanguarda das campanhas de censura.

Níveis máximos foram alcançados quando os censores do Estado tentaram, sem sucesso, a proibição de *Ulisses*, de James Joyce, em 1934, e *Trópico de Câncer*, de Henry Miller, 30 anos mais tarde. Impulsionando esse esforço em favor da censura, veio a definição abrangente de obscenidade, que se estendeu além do conteúdo sexual explícito para incluir palavrões e linguagem de sacrilégio que são permitidas atualmente. Em contraste com a expressão obscena e profana, a representação da violência por si só recebeu pouca atenção até recentemente. Os juízes conceberam a censura da "obscenidade" em um vasto espectro. A obscenidade foi considerada pelos tribunais como totalmente sem importância social e, portanto, sem direito a qualquer salvaguarda da Primeira Emenda.

A liberalização profunda nos valores públicos e a tolerância das diferenças sociais após a Segunda Guerra Mundial acabaram por influenciar o Supremo Tribunal Federal no sentido de ampliar a proteção da Primeira Emenda às formas de discurso apolítico, mas de maneira gradual e hesitante. Palavrões e linguagem sacrílega estão protegidos, mas as formas de expressão de sexo explícito, que são consideradas "obscenas", continuam fora da proteção constitucional.

---

[1] N. R. T.: Uma tradução da *Constituição Norte-americana* pode ser lida na internet no endereço: www.braziliantranslated.com/euacon01.html.

O Supremo Tribunal Federal continua a defender a proibição da divulgação ou exposição de material contendo sexo explícito, especialmente "quando o modo de divulgação traz consigo um risco significativo de ofensa às sensibilidades dos destinatários relutantes ou no que diz respeito a exposição a menores".

A posição atual do Supremo Tribunal Federal é que a expressão sexual obscena pode ser suprimida, mas apenas se o material, tomado como um todo, atrair o interesse pelo sexo lascivo, retratando a conduta sexual de forma patentemente ofensiva, e não tiver valor literário, artístico, político, científico. Se os recursos materiais apelam para um "interesse lascivo" ou se são "patentemente ofensivos", tal é medido pelos padrões morais da comunidade local na qual o tribunal se situa. Só assim materiais chamados "*hardcore*" são considerados fora do escudo protetor da Primeira Emenda. O Supremo Tribunal Federal tem dado esses exemplos de expressão *hardcore*: "(a) Representações ofensivas ou descrições de atos sexuais, normais ou pervertidos, reais ou simulados. (b) Representações ofensivas ou descrições de masturbação, funções excretoras, e exposição obscena de genitais".

Para Potter Stewart, do Supremo Tribunal de Justiça, a definição cínica de pornografia – "Eu sei o que é quando vejo" –, reduz para os críticos a natureza não canalizada do inquérito. Com certeza, nem toda expressão sexual explícita é obscena. Na verdade, a representação da nudez ou o uso de linguagem ofensiva não é nem mesmo supostamente obscena, e não pode ser proibida pelo governo apenas porque ofende alguém em algum lugar. No entanto, a expressão sexual explícita mas não obscena pode ser regulada de várias maneiras, como, por exemplo, zoneamento restritivo de cinemas "adultos" ou prevenção do acesso de crianças em lojas de material de sexo explícito.

Na década de 1920, a popularização do novo meio de imagens em movimento deu origem a uma onda de leis de censura local que ameaçava os estúdios. A Primeira Emenda, como então interpretada pelo Supremo Tribunal Federal, não fornecia proteção para esse ataque. Foram levantados questionamentos se uma Emenda, aprovada na idade da impressão para proteger a expressão política, se aplicaria ao meio de imagens em movimento destinado à diversão. Em vez de lutar contra as leis de censura de cada cidade ou região, a indústria cinematográfica procurou se esquivar através da adoção, em 1930, de um Código de Produção de Filmes, que foi gerido voluntariamente pela Motion Picture Producers and Distributors of America, na pessoa de seu presidente, Will Hays. Para a maioria das opiniões, o regulamento idiossincrático do Código Hays, como era conhecido, trocou décadas da banalidade dos filmes pela imunidade da censura não verificada do governo. Em um exemplo famoso, o Código Hays multou o produtor de *O Vento Levou* com a soma substancial de $ 5 mil pela palavra "maldito", um tipo de assinatura de Clark Gable. O sucessor do Código Hays foi a Motion Picture Association of America (MPAA), que funciona hoje em um ambiente muito diferente da Primeira Emenda, que aceita todos os meios de expressão com igualdade e coloca um peso substancial sobre o governo para justificar a limitação em conteúdo expressivo que alega ser censurável.

〉 O Congresso dá uma primeira olhada nos jogos de videogame

Muito parecido com os estúdios de cinema nos anos 1920, os editores de jogos enfrentaram a ameaça da censura em larga escala após o lançamento de jogos mais realistas e violentos no início de 1990. Mas o foco foi diferente. Na década de 1920, a preocupação era principalmente com a imoralidade sexual de imagens em movimento vistas por um público essencialmente adulto. Na de 1990, a preocupação era a comercialização da violência para menores. Falava-se que o senador Joseph Lieberman (I. Conn.), então presidente da Subcomissão de Regulação e Comunicação Social, marcou audiências sobre a violência dos jogos no final de 1993 e início de 1994 depois de receber reclamações e ver pessoalmente os jogos *Mortal Kombat* e *Night Trap*. Enquanto os jogos violentos constituíam apenas uma pequena porcentagem das vendas totais naquele momento, e quando estavam cada vez mais sendo comercializados e vendidos para um público mais velho, a percepção do público era de que eles eram brinquedos de crianças, e que os jogos de luta, como *Mortal Kombat* e *Street Fighter II*, dominavam as vendas.

Acompanhado pelo senador Herb Kohl (Wisconsin D.), presidente da Subcomissão de Justiça Juvenil, o senador Lieberman chamou os executivos da Nintendo e da Sega para depor, e, em seguida, dois dos principais editores de jogos, representantes da Associação de Editores de Software e a Amusement and Music Operators Association, além de promover um painel de "especialistas" envolvidos nos efeitos da mídia sobre as crianças. Enquanto um membro do painel atestava que os jogos eram esmagadoramente violentos, sexistas e racistas, a principal preocupação durante as audiências parecia ser o impacto nas crianças da representação interativa da possibilidade de cometer atos violentos e sangrentos com personagens realistas, particularmente com imagens humanas digitalizadas em jogos como *Mortal Kombat* e *Night Trap*. Nenhum dos palestrantes especialistas ofereceu provas de que jogos violentos tinham qualquer efeito adverso sobre as crianças, mas todos criticaram a exposição delas à violência, e alguns presumiram tal efeito adverso.

O testemunho mais convincente foi oferecido por executivos das duas editoras dominantes e rivais, Nintendo e Sega. Esta foi a primeira a publicar *Mortal Kombat*, e *Night Trap* também foi lançado em seu sistema. Enquanto a Nintendo mais tarde publicaria uma versão do *Mortal Kombat*, com a maior parte do sangue removida para comportar a visão que a Nintendo tem de si mesma como uma comerciante de jogos para crianças. Na verdade, o sistema de licenciamento da Nintendo pegava jogos desenvolvidos para seus sistemas e os investigava para encontrar sangue, nudez e conteúdo religioso. E a empresa usou esse diferencial para atacar a Sega, e no processo deu credibilidade à acusação de que a publicação das suas versões de *Mortal Kombat* e *Night Trap* eram prejudiciais às crianças. Em sua defesa, a Sega salientou que seus jogos eram vendidos para um público mais velho, e que tinha adotado um sistema de avaliação para identificar violência e outros recursos que pudessem ser inadequados para os jogadores mais jovens. No entanto, isso foi pouco para acalmar os críticos.

Embora as audiências não tenham resultado em propostas de legislação, seu impacto sobre a indústria de videogames foi imediato e duradouro. Coincidentemente, as audiências transformaram *Night Trap* em um sucesso.

> O advento da autorregulação da indústria

As audiências do Senado sobre os efeitos do conteúdo de jogos foram totalmente inesperadas, e ensinou os líderes da indústria a necessidade de organização e relações públicas. Era óbvio que a indústria precisava de seu próprio grupo de comércio para monitorar os esforços de expansão e regular o conteúdo de jogos no âmbito estadual, nacional e local, a fim de que apresentasse uma resposta unida e coordenada de tais esforços e promovesse os aspectos positivos dos jogos.

A Interactive Digital Software Association, recentemente renomeada Entertainment Software Association (ESA)[2], foi formada como resultado das audiências para servir a esta função.

As editoras de jogos, em seguida, definiram a criação de um sistema de classificação voluntária, como a MPAA[3] tinha feito para o cinema, para prevenir regulamentações impostas pelo governo e, também, diminuir as críticas de que os consumidores, especialmente os pais, não podiam exercer uma escolha informada para evitar jogos que fossem violentos, sexualmente explícitos, profanos, ou de alguma outra forma pessoalmente ofensivos. A ESRB[4] foi criada em 1994 para formular um sistema de classificação para jogos com base na adequação de idade e conteúdo, e implementar a adoção voluntária e uso pela indústria de videogames. Hoje, ela aplica e impõe avaliações, orientações, publicidade e princípios de privacidade *on-line* adotados pela indústria. O sistema de classificação foi concebido em duas partes: símbolos de classificação (na frente da caixa do jogo), que sugerem a idade adequada para os jogadores, e descrições de conteúdo (na parte detrás), que indicam elementos em um jogo que podem provocar determinada classificação e ser de interesse ou preocupação. Em seus primeiros dez anos, o sistema de classificação se tornou onipresente nos consoles de jogos e na maioria dos jogos de PC.

Os símbolos de classificação são compostos por letras estilizadas destinadas a mostrar a adequação de um jogo para uma das cinco faixas etárias, com um sexto símbolo para classificações pendentes (ver página 938).

Atualmente há 30 descritores de conteúdo, tais como **Sangue e Vísceras** – representações de sangue ou a mutilação de partes do corpo; **Violência Animada** – ações violentas que envolvem situações de desenhos e personagens. Pode incluir violência, quando um personagem sai ileso depois que a ação foi infligida; **Violência Fantasiosa** – ações violentas cuja natureza é a fantasia, envolvendo personagens humanos ou não humanos em situações facilmente distinguíveis da vida real; **Violência Intensa** – representações gráficas e realistas para representações de conflito físico. Pode envolver sangue, violência, armas e representações extremas e/ou realistas de lesões corporais e morte; **Nudez** – representações gráficas ou prolongadas de nudez; **Violência Sexual** – cenas de estupro ou outros atos de violência sexual; **Palavras Fortes** – referências explícitas e/ou frequentes a palavrões, sexo, violência, álcool ou uso de drogas na música; **Conteúdo Sexual Forte** – referências gráficas e/ou descrições de comportamento sexual, possivelmente incluindo nudez; **Uso de Drogas** – consumo ou uso de drogas ilícitas; **Uso de Álcool** – consumo de bebidas alcoólicas; **Uso de Tabaco** – consumo de produtos de tabaco. O site da ESRB – (www.esrb.org/ratings/ratings_guide.jsp) – contém a lista completa e a explicação dos descritores de conteúdo em inglês[5].

As classificações são determinadas por um consenso de pelo menos três avaliadores treinados pela ESRB. Os avaliadores são de várias idades e origens, não têm laços com a indústria de jogos de computador e consoles, e, para garantir diversos pontos de vista, não são jogadores especialistas. Para obter uma classificação, os editores preenchem um questionário descrevendo em detalhes o que o jogo contém.

---

[2] N. R. T.: O site da ESA é: www.theesa.com.
[3] N. R. T.: Motion Picture Association of America: www.mpaa.org. No site da associação você inclusive encontrará uma aba sobre a questão da classificação dos filmes e um tópico intitulado: "Salvaguarda da liberdade artística".
[4] N. R. T.: A Entertainment Software Rating Board tem seu site em: www.esrb.org. Veja também, no Capítulo 7.1 deste volume, *Produção e o negócio dos jogos,* no tópico, *Classificação ESRB,* mais detalhes sobre o sistema de classificação norte-americano.
[5] N. R. T.: No Brasil, responsável pela classificação dos jogos é o Departamento de Justiça, Classificação, Títulos e Qualificação (DJCTQ), conforme já visto no Capítulo 7.1 deste volume. Seu site é: www.portal.mj.gov.br.

Os editores também apresentam cenas reais filmadas para o jogo, mostrando o conteúdo mais extremo e uma representação exata do contexto e do produto como um todo. Os avaliadores, separadamente, veem as imagens do jogo e recomendam a classificação e os descritores de conteúdos que consideram os mais adequados. A ESRB, em seguida, compara as recomendações para determinar se há consenso. Quando os avaliadores discordam, a entidade pode recorrer a avaliadores adicionais para que vejam o jogo, a fim de chegar a um consenso mais amplo. Depois de um consenso sobre a classificação ser alcançado pelos descritores de conteúdo, a ESRB emite um certificado oficial de classificação para a editora. Quando o jogo está pronto para lançamento ao público, os editores enviam cópias do produto final à ESRB. A embalagem do jogo é revisada para certificação de que as classificações são exibidas de acordo com as normas ESRB. Controles aleatórios são realizados para verificar se as informações fornecidas durante o processo de classificação foram precisas e completas. Mais de mil jogos estão sujeitos ao sistema de classificação ESRB a cada ano.

INFANTIL
Títulos classificados como **EC** (sigla de *Early Childhood*, Infantil) têm conteúdo que pode ser adequado para crianças de 3 anos ou mais. Não contém material que pais considerariam inapropriado.

TODOS
Títulos classificados como **E** (sigla de *Everyone*, Todos) têm conteúdo que pode ser adequado para crianças de 6 anos ou mais. Podem conter desenhos mínimos, violência fantasiosa ou moderada e/ou uso não frequente de linguagem moderada.

TODOS 10+
Títulos classificados como **E10+** (sigla de *Everyone 10+*, Todos com 10 anos ou mais) têm conteúdo que pode ser adequado para jogadores de 10 anos ou mais. Nesta categoria podem conter mais desenhos, violência fantasiosa ou moderada, linguagem moderada e/ou temas sugestivos mínimos.

ADOLESCENTE
Títulos classificados como **T** (sigla de *Teen*, Adolescente) têm conteúdo que pode ser adequado para jogadores de 13 anos ou mais. Podem conter violência, temas sugestivos, humor cru, sangue mínimo e/ou uso não frequente de linguagem forte.

ADULTO
Títulos classificados como **M** (sigla de *Mature*, Adulto) têm conteúdo que pode ser adequado para jogadores de 17 anos ou mais. Podem conter violência intensa, sangue e vísceras, conteúdo sexual, e/ou linguagem forte.

APENAS ADULTOS
Títulos classificados como **AO** (sigla de *Adults Only*, Apenas Adulto) têm conteúdo que pode ser adequado para jogadores de 18 anos ou mais. Podem conter cenas prolongadas de violência intensa e/ou gráficos com conteúdo sexual e nudez.

CLASSIFICAÇÃO PENDENTE
Títulos listados como **RP** (sigla de *Rating Pendent*, Classificação Pendente) foram submetidos à ESRB e estão aguardando a classificação final. (Este símbolo aparece apenas em publicidade antes do lançamento do jogo.)

* Informamos que os ícones de classificações da ESRB, "EC", "E", "E10+", "T", "M", "AO", e "RP" são marcas registradas de propriedade da *Entertainment Software Association*, e só podem ser usados com sua permissão. Para obter informações sobre se um produto foi classificado pela ESRB, visite www.esrb.org. Para obter permissão para usar esses ícones, entre em contato com a ESA, em www.esrblicenseinfo.com.

〉 Críticas ao programa de classificação da ESRB

Embora este sistema de classificação hoje goze de ampla adoção, mesmo recebendo elogios do senador Lieberman, continua a gerar críticas. Há, naturalmente, os grupos que preferem a censura pura e simples de jogos e outras formas de expressão que são ofensivas. Para eles, um sistema de classificação voluntária não pode eliminar a possibilidade de que os jogos escaparão ao controle, chegando inadequados aos jogadores. O Instituto Nacional de Mídia e da Família e o Centro Ecumênico de Responsabilidade Corporativa estão entre as organizações privadas que publicam suas próprias listas classificando os "melhores" e os "piores" jogos para crianças. No polo oposto estão os grupos que acreditam que as avaliações atuais são uma forma de autocensura e foram longe demais. Como na indústria do cinema, uma classificação "M" (adulto) ou "AO" (apenas adultos) pode restringir o mercado potencial para um jogo. Uma editora pode se sentir coagida a fazer concessões a fim de evitar a perda potencial das vendas. De fato, na medida em que as classificações da ESRB podem ser incorporadas nos regulamentos do governo, como alguns propuseram, a censura implícita se torna explícita.

Há também a questão da precisão das classificações. Independentemente da subjetividade óbvia dos descritores de conteúdos, a interatividade do jogador pode alterar significativamente a experiência do jogo entre os diferentes jogadores. A ESRB reconhece explicitamente essa lacuna, exigindo o aviso *"A experiência do jogo pode mudar durante a partida on-line"* para alertar aos compradores de que o conteúdo gerado pelo jogador não foi avaliado. Esse conteúdo dinâmico gerado pelo usuário em jogos como *LittleBigPlanet* passa completamente ao largo da classificação da ESRB. Além disso, a duração do jogo pode se estender por 50 horas ou mais, tornando-se problemático para qualquer revisor poder absorver todo o conteúdo e avaliá-lo. Em alguns casos, incluindo o minijogo de sexo explícito "Hot Coffee" escondido em *Grand Theft Auto: San Andreas*, o conteúdo altamente pertinente era inacessível aos revisores da ESRB.

A aplicação do sistema de classificação é outra área que tem atraído críticas repetidas. Enquanto algumas redes de varejo, como Wal-Mart, são reputadas por ter uma política de verificação da idade dos compradores jovens e não vender jogos classificados como "M" (adulto) para menores de 17 anos, muitas outras não. As legislações no Congresso e estaduais que impõem sanções aos vendedores de jogos com conteúdo de definição adulta para menores continuam a ser introduzidas em todo o país. O congressista Joe Baca (R. Cal.) foi um dos legisladores que apresentaram diversos projetos ao longo dos anos para regular e sancionar determinadas formas de conteúdo de jogos de videogame. Seu trabalho mais recente é o *Video Game Health Labeling Act*, que pretende exigir que os jogos com classificação ESRB "T" (adolescente) ou superior fossem vendidos com uma advertência a ser administrada pela Comissão de Segurança de Produtos ao Consumidor (house.gov/baca).

Outra área que sofre reprovação é a prática da indústria de vender jogos adultos para crianças. A ESA promulgou um Código de Conduta de Publicidade para eliminar essa prática, seguido da criação de um Conselho de Revisão de Publicidade em 1999, e dos Princípios e Diretrizes para Práticas de Publicidade Responsáveis em janeiro de 2000.

No entanto, em um relatório ao presidente e ao Congresso em 2000, intitulado *Marketing de entretenimento violento para crianças: uma análise de autorregulação e práticas da indústria do cinema, música e gravação e de jogos eletrônicos*, a Federal Trade Commission (FTC) encontrou comercialização generalizada de jogos classificados como "M" (adulto) para crianças menores de

17 anos. Esse relatório destacou a limitada consciência do consumidor em relação ao sistema de classificação ESRB, citando um estudo de 1999 que apontava que apenas 45% dos pais entrevistados tiveram qualquer conhecimento das classificações ESRB. Isso se compara com os 94% dos pais que alegaram familiaridade com o sistema de classificação de filmes MPAA. Outros estudos citados pela FTC mostraram que uma porcentagem muito baixa de pais realmente usa o sistema de classificação ESRB. Em três atualizações, a mais recente em 2004, a FTC concluiu que a ESRB tinha feito progressos no reforço da sensibilização e da utilização do sistema de classificação de jogos e execução de seu código de publicidade. No entanto, essa comissão continua encontrando observância relaxada entre os varejistas de jogos classificados como "M" (adulto).

Uma limitação mais recente na eficácia das classificações ESRB resulta do fato de que os chamados jogos em caixa vendidos no varejo, nos quais as classificações aparecem, estão diminuindo em vendas em relação ao total de jogos, substituídos por um rápido crescimento de downloads na internet e dispositivos móveis. Essas vendas não são atualmente abrangidas pelo sistema de classificação ESRB.

> Regulação do conteúdo dos jogos nos tribunais

O que o relatório da FTC e o acompanhamento das avaliações não encontraram, e o que qualquer fonte oficial ainda precisa descobrir, na verdade, é de igual importância. Não existe nenhum estudo científico que mostre uma conexão confiável entre o conteúdo de jogos violentos ou sexualmente explícitos e os danos às crianças ou outras pessoas que os jogam. A evidência casual é oferecida na forma de eventos como o massacre da *Columbine High School* em 1999. Casos em que adolescentes, ávidos jogadores de jogos violentos, estão envolvidos em crimes violentos na vida real e se tornando manchetes, frequentemente se transformam em processos, e podem inspirar a legislação e os regulamentos a suprimir o conteúdo do jogo ou sua distribuição. Cada vez que um novo jogo bate recordes de vendas, aumentando a representação da violência, nudez ou algum outro vício percebido – incluindo as populares séries *Grand Theft Auto* e *Halo* –, os defensores do controle são revigorados.

Até agora, os tribunais rejeitaram as tentativas do governo de censurar jogos. Quatro recentes decisões da Justiça Federal direcionam-se, em contextos diferentes, ao que provou ser tentativas frustradas de regular o conteúdo dos jogos, mas ainda assim lançam luz sobre o futuro dos esforços de censura.

No primeiro destes casos, American Association Amusement Machine *v.* Kendrick, decidido em 2001 (244 F.3d 572), o Tribunal de Apelações para o Sétimo Circuito concedeu uma liminar para fabricantes e distribuidores de máquinas de fliperama e sua aplicação de nulidade frente a um regulamento praticado por uma associação comercial de Indianápolis, que limitava o acesso de menores a jogos que retratam a violência. O regulamento proibia qualquer operador de máquinas de jogo permitir que um menor de idade não acompanhado pelos pais, responsável, guardião ou outros, acesse "uma máquina de diversão que é prejudicial a menores". Ele exigia também sinais de alerta e, no caso de locais com cinco ou mais máquinas, a triagem das dos observadores. O regulamento definia como "prejudicial a menores" "uma máquina de diversão que, predominantemente, apela ao interesse mórbido de menores à violência ou o interesse lascivo pelo sexo, ofensivo para os padrões prevalecentes na comunidade adulta como um todo a respeito do que é material adequado para pessoas com idade inferior a 18 (dezoito) anos, não tenha valor literário, artístico, político ou científico sério como um todo para as pessoas que são menores de idade", e que contenha "violência explícita" ou "forte conteúdo sexual". Nesse caso, apenas a "violência explícita" estava em causa.

O juiz Richard Posner, um notável jurista federal, redigiu o parecer do Tribunal de Justiça. Ele primeiro observou que o regulamento importava padrões tradicionais da Primeira Emenda sobre obscenidade sexual para a regulamentação dos conteúdos que retratam a violência. Para obscenidade, que é um discurso desprotegido, o teste é o apelo ao interesse lascivo e ofensividade patente para os padrões morais da comunidade. "Mas ofensividade", concluiu o juiz Posner, "não é a base sobre a qual Indianápolis visa regulamentar os jogos violentos. Nem poderia o regulamento ser defendido com base nisso. O jogo mais violento no registro, 'The House of the Dead', retrata zumbis sendo mortos de forma extravagante, com muitos cortes de membros e derramamento de sangue, mas de forma tão estilizada e evidentemente fictícia, que a representação animada não faz ninguém supor que seja 'obsceno' no sentido em que a fotografia de uma pessoa que está sendo decapitada poderia assim ser descrita. Isso não vai embrulhar o estômago de ninguém. A base do regulamento, pelo contrário, era uma crença de que os jogos violentos causam danos temporais gerados por atitudes agressivas e comportamentos que possam levar à violência".

Assim, para regular a expressão em razão do que seja prejudicial para os menores, o parecer exige que Indianápolis mostre um interesse convincente do governo. As crianças, escreveu o juiz Posner, têm direitos da Primeira Emenda, e Indianápolis tem um pesado fardo para justificar sua restrição. Indianápolis ofereceu "estudos de ciências sociais" em seu apoio. Ao que o juiz Posner respondeu: "Não há nenhuma indicação de que os jogos usados nos estudos são semelhantes aos do presente caso, ou outros suscetíveis de ser comercializados em fliperamas em Indianápolis. Os estudos não fazem parecer que jogos já levaram alguém a cometer um ato violento, em oposição ao sentimento agressivo, ou ter causado o aumento do nível médio de violência em lugar nenhum". Ausente tal demonstração de interesse por parte do Estado, era improvável que o regulamento de Indianápolis sustentasse o confronto com a Primeira Emenda. Foi então que a execução do impedimento do regulamento foi ordenado.

A preocupação com a ligação entre o conteúdo violento dos jogos e a prática de um ato violento de um menor também estavam presentes no segundo caso, James v. Meow Media, Inc., decidido em 2003 pelo Tribunal Federal de Recursos da 6ª Instância (300 F. 3d 683). Os pais e os responsáveis pelos estudantes mortos por Michael Carneal durante um tiroteio ocorrido na Heath High School, em Paducah, Kentucky, processaram o jogo, a produção de filmes e empresas de internet como provedores de conteúdo para as mortes. Alegaram que Carneal jogava regularmente, incluindo *Doom, Quake, Wolfenstein Castle, Resident Evil* e *Final Fantasy*, assistia a filmes e via sites da internet, o que o tornava "insensível" à violência e o "fizera" matar os estudantes da Heath High School. Embora a ação judicial tenha sido apresentada como uma ação civil por morte criminosa visando à recuperação de danos, o Tribunal de Recurso reconheceu que a imposição de responsabilidade civil ao *discurso protegido*[6] podia violar a Primeira Emenda. Citando, entre outras, a decisão

---

[6] N. R. T.: O *protected speech*, discurso protegido, ou garantia de proteção à livre fala, a *freedom of speech*, está colocado na Primeira Emenda: "O congresso não deve fazer leis a respeito de se estabelecer uma religião, ou proibir o seu livre exercício; ou diminuir a liberdade de expressão, ou da imprensa; ou sobre o direito das pessoas de se reunirem pacificamente, e de fazerem pedidos ao governo para que sejam feitas reparações por ofensas".

da American Amusement Machine Association, a Corte declarou: "a maioria dos tribunais federais que consideraria a questão decidiu que os jogos são constitucionalmente protegidos".

Os pais dos alunos mortos alegaram que não estavam em busca de regular o discurso, mas apenas o discurso violento dirigido aos jovens, crianças impressionáveis, ou mesmo, mais especificamente, Carneal. A Corte de Recurso encontrou algum mérito nesta posição. "As proteções da Primeira Emenda sempre foram adaptadas ao público-alvo do discurso. Especificamente, reconhecemos que determinado discurso enquanto totalmente protegido quando dirigido para adultos, pode ser restringido quando dirigido a menores (...) Nós temos também a obrigação, no entanto, de que essa regulamentação seja restritamente adaptada para proteger os menores do discurso que pode influenciá-los indevidamente, sem atribuir uma "supressão desnecessariamente ampla de seu discurso apropriado para adultos". Tal adaptação era mais uma tarefa de uma legislatura, e não de litigantes, em uma ação privada que buscava recomposição de danos. O Tribunal de Recurso disse que os pais não podiam avançar com suas reivindicações privadas em tais circunstâncias.

Na decisão seguinte, em 2004, o Tribunal Distrital dos Estados Unidos para o Distrito Ocidental de Washington ordenou a execução permanente de uma lei de Washington, que penalizava a distribuição de jogos para menores contendo "descrições realistas ou fotográficas do tipo de conflito agressivo em que o jogador mata, fere ou de outra maneira provoca danos físicos a uma forma humana no jogo, retratando, por vestuário ou outros símbolos reconhecíveis, um funcionário público aplicador da lei". Os reclamantes, nesse caso, Video Software Dealers Association v. Maleng (325 F.Supp.2d 1180), foram os criadores dos jogos, editores e distribuidores que afirmaram que o Estatuto de Washington violara seus direitos da Primeira Emenda. A Corte Distrital observou que "disputas similares surgiram em todo o país, pois governos estaduais e locais tentaram regulamentar a difusão dos jogos violentos para crianças. A partir dessa data, esse tipo de regulamento não passou na revisão constitucional". A Lei de Washington iria provar *nenhuma exceção*. Com casos anteriores mostrando o caminho, o Tribunal Distrital rejeitou uma caracterização do legislador do discurso retratando a violência como obscenidade, e, portanto, com menor direito de proteção constitucional. A Corte Distrital entendeu que "obscenidade", no contexto da Primeira Emenda, significa materiais que lidam com sexo. Verificando-se que os jogos em questão, com linguagem expressiva, têm direito à proteção integral da Primeira Emenda, o Tribunal Distrital disse que regulamentação baseada em conteúdo é presumivelmente inválida. E só seria acolhida se o legislador pudesse mostrar que a regulação é necessária para servir a um interesse convincente do Estado, e estritamente sob medida para atingir esse interesse. A legislatura, explicou o Tribunal Distrital, "deve fazer mais do que simplesmente pressupor a existência da doença que se procura seja curada". Se o Estado tem um interesse legítimo e convincente no sentido da salvaguarda do bem-estar físico e psicológico dos menores, deve mostrar que a legislação vai realizar o remédio pretendido.

Como no ocorrido com a American Amusement Machine Association, as perícias e estudos oferecidos para mostrar essa conexão no caso Maleng foram considerados insuficientes. O Tribunal de Justiça do Distrito explicou que a maioria dos estudos invocados pelo Estado não tinha nada a ver com jogos. Nenhum deles foi concebido para testar os efeitos de tais jogos sobre as atitudes ou comportamento do jogador ou qualquer atitude em relação a policiais, o dano específico que o legislador tentou solucionar. E que nem era o estatuto estritamente sob medida. Tendo rejeitado a lei de Washington, o Tribunal Distrital disse: "Dada a disputa nacional em curso nesta área, é razoável perguntar se o Estado pode sempre impor uma proibição sobre a divulgação de jogos para crianças menores de 18 anos. A resposta é 'provavelmente sim' se os jogos contêm imagens sexualmente explícitas (...) e 'talvez' se os jogos contêm imagens violentas, como a tortura ou a escravidão, que apelam ao interesse lascivo dos menores (...)".

O último caso a ser discutido aqui é o da Entertainment Software Association *v.* Swanson, decidido pelo Tribunal Federal de Recurso da 8ª Instância em 2008 (519 F.3d 768). O Estado de Minnesota aprovou uma lei que prevê, em parte: "A pessoa abaixo da idade de 17 anos não pode alugar ou comprar conscientemente [um jogo classificado como AO ou M pela Entertainment Software Rating Board]". A violação carrega consigo uma penalidade civil de não mais de $ 25. A lei também exige que os varejistas do jogo coloquem um sinal notificando os menores da lei e da sanção. Quando a lei foi contestada com base na Primeira Emenda, Minnesota apresentou uma "meta-análise (análise de outras análises) em apoio a sua tese de que a evidência substancial permitiu inferir que a interação das crianças com jogos violentos causa comportamento violento. Produziu, ainda, uma declaração conjunta de organizações médicas e de saúde pública afirmando: "bem mais de 1.000 estudos (...) apontam fortemente para uma conexão casual entre violência na mídia e comportamento agressivo em alguns jovens", sugerindo que a correlação entre os jogos de videogame violentos e tal comportamento é ainda maior. Entre os jogos citados pelo Estado como classificação M e que mostravam conteúdo violento estavam *Resident Evil: 4, Manhunt* e *God of War*.

No Tribunal Distrital, o ato foi considerado inconstitucional por vários motivos, declarando que jogos violentos são discurso protegido mesmo para crianças. E, portanto, aplicou uma rigorosa análise de critérios. O ato de Minnesota não conseguiu sobreviver a um escrutínio rigoroso porque verificou-se que as evidências do Estado tinham base em estudos falhos ou irrelevantes que não conseguiam estabelecer uma ligação entre jogar jogos violentos e comportamentos violentos nas crianças. Mesmo que tivesse apresentado provas plausíveis de uma ligação com violência, o Tribunal Distrital constatou que o ato era insuficientemente inclusivo, porque falhou ao encarar outras formas de violência na mídia. A lei também era inconstitucional, o Tribunal Distrital concluiu, porque impôs uma sanção civil baseada unicamente na classificação de uma organização privada, a ESRB, sem supervisão judicial.

O Tribunal de Recurso fundamentou sua afirmação sobre a do Tribunal Distrital, exclusivamente em sua primeira razão de decidir, nomeadamente a falta de fundamento para a alegação de Minnesota de que os jogos violentos são psicologicamente prejudiciais às crianças. No entanto, o Tribunal de Recurso não estava preparado para ignorar as evidências do Estado. E, de fato, declarou: "Quaisquer que sejam nossos sentimentos intuitivos (por que não dizer de bom-senso) em relação ao efeito que a extrema violência retratada nos jogos acima descritos possa ter sobre o bem-estar psicológico dos menores, [precedentes anteriores] obrigam-nos a considerar que, não tendo se munido com provas irrefutáveis de uma relação casual entre a exposição à violência e disfunção psicológica subsequente, o Estado não satisfez sua verificação de evidências". A distinção da Primeira Emenda entre tal "intuição" judicial e a necessária "verdade incontestável" pode não ser tão escrupulosamente observada por outros tribunais.

Vários princípios podem ser derivados dessas e de outras decisões que abordam as proteções da Primeira Emenda oferecidas aos conteúdos de jogos.

1. Os jogos têm direito às mesmas proteções da Primeira Emenda em relação às formas tradicionais de expressão, como livros, peças de teatro, arte e filmes. A Primeira Emenda protege o

entretenimento, bem como o discurso político e ideológico. A natureza interativa dos jogos é irrelevante para a proteção do seu conteúdo.

2. Somente jogos que forem contestados com base no conteúdo sexual serão avaliados sob as menores salvaguardas da Primeira Emenda aplicáveis à obscenidade. Em tais casos, o teste é se o jogo, tomado como um todo, apela para o interesse lascivo no sexo, retrata a conduta sexual de forma patentemente ofensiva, e não tem valor literário, artístico, político ou científico sério.
3. Os esforços do governo para suprimir o conteúdo dos jogos baseados em violência estão sujeitos a um maior "escrutínio rigoroso". O governo deve mostrar um convincente interesse na regulamentação, e os meios escolhidos devem ser os menos restritivos para atingir o objetivo.
4. As crianças têm direito equivalente à proteção de discurso da Primeira Emenda, assim como os adultos.
5. O governo tem um interesse fundamental na proteção física e no bem-estar psicológico dos menores. No entanto, para apoiar restrições de discurso, o dano às crianças deve ser provado como real, não apenas conjuntural, e o regulamento explicitado para aliviar o mal de forma direta e material.

> Regulação de conteúdo em outros países

Como pôde ser visto, a regulamentação do conteúdo dos jogos nos Estados Unidos é moldada por forças políticas, jurídicas e culturais que são únicas para esse país. Enquanto os jogos se tornam um fenômeno global, as nações, cada uma por si, reagem de forma diferente às questões de censura do seu conteúdo. A Alemanha, por exemplo, tem leis gerais que proíbem a exibição pública da suástica e outros símbolos nazistas. *Wolfenstein 3D* e *Return to Castle Wolfenstein*, apesar de antinazistas em seu conteúdo, foram enquadrados nessa proibição. O Ministério da Cultura da China proibiu um jogo estrangeiro que retrata a Manchúria e o Tibete como nações soberanas, e o país declarou também sua preocupação com os 10% dos chineses com 18 anos de idade usuários da internet que dizem ser "adolescentes viciados em internet", jogando jogos "insalubres" que são muito violentos, pornográficos ou não patriotas.

Jogos japoneses tendem a ser menos sangrentos do que em outros países, mas compensam no conteúdo sexual e brutalmente explícito, que gera apelos por regulamentação. O Departamento Australiano de Classificação de Cinema e Literatura (OFLC) inicialmente proibiu *Grand Theft Auto: Vice City*, devido à sua representação da violência contra as prostitutas, até que o material ofensivo foi removido. *Fallout 3* foi inicialmente recusado na classificação pelo OFLC, devido à sua representação do uso de morfina para aliviar a dor. A vizinha Nova Zelândia proibiu *Manhunt*. O parlamento grego foi ao extremo de, em 2002, banir todos os jogos, mas terminou por reduzir a medida sob pressão da União Europeia e dos Estados Unidos. O Parlamento da União Europeia anunciou formalmente a necessidade de eliminar o sexismo dos jogos, por considerar que contêm mensagens que "são contrárias à dignidade humana e transmitem estereótipos de gênero". Os jogos, ao que parece, têm a atenção de governos de todo o mundo.

Muitos países adotaram sistemas de classificação de autorregulação por razões semelhantes às que motivaram a ESRB. As empresas canadenses optaram, voluntariamente, por aplicar as classificações ESRB, embora não sejam membros da entidade. As nações europeias uniram-se para implementar o sistema de classificação Pan European Game Information (PEGI), semelhante ao conceito de classificações etárias, mas com a participação formal do governo. China e Austrália adotaram sistemas de avaliação formulados pelo governo. A Alemanha promulgou uma "lista proibida" de jogos que exibem matança sangrenta de pessoas ou crueldade a seres humanos. A Coreia do Sul tem similar regulamentação "sem sangue". O grupo comercial do Reino Unido, Entertainment and Leisure Software Publishers Association (ELSPA), recentemente implementado, simplificou os símbolos de classificação com base no código PEGI[7].

Resumo

Os desenvolvedores de jogos e editores que pretendem aumentar a extensão de conteúdo aceitável devem tomar nota das leis e da cultura em que os jogos serão jogados. Eles enfrentam escolhas baseadas nos custos econômicos, assim como os custos relacionados com a criatividade quando a censura é acionada. Sexo e violência realmente podem vender jogos, mas somente se as respectivas cenas forem autorizadas a chegar até os consumidores. Em geral, as editoras mexem no conteúdo para obedecer aos mercados locais, alterando ou removendo o conteúdo para evitar a censura pura e simples, ou uma classificação restritiva.

Exercícios

1. De que forma a regulamentação do conteúdo de jogos de videogame difere da de livros, arte, jogos, imagens e filmes?
2. Como a ESRB assegura que seus avaliadores treinados analisem de forma justa e efetiva o conteúdo inteiro de um jogo? O procedimento é bem-sucedido? Os avaliadores são obrigados a jogar os jogos que revisam? Justifique suas respostas.
3. Os jogos *on-line* que estão baseados em conteúdos adicionados ou construídos pelos jogadores devem ser classificados pelo ESRB?
4. A autorregulação, como o sistema de classificação da ESRB, constitui censura? Quais são os efeitos negativos do sistema de classificação da indústria na criatividade de jogos?
5. Grandes lojas de varejo, como Wal-Mart, devem ser permitidas a recusar um jogo simplesmente porque não concordam com seu conteúdo? Que defesas legais você antecipa seriam apresentadas pelo Wal-Mart, caso fosse processado por uma editora por se recusar a vender seu jogo? O Wal-Mart poderia afirmar que tem o direito, com base na Primeira Emenda, em não vender um jogo cujo conteúdo considera censurável?
6. De que forma a análise da Primeira Emenda aplicada pelo juiz difere entre conteúdo sexualmente explícito e conteúdo de jogos gráficos violentos? Você acredita que deveria haver uma distinção entre os dois? Qual é o melhor argumento para o tratamento de jogos violentos no âmbito do padrão menos constitucionalmente protetor para os jogos sexualmente explícitos?

---

[7] N. R. T.: O PEGI, Pan European Game Information, pode ser conhecido pelo seu site, na sua seção portuguesa: www.pegi.info/pt/index. No caso do Brasil, já foram incluídos no Capítulo 7.1 deste volume os aspectos referentes à classificação e controle dos jogos e o seu controle por parte do Departamento de Justiça, Classificação, Títulos e Qualificação. O seu site é: www.portal.mj.gov.br.

7. A autorregulação privada é sempre preferível à regulação governamental obrigatória? Você pode defender o argumento de que a autorregulação é potencialmente mais supressiva da liberdade de expressão do que os controles públicos?

Referências

[AAMA01] *American Amusement Machine Association v. Kendrick*, 244 F.3d 572 (7th Cir.), certiorari denied, 534 U.S. 994, 2001.

[ESRB04] Entertainment Software Rating Board, http://esrb.org, December 1, 2004.

[FTC00] Federal Trade Commission, *Marketing Violent Entertainment to Children: A Review of Self-Regulation and Industry Practices in the Motion Picture, Music Recording & Electronic Game Industries*, September 2000.

[FTC04] Federal Trade Commission, *Marketing Violent Entertainment to Children: A Fourth Follow-up Review of Industry Practices in the Motion Picture, Music Recording & Electronic Game Industries*, July 2004.

[GameDaily04] GameDaily, *Developing for a Mature Audience*, November 30, 2004, available online at http://biz.gamedaily.com/ features.asp?article_id=8179§ion=feature.

[IDSA03] *Interactive Digital Software Association v. St. Louis County*, 329 F.3d 954 (8th Cir.), 2003.

[IGDA04] International Games Developers Association, *Anti-Censorship*, December 1, 2004, available online athttp://igda.org/censorship.

[James02] *James v. Meow Media, Inc.*, 300 F.3d 683 (6th Cir. 2002).

[Kent01] Kent, Steven L., *The Ultimate History of Video Games*, Ch. 25, 2001.

[Miller73] *Miller v. California*, 413 U.S. 15, 1973.

[NIMF04] National Institute on Media and the Family, *Ninth Annual Mediawise Video Game Report Card*, November 25, 2004, available online at http://mediafamily.org/research/report_vgrc_2004.

[Reno97] Reno v. American Civil Liberties Union, 521 U.S. 844, 1997.

[VSDA04] *Video Software Dealers Association v. Maleng*, 325 F.Supp.2d 1180 (W. D. Wash. 2004).

[Wikipedia04] Wikipedia, *Video Game Controversy*, December 1, 2004, available online at http://en.wikipedia.org/wiki/ Video_game_controversy.

› Índice

A

acordo de confidencialidade, usar, 808
acordo de desenvolvimento, utilizando, 809-811
acordos de confidencialidade (ANDs), utilizando, 807, 925, 929
American Amusement Machine Association v. Kendrick, 940, 943
análise de ganhos e perdas (P & L), conduzindo 815-816
análise de P&L (ganhos e perdas), conduzindo, 815-816
assertivas, gestão em fase de produção, 816-820
Autorregulação, advento da, 936-939
avaliações
  determinação de, 937-938

B

banco de dados do controle de e qualidade, conteúdo, 839-841
bens de jogo, gestão em fase de produção, 818-820
Bilski, 910

C

caixa e documento, criando, 837-838
capas de revistas, obtendo, 895
captura de movimento (mocap)
  prestadores de serviços, 851
Carneal, Michael, 941-942
cartas de campo, utilizando, 893
Casual Connect site, 901
censura, história da, 934-935
cobertura de mídia de consumo, visão geral de, 894-899
comercialização em feiras, 895
comitê de luz verde, visão geral de, 805-806
computadores. *Veja* PCs (computadores pessoais)
computadores pessoais (PCs), em desenvolvimento
  como plataformas, 856-858
Congresso, revisões de videogames, 935-936
conjunto de recursos, priorizando, 814
console editores, visão geral de, 854-855
consoles, usando como plataformas, 858
contato para a mídia
  capas de revistas, 895
  cartas de campo, 893
  editor de banco de dados, 892
  novidades, 893
  opiniões, 893
  passeios, 894-895
  reportagens de seleção, 894
conteúdo de IP dos jogos, visão geral de, 907-908
conteúdo sexualmente explícito, associação com jogos, 940
controle de qualidade, considerando como marco de desenvolvimento, 882-883

D

demonstração da revista, criando, 833
departamento de operações, função de, 843-844
descritores de conteúdo, exemplos de, 937-938
desenvolvedores
  seleção durante a fase de pré-produção, 807
  versus editores, 868-869
desenvolvedores de jogos
  prestadores de serviços de arte e animação, 851-852
  prestadores de serviços de captura de movimento, 850-851
  serviço completo, 849-851
direitos autorais
  aviso, 918
  direitos exclusivos, 917-918
  duração, 918
  lei internacional de copyright, 918-919
  normas, 915
  obras protegidas, 915
  procedimento, 915
  propriedade, 917
  proteção oferecida por, 905
Direitos de PI (propriedade intelectual), visão geral de, 874-875
direitos de propriedade intelectual, transferência de, 926-928
discurso
  regulação do, 942
discussão de posicionamento, visão geral de, 901
distribuidores, visão geral de, 860
documentação do esboço do design de jogo, proporcionando, 870
documento de design de jogo (GDD), desenvolvendo, 806
dublagem, gravação em fase de produção, 827
E3 (Electronic Entertainment Expo)
  demonstração, 833
  site, 902

E

editor de banco de dados, criando, 892
editores
  agências de publicidade, 855-856
  de console e PC, 853-855
  empresas de relações públicas, 855-856
  equipes de merchandising, 855-856
  garantia de qualidade, prestadores de serviços, 854-855
  promessa de marketing, 888
  versus desenvolvedores, 868-869
  visão geral de, 852
editores de PC, visão geral de, 853-855
Electronic Entertainment Expo (E3)
  demonstração, 833
  site, 902
ELSPA (Entertainment and Leisure Software Publishers Association), 945
empresas de relações públicas, trabalhando com, 855-856
Entertainment and Leisure Software Publishers Association (ELSPA), 945
Entertainment Software Association (ESA), 937, 943
Entertainment Software Rating Board (ESRB), 836
  crítica, 939
  estabelecimento de, 937
  processo de, 938
entrega de fabricantes de mídia, visão geral de, 859
equipes de merchandising, trabalhando com, 855-856
ESA (Entertainment Software Association), 937, 943
especificação técnica, oferecendo, 870-871
ESRB (Entertainment Software Rating Board), 836
  crítica, 939
  estabelecimento de, 937
  processo de, 938
estágio alfa, visão geral de, 882
estágio beta, visão geral de, 883-884
estágio Gold Master, visão geral de, 884

F

fabricante de equipamento original (OEM), explicação, 844
fase de concepção
  comitê de luz verde, 805-806
  origem dos conceitos, 804
  produção de projeto conceitual, 804-805
fase de pós-produção
  banco de dados de garantia de qualidade, 839-841
  caixa e docs, 837-838
  classificação ESRB, 836
  garantia de qualidade, 838-839
  guia de estratégia, 838
  localizações, 835-836
  OEM (fabricante original do equipamento), 844
  operações, 843-844
  plano de teste, 839
  post mortem, 844-845
  relacionamento do produtor com a qualidade, 842-843
  transferências de pessoal, 835
  Veja também fase de pré-produção, fase de produção
  versões do pacote, 844
  visão de dentro, qualidade, 841-842
  visão geral de, 833-834
fase de pré-produção
  acordo de confidencialidade, 808
  acordo de desenvolvimento, 809-811
  acordo de não divulgação, 808
  agendamento, 813
  análise de ganhos e perdas, 815-816
  à procura de gargalo, 814
  aprovações de marco, 812
  GDD (documento de design do jogo), 806
  kickoff luz verde, 816
  marcos, 811-812
  orçamentos, 816
  pacote de licitação, 808
  pico dourado e cronograma de jogos, 813
  plano de pessoal interno, 807
  priorizando conjunto de recursos, 814
  reduzindo o tempo de desenvolvimento, 813-814
  seleção da equipe, 807
  selecionando desenvolvedores externos, 807
  TDD (documento de design técnico), 812-813
  Veja também fase de pós-produção, fase de produção
fase de produção
  atrasos no cronograma, 824
  bandeiras vermelhas, 820
  bandeiras vermelhas na pós-produção, 834
  bandeiras vermelhas na produção final, 834
  bandeiras vermelhas no meio da produção, 831
  capturas de tela, 832
  ciclos ativos de aprovação, 819
  consenso, 831
  convenções ativas de nomeação de arquivo, 818

criação de efeitos de som, 826
criação ou o licenciamento de música, 827
demonstração da E3 (Electronic Entertainment Expo), 833
demonstração de revista, 833
demonstração promocional de titular de plataforma, 833
dinâmica da equipe, 820-822
equipe, 829
especificação de música, 825
esperando o inesperado, 831
executivos, 828
falhas técnicas, 824
fases dentro de fases, 828-830
formatos de entrega de ativos, 819-820
gestão de meio de produção, 830-831
gravação de dublagens, 827
iniciando tarefas, 824
início de áudio, 825
licenciante(s), 828
lista de som, 825
listas de arte, 817-818
mantendo todos a bordo, 828
método alternativo, 829
primeiro jogável - prova de conceito, 827-829
problemas de dinheiro, 823-824
problemas de projeto, 823
produção final, 832
produtor multitarefa, 830
projeto pela comissão, 831-832
questões de pessoal, 822-823
rastreamento de ativos, 818-819
script de dublagem, 825
solicitações de mudança, 824
texto de história, 825-826
titular(es) da plataforma, 829
título definitivo, 832

veja também pós-produção, fase de pré-produção
feiras, marketing, 895
Fox Interactive, ação contra Sega of America, 909
franquia *Ultimatt Combatt*, 804-805

G

Game Developers Conference (GDC), 901
garantias, formas de, 878
gargalo, procurando, 814
GDC (Game Developers Conference), 901
GDD (documento de design do jogo), desenvolvendo, 806
Gold Master (estágio) visão geral de, 884
Gravação e dublagem
   criando em fase de produção, 827

H

Hays, Will, 935

I

imprensa de negócios, gerando, 901
infração de IP, evitando, 928-930

J

James Vv Meow Media, Inc., 941
jogo *Computer Space*, 868
jogo *Crazy Taxi*, 909
jogo *Mortal Kombat*
   sucesso, 934
jogo *Night Trap*, a controvérsia sobre, 933
jogo para PC, campos genéricos para, 839
jogos
   gerando notícia para, 898-901
jogos de console
   cobertura da mídia do consumidor para, 896-898

entidades no caminho para o produto, 848
oportunidades de publicidade para, 891
repartição das receitas provenientes, 854
jogo *Simpsons Road Rage*, 909
jogo *Spacewar*, 868
jogos para PC
   cobertura dos consumidores de mídia para, 896-898
   oportunidades da publicidade, 891

K

Kohl, Herbert, 936

L

liberdade de expressão, conceito de, 934
Lieberman, Joseph, 936, 939
listas de arte, gerando na fase de produção, 817-818
LOGIN.com, 901

M

manual, criando, 837-838
marca, construindo para a empresa, 900-902
marca da empresa, construindo, 900-902
marcas
   aviso, 923
   direitos exclusivos, 921-922
   duração, 923
   lei de marcas internacionais, 923
   normas, 919-920
   procedimento, 920-921
   propriedade, 921
   proteção oferecida por, 905
   trabalhos protegidos, 919
marcos de desenvolvimento
   estágio alpha, 882-883
   estágio beta, 883-884
   linha do tempo, 881
   mestre de ouro, 884

QA (garantia de qualidade), 882-883
resumo da produção, 885
meio de produção, gestão, 830-831
mídia
sendo ouvido, na, 889-893
sites de fãs, 890-892
telefone e e-mail, 890
visitas pessoais, 890
mocap (captura de movimento)
prestadores de serviços, 851
Motion Picture Association of America (MPAA), 935
Motion Picture Production Code, 935
MPAA (Motion Picture Association of America), 935
música
criando em fase de produção, 826
licenciamento em fase de produção, 826

N
NDAs (acordos de confidencialidade), utilizando, 808, 925, 929
negociação de pagamento
a estrutura do negócio, 877
evitando violação do contrato, 877-878
garantias, 878
marcos, 878-879
negociação de royalties, 880
pagamento de adiantamento de royalties, 878
pagamento de royalties, 880
pagamentos de marco miliário, 879
visão geral de, 877

O
OEM (fabricante original de equipamento), explicação, 844
ofertas
direitos de PI, 874-875

franquias, 875
pesquisa, 873
portos, 875
produtos futuros, 875
tecnologia, 876
visão geral de, 873
opiniões, recebendo, 898
orçamentos
criação, 874
desenvolvimento na pré-produção, 815
orientar a estratégia, a criação de, 838

P
pacote de licitação, o conteúdo do, 808
pagamento antecipado de royalties, visão geral de, 878
pagamentos de marcos, visão geral de, 878-879
palestras, oportunidades para, 901
patentes
aviso, 914
direitos exclusivos, 913
duração, 913
lei de patentes internacionais, 914
normas, 912
procedimento, 912
propriedade, 912-914
trabalhos protegidos, 908-909
PCs (computadores pessoais)
como plataformas, 856-858
plano de teste, criando, 839
plano de teste de garantia de qualidade, criando, 838-839
Posner, Richard, 941
Post-mortem, por escrito, 844-845
prestadores de serviços
arte e animação, 851-852
captura de movimento, 850-851
garantia de qualidade, 854-855

prestadores de serviços de animação, visão geral de, 851-852
prestadores de serviços de arte, visão geral de, 851-852
processo de seleção
apresentação, 870
concepção geral do jogo, 870
cronograma do projeto, 872
desenho técnico, 870-871
orçamento, 872
protótipo do jogo, 869
visão geral de, 870
processo Mythic Entertainment, 928-929
processo *State Street*, 909-910
produtores
gerentes de projeto como, 803
relação com garantia de qualidade, 842-843
projetos de programação, 872
propriedade intelectual (PI), visão geral de, 874-875
proteção de IP, categorias de, 904-907
protótipo do jogo, lançando, 869
prova de conceito, mostrando, 870
publicidade
agências de publicidade, 855-856
gerando, 898
on-line, 899
tradicionais, 887-889
varejo, 889
publicidade on-line, 899
publicidade, oportunidades para, 891

R
"receitas líquidas", negociação de, 849
registros de marcas, pesquisa, 928

regulação de conteúdos
   em outros países, 944
   nos tribunais, 940-943
relacionamento entre controle de qualidade e produtor, visão geral de, 842-843
relações públicas (RP), fazendo, 898-899
releases sobre novidades, gerando, 893-894
representantes dos fabricantes, visão geral de, 860-863
resumo da produção, 885
royalties
   negociação, 880
   pagamentos, 880
RP (relações públicas), fazendo, 898-899

S

Sega
   ação contra a Fox Interactive, 909
segredos comerciais
   aviso, 926
   direitos exclusivos, 925
   duração, 926
   normas, 927
   obras protegidas, 924
   propriedade, 925
sistema de classificação Pan European Game Information (PEGI), 944
sistema de classificação PEGI (Pan European Game Information), 944
site da Austin Game Conference, 901
site Game Path, 901
site IGDA, 901
site Independent Game Conferences, 901

sites
   Austin Game Conference, 901
   Caminho do Jogo, 901
   Casual Connect, 901
   GDC (Game Developers Conference), 901
   IGDA, 901
   Independent Game Conferences, 901
   USPTO, 928
sites de fãs, trabalhar com, 890-892
Stewart, Potter, 935
Supremo Tribunal Federal, posição sobre a censura, 934-935

T

TDD (documento de design técnico), usando, 812-813
tempo de desenvolvimento, reduzindo, 813-814
terminologia de alfa e beta, 826-828
testadores, responsabilidades dos, 841-842
titulares de plataforma
   consoles como plataformas, 858
   distribuidores, 860
   entrega de fabricantes de mídia, 859
   representantes dos fabricantes, 861-863
   varejistas de aluguel, 862
   varejistas nacionais, 862
   varejistas regionais, 862
   varejo, 860
   visão geral de, 856-858
tours de mídia, realizando, 894-895

U

UCITA (Uniform Computer Information Transactions Act), 917
Uniform Computer Information Transactions Act (UCITA), 917
USPTO (United States Patent and Trademark Office), site, 928
UTSA (Uniform Trade Secrets Act), 924

V

varejistas
   locação, 862
   nacionais, 862
   regionais, 860
varejistas de aluguel, visão geral de, 862-863
varejistas nacionais, visão geral de, 862-864
varejistas regionais, visão geral de, 862
videogames
   conteúdo do IP, 907-908
   regulamentação dos conteúdos nos tribunais, 940-944
   revisão do Congresso de, 935
   Veja também jogos
violação do contrato, evitando, 877-878
violência, a associação com jogos, 940-941
visão geral de varejo, de, 859

IMPRESSÃO E ACABAMENTO
YANGRAF
GRÁFICA E EDITORA LTDA.
WWW.YANGRAF.COM.BR
(11) 2095-7722